현명한
반도체 투자

현명한
반도체 투자

| 소재·설계·장비주 완벽 분석! |

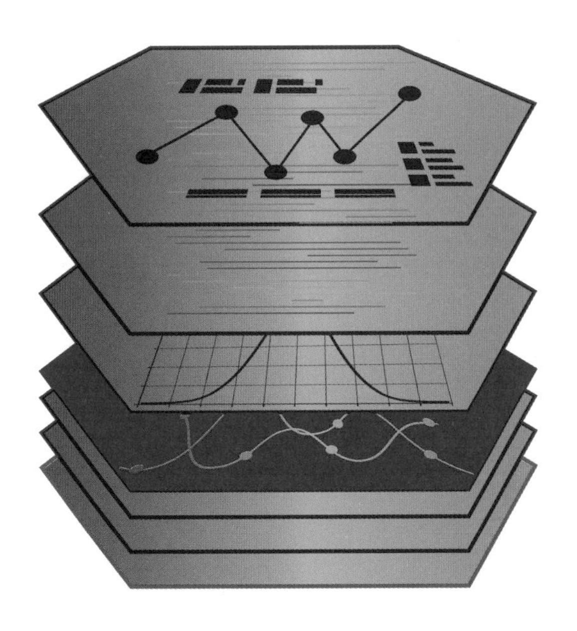

우황제 지음

이레미디어

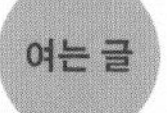

현명한 반도체 투자를 위한 걸음

투자 블로그를 통해 반도체 산업에 대한 글을 작성하기 시작한 것이 이 책을 집필하는 계기가 되었습니다. 단순히 반도체 기술이나 산업에 관한 이야기를 학문의 관점에서 풀어 나갔다면 구독자들로부터 큰 호응을 받지는 못했을 것입니다. 하지만 기술을 투자와 접목하고 가다듬기를 반복하며 어려운 내용을 최대한 쉽게, 처음 보는 표현을 최대한 익숙하게 바꾸어가며 장시간 노력을 거듭해 글을 작성한 덕에 많은 호응을 받을 수 있었다고 생각합니다. 몇몇 구독자께서 남겨주셨던 내용 중 '문과생인데도 이해했어요' 등의 댓글은 온라인 강의 〈문과생도 이해하는〉 시리즈를 만드는 계기가 되었습니다.

이번 저서 또한 반도체에 대해 전혀 문외한인 독자께서 반도체 산업의 개요를 살펴보실 수 있도록 구성하는 데 집중하였습니다. 주요한 기술과 산업의 변화를 주로 다루되, 쉽게 풀어 쓰는 데 심혈을 기울였습니다. 아무리 핵심적인 내용을 소개하더라도 독자께서 '이해'하지 못한다면 글의 가치는 현저히 떨어질 것입니다. 그러나 분량의 제약이 크고 반도체 산업은 매우 전문적인 영역인 만큼 어려움을 풀어 서술하는 데 한계가 있는 것도 사실입니다. 이런 이유로 내용이 어려운 주제가 중간중간에 끼어 들어가게 되었습니다. 반대로 전문적인 과학 지식을 너무나 쉽게 풀어버린 부분도 있습니다. 이를 보시는 전문가분들이 눈살을 찌푸릴 수도 있습니다만, 아량을 베풀어주시기 바랍니다.

반도체 산업은 우리나라를 지지하는 핵심 산업이고 주식시장의 상당 부분을 차지하는 거대한 산업입니다. 그 영향력만큼 기업의 가치를 중요시하는 투자자에게 많은 투자 기회를 제공하는 영역이기도 합니다. 그러나 산업의 어려움과 잘못된 오해들로 인해 많은 투자자가 반도체 산업을 외면하는 모습이 너무나 안타까웠습니다. 이 책이 이러한 장벽을 허무는 데 도움이 되기를 바랍니다.

블로그나 유튜브, 강의에서는 꾸준히 일어나는 반도체 산업의 변화와 상장사 이야기를 적극적으로 다룰 수 있습니다만, 책은 서적의 특성상 시의성을 함께 고려해야 하는 관계로 집필할 때 고려할 수 있는 주제가 생각보다 한정적이었습니다. 어떻게 오래 읽힐 이야기를 담아낼 수 있을까 하는 고민은 집필하는 데 있어 가장 어려운 부분이기도 했습니다. 이런 이유로 책에서 다루는 이야기는 블로그 및 강의에서 다루는 이야기들과 사뭇 다른 내용이 주를 이루게 되었습니다. 기존에 작성한 글들과 달리 신선한 이야기들을 담을 수 있었습니다만, 매일 빠르게 변하는 투자의 세계에서 바로 참고할 수 있는 기업과 산업에 관한 이야기를 많이 담지 못한 점이 아쉽기도 합니다. 이는 블로그를 통해 꾸준히 보충하겠습니다. 이 책이 반도체 산업을 살펴보는 과정에 오래 참고할 수 있는 참고서가 되기를 희망합니다.

이 책을 출판할 수 있도록 먼저 제안해주시고 원고 작업을 저의 뜻대로 진행할 수 있도록 적극적으로 지원해주신 이레미디어에 감사의 말씀을 전합니다. 또한, 그동안 글과 마음으로 높은 관심과 호응을 보내주신 블로그 구독자 여러분께 감사의 말씀을 전합니다. 구독자께서 남겨주시는 모든 댓글에 답글을 남기지 못하는 경우도 부지기수입니다만, 모든 응원과 격려의 글을 하나도 빠뜨리지 않고 읽으며 늘 감사하게 생각합니다. 블로그에 작성하는 반도체 산업 콘텐츠와 각종 투자 콘텐츠를 좋게 봐주시고 격려의 말씀을 아끼지 않아주시는 투자 블로거 좋은친구님, 승도리님, 피터케이님, 선진짱님께도 감사의 말씀을 전합니다.

함께 반도체를 공부하며 언제나 아낌없는 격려를 해주시는 저의 스승님 연세대학교 전기전자공학과 김형준 교수님께 감사의 말씀을 전합니다. 제게 해주시는 조언으로 단순한 지식이 아니라 지식을 쌓는 방법을 깊게 배울 수 있었습니다. 동고동락하며 책을 집필하는 데 많은 조언과 지식을 전해주신 연세대학교 전기전자 공학과 나노소자연구실(NDL) 구성원 및 삼성전자, SK하이닉스 등 업계 지인 여러분께도 감사의 말씀을 전합니다. 대학생연합가치투자동아리 SURI 활동을 함께했던 SURI 구성원과 동아리의 성장을 이끌었던 창립 멤버 구성원에게도 감사의 말씀을 전합니다. 함께 투자를 공부하고 시행착오를 거쳤던 경험들이 투자에 대한 많은 이야기를 공유할 수 있는 기반이 되었습니다.

차례

CHAPTER 3

메모리반도체를 모르면 국내 주식은 못 산다

CHAPTER 4

비메모리반도체라는 또 다른 선택지

CHAPTER 5

기업 분석의 시작, 반도체 업체의 유형과 팹리스 이해하기

CHAPTER 6

또 다른 유형의 반도체 기업들, 파운드리와 IDM

CHAPTER 7

팹리스와 파운드리를 오가며 돈을 버는 디자인하우스

CHAPTER 8

반도체는 어떻게 만들어질까?

CHAPTER 9

전공정의 시작, 웨이퍼 공정과 산화 공정

CHAPTER 10

절대 강자만이 생존하는 영역, 포토 공정

CHAPTER 11

또 하나의 어려움을 극복하다! 증착 공정과 식각 공정

CHAPTER 12

산업의 흐름 속 금속 배선과 웨이퍼 레벨 테스트

CHAPTER 13

조금 더 알아야 할 전공정 이야기, 반도체 소재 기술

CHAPTER 14

후공정의 시작, 패키징 공정

CHAPTER 15

후공정 상세히 보기, 테스트 공정

CHAPTER 16

반도체 산업 투자를 앞두고

추천사

반도체 산업,
투자의 기회를 열어줄 선물

현재 '우리나라 먹거리'의 중심에 반도체 산업이 있다는 사실을 모르는 사람은 많지 않을 것이다. 각종 매체에서 언급하는 4차 산업혁명 시대, 미래 기술의 중심에서 반도체의 역할은 필수적이다. 그러나 반도체를 전공하지 않은 대부분의 사람들에게 반도체는 이해하기 어려운 무엇이라는 관념이 강하다. 우리나라에서 일반인들을 대상으로 한 과학기술 분야 입문서는 거의 불모지와 다름없다는 것이 나의 판단이다. 칼 세이건의 저작 같은 순수과학 분야의 뛰어난 입문서를 서점에서 흔히 볼 수 있는 미국이나, 나노바이오 등 새로운 기술 분야의 문고판 입문서가 넘쳐나는 일본과 비교하면 더욱 그러하다.

나의 제자인 우황제 박사가 대중을 위한 일종의 기술 입문서(주요 목적은 투자에 도움을 주는 것이라고 해도)를 집필하고 있다는 이야기를 들었을 때 무척 반가워 마음에서 우러나는 격려를 해주었다. 이제 그 노력의 결실이 나의 눈앞에 있다. 바쁜 일과 중에도 자질을 닦고 자료를 모아 놓은 결과물에 아직 제 이름으로 변변한 책 하나 쓰지 못한 내가 추천사를 쓸 자격이 있는지 판단이 서지 않지만 지난 20여 년간 반도체의 중심인 미국의 산업체와 한국 대학에서 연구와 강의를 해오며 나름의 자격을 갖추었다고 스스로 위로해본다.

반도체 기술의 발전과 더불어 해마다 성능이 더 좋은 CPU, 용량이 더 큰 SSD가 출시되고 있다. 제품의 외형에는 변화가 없어 보일지라도 내부적으로는 이루 말할 수 없는 많은 기술적 변화가 동반된다. 30년 이상 논문과 이론으로만 존재하던 기술이 오랜 상용화를 마친 뒤 칩 제조 과정에 도입되고, 학생 시절 수업 중 주기율표에서나 볼 수 있었던 희귀한 소재들이 칩 내부의 핵심적인 소재로 자리 잡기도 했다. 본문에도 소개되었듯이 이러한 변화는 관련 사업을 영위하는 기업에도 밀접한 영향을 미치게 마련이며, 특정 기업이 혜택을 받거나 성장하는 기회가 되기도 한다.

국내 반도체 산업이 외국산 장비와 소재에 의존하여 성장을 시작한 이래, 특히 반도체 공정 분야에는 두둑한 기술적 장벽이 존재해왔다. 이름난 셰프의 스테이크 조리법에 여러 해 동안 축적한 노하우와 장인의 손길이 깃들어 있듯, 첨단 장비를 활용하여 수백 가지 레시피를 만들어야 하는 반도체 제조 공정에서 기술적 노하우의 장벽이란 이루 말할 수 없이 높기만 하다. 그렇게 쌓아온 공정 기술 역량은 손쉽게 가져오기도, 혹은 빼앗기도 어렵다.

아직도 많은 사람들의 인식에 국내 반도체 산업은 삼성전자와 SK하이닉스로 대표되는 소자 제조 업체가 중심을 차지하고 있지만, 미국 반도체 산업의 경우 인텔, 엔비디아, 마이크론같이 유명한 반도체 소자 기업과 함께 어플라이드 머티리얼즈, 램리서치, KLA 등의 부품 소재 기업 또한 대표 기업으로 자리 잡고 있다. 최근 반도체 산업의 '소부장(소재·부품·장비) 국산화'라는 시대적 명제 아래 소자 제조 업체 외에 파생 영역에서도 성장이 시작되는 것은 매우 반가운 변화다. 이를 계기로 국내 반도체 업계에서도 삼성전자, SK하이닉스와 견줄 수 있는 소재·부품·장비 업체가 여럿 탄생할 수 있을 것이라고 생각한다.

지난 20여 년간 국내 반도체 산업을 책임져온 여러 기업들과 함께 지속적으로 연구를 거듭하며 가장 가까이에서 칩 안의 크고 작은 변화들을 목격했던 입장으로서 여러 기업의 번영을 좌우했던 많은 변화들이 세상에는 잘 알려지지 않은 채 조용히 이루어져 왔음을 언급하고 싶다. 이러한 변화를 누군가 친절히 설명해준다면 이들 기업과 함께 성장하는 기회를 누릴 수 있을 것이라 생각한다.

최근의 저금리 상황에서 투자는 필수라는 말들을 많이 한다. 실제로 많은 사람들이 주식, 부동산, 암호화폐 등에 다양하게 투자하고 있지만 제대로 된 공부를 하고 투자에 나서는 사람은 그다지 많아 보이지 않는다. 나 역시 젊은 시절부터 투자에 관심이 많았고 강의에서 학생들에게 무어의 법칙을 얘기할 때 "복리는 인류 최고의 발명품"이라는 아인슈타인 박사의 말을 빼놓지 않는다. 한시라도 젊을 때 커피 사먹을 돈을 주식에 투자하라고 권할 정도다.

그렇지만 넘쳐나는 데이터 속에서 첨단산업 투자에 관한 실용적인 정보를 얻는 것은 그리 쉽지 않다. 우황제 박사의《현명한 반도체 투자》는 저자가 몸소 반도체 관련 연구를 수행하고 오랜 기간 기업 분석을 수행하면서 틈틈이 축적한 내용을 총정리한 것으로 반도체 투자에서 올바른 길라잡이가 될 것으로 생각한다. 나 역시 연구와 교육에 20여 년을 몸담으면서 산업을 접할 기회가 많았음에도 어디서도 얻지 못했던 새로운 지식을 이 책을 통해 많이 접할 수 있었다.

《현명한 반도체 투자》는 반도체에 투자하려는 투자자를 대상으로 집필되었지만 반도체에 관심 있는 일반인과 학생들에게도 매우 좋은 지침서가 될 것으로 생각한다. 반도체의 기본 원리부터 제조 공정 및 소재 공정 기술까지 다양한 반도체 관련 지식과 더

불어 미래에 각광받을 첨단 신소재를 포함한 첨단산업 전반에 관해 폭넓게 다루고 있다. 거기서 끝나지 않고 관련 업체를 투자와 연결 짓는 안내자 역할을 톡톡히 한다.

지난 십수 년간 후학을 가르치면서 미래 반도체 기술을 책임질 전자공학도들조차 반도체의 기본에 대해 무지한 경우를 가끔 목도하다. 예를 들어 면담 온 학생들이 시장 상황에 따라 "반도체는 이제 미래가 없다고 들었다"며 디스플레이나 태양전지를 전공하고 싶다는 얘기를 한다. Chapter 4에서 'LED도 비메모리반도체의 일종이다'라는 내용이 이런 학생들에게 내가 항상 얘기해주는 내용과 일맥상통하여 즐거운 마음이다.

반도체 산업을 비롯한 첨단 기술, 소재 산업 등에 투자하는 투자자는 물론 반도체에 대한 기본 지식을 습득하려는 많은 이들에게 이 책이 흔치 않은 선물이 될 것이라 확신한다.

연세대학교 전기전자공학부 정교수 **김형준**

CHAPTER 1

반도체 주식을 사야 하는 이유

Investment in semiconductors

반도체 산업이 지속적인 수익을 안겨줄까?

삼성전자는 왜 국민주가 되었을까?

기업의 주가가 장기적으로 오르기 위해서는 기업이 더욱 많은 돈을 벌어들여야 한다. 특히 아무리 많은 돈을 번다고 해도 이익 성장이 정체된다면 기업의 자본 효율성이 떨어지고, 시장은 성장에 대한 기대감을 잃게 되므로 주가는 점점 오르기 어렵다(사실 떨어지지 않으면 다행이다!). 이에 반해 이익이 꾸준히 증가하며 장기적인 성과를 내는 기업은 주가도 이에 화답하듯 꾸준히 올라서 투자자에게 시세차익을 안겨준다. 이익이 빠르게 증가하면 성장주라는 타이틀이, 이익이 오래 증가하면 장기 투자에 적합한 기업이라는 타이틀이 붙기도 한다.

국내 반도체 산업은 단기적으로는(약 4년 주기를 갖는다!) 이익이 증가했다 하락하는 것을 반복하는 사이클의 특징을 나타낸다. 그런데 10년 이상 장기적으로는 전저점과 전고점이 지속적으로 높아지며 장기 우상향하는 특징이 함께 나타난다. 이는 여타 산업에서 관찰하기 쉽지 않은 독특한 특징이다. 일반적으로 사이클 산업은 벌어들이는 이익이 증가했다 감소했다 하는 모습을 반복적으로 보이는데, 다음 상승 사이클이 나타났을 때 예전보다 현저히 높은 수준의 이익 증가를 이루어내지 못하는 경우가 흔하다. 또한, 이익이 감소하는 주기가 십수 년 이상으로 긴 편이라 해당 산업에 속한 기업들이 오랜 기간 관심을 받지 못하는 경우가 비일비재하다. 실제로 지난 20년간으로 한정했을 때 우리나라의 성장을 책임진 많은 사이클 산업이 커다란 호황을 누리다가 바닥까지 주

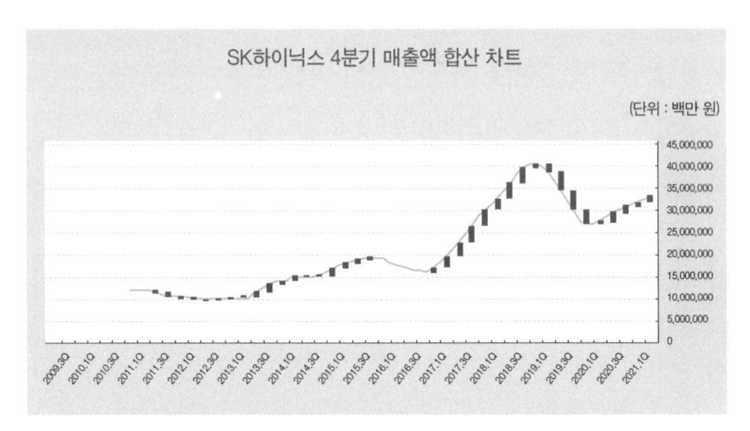

[그림 1-1] SK하이닉스의 4분기 매출액 합산 그래프. 국내 반도체 산업의 상승·하강 사이클과 장기 우상향 두 가지 특징을 모두 보여준다.
※4분기 합산 그래프는 이전 3개 분기와 당해 분기의 합을 그래프로 그린 것이다.

저앉은 뒤 예전 전성기 수준의 꼭지로 되돌아가지 못한 경우가 대부분이다. 그러나 반도체 산업은 5년이 안되는 짧은 주기 속에서 기업이 벌어들이는 이익의 규모가 늘어나다가 줄어드는 과정을 반복하면서도 장기적으로 보면 그 규모가 폭발적으로 증가하는 특징이 나타났다. 이에 발맞추어 주가의 장기 상승도 당연시됐다. 삼성전자가 장기 투자하기 좋은 주식으로 소문나며 국민주로 자리 잡은 배경에는 반도체 산업의 장기 우상향 특징이 숨어 있다.

이처럼 지속적인 성장세가 유지되다 보니 반도체 산업이 여타 산업을 제치고 우리나라를 대표하는 산업으로 자리 잡는 것은 당연한 수순이었다. 2020년대 들어 우리나라에서 해외에 가장 많이 내다 판 제품은 반도체다.[1] 반도체는 수출에서 20% 내외의 비중을 차지하며 우리나라 수출 경제를 지지해왔다.

고성장한 반도체 산업, 계속 승승장구할까?

국내 주식시장에서 반도체 산업의 위상은 상당하다. 반도체 산업에 속한 상장사는 그 수가 130개가 넘어 단순히 개수로는 전체 상장사의 5% 내외만을 차지하지만, 시가총액은 무려 25% 이상을 점유하고 있다. 이들 중 상당수 기업은 반도체 산업의 성장과 맞물려 주가가 상승해왔다. 반도체 산업에 투자하지 않더라도 국

1. 산업통상자원부, "2021년 2월 수출입 동향", 2021.3.1.

내 주식시장에서 승승장구할 수 있는 방법은 충분히 많다. 그러나 1위 산업에서 월등히 많은 기회가 나오는 법이다. 그것도 꾸준히 성장하는 1위 산업이라면 두말할 나위 없다.

대체 반도체가 얼마나 필요하길래 이처럼 꾸준히 잘 팔리고, 반도체가 얼마나 중요하기에 이처럼 전체 산업에서 막대한 비중을 차지하고 있는 것일까? 무엇보다 지금이라도 반도체 산업에 투자하면 내게도 기회가 충분히 있을까?

혹자는 반도체 산업이 이처럼 승승장구해왔으니 이제 끝물로 봐야 하는 게 아닌가 의문을 제기하기도 한다. 컴퓨터가 보급되기 시작하면서 반도체 판매가 늘어났으나 이제는 컴퓨터 시장이 충분히 성숙했으므로 반도체가 더 팔리겠는가 의문을 제기하기도 하고, 스마트폰 시장의 성장으로 반도체 판매가 또 한 번 늘어났으나 시장이 정체됨에 따라 제품 판매가 둔화될 게 아닌가 지적하기도 한다. 더구나 반도체 산업은 성장과 축소를 반복하는 사이클 산업이다 보니 산업의 사이클이 정점을 지나 하락 구간에 들어서면 '이제 반도체 산업은 끝났다', '더 이상 투자 매력이 없는 산업이다'라는 이야기가 빈번히 들린다. 반도체 투자를 더욱 어렵게 만드는 것은 이러한 사이클의 하락이 수년 단위로 반복되다 보니 과연 장기 성장할 만한 산업인가, 안정적으로 장기 투자할 수 있는 산업인가 하는 의문이 함께 제기된다는 것이다.

실제로 신도시 공급 정책과 부동산 시장의 성장을 바탕으로 과거에 큰 이익을 벌어들였던 건설 업종은 국내 주택 시장의 성장이 둔화되면서 외형을 확대하는 데 어려움을 겪고 있으며, 주가도 천장에 가로막힌 모양새를 나타내고 있다. 경기 호황과 중국의 성장으로 제품을 찍어내는 대로 내다 판다던 철강 산업과 화학 산업도 중국의 자급 생산 확대와 더욱 많은 경쟁사의 시장 진입, 전 세계적인 경기 둔화 등의 요인으로 인해 업황이 호조를 보여도 종전의 사이클을 크게 뛰어넘는 모습을 나타내지 못하고 있다. 포스코가 과거에는 아시아 철강 생산에서 상당한 위상을 차지했지만, 포스코 못지않은 규모를 갖춘 기업이 중국에 수도 없이 몰려 있는 형국이 되자 과거만큼 위세를 떨치지 못하는 것을 예로 들 수 있다.

이들 산업은 중동 시장으로의 확대같이 새로운 시장으로 진출하거나 2차전지로의 사업 다각화같이 새로운 영역으로 진출하지 않고서는 외형을 확대하는 게 종전보다 훨씬 어려워진 상황이다. 이는 곧 주가가 더욱 높은 곳을 향해 오를 가능성이 제한됨을 의미한다. 이로 인해 이들 산업에 속한 많은 기업은 외형 확대보다는 원재료의 가격 변동, 구조조정 또는 공급 축소, 단기적인 정책 변수 등에 기업의 이익과 주가가 더욱 의존적인 경향이 나타난다. 일부는 성장성이 제한되는 산업으로 인식되어 과거에 비해 인기가 현저히 사그라들거나 시장에서 높이 평가받지 못하는 만성 저평가 현상이 심심찮게 목격되기도 한다.

반도체 산업은 이들 산업처럼 사이클 산업으로 분류되지만 미래 성장성은 사뭇 다르다. 여타 산업과 달리 반도체 산업은 시간이 흐를수록 진입 장벽이 높아져 새로운 경쟁자가 등장하는 것이 어렵다. 여기에 더해 지속적인 수요 증가가 맞물리면서 반도체 기업들이 더욱 많은 돈을 벌어들이고 주가도 꾸준히 우상향할 가능성이 높다. 비록 공급 부족과 초과가 주기적으로 반복되는 경향을 보이지만, 수요 면에서는 시대의 흐름에 따라 반도체의 필요량이 폭발적으로 늘어나는 반면, 공급 면에서는 기술의 흐름에 따라 난이도가 급격히 높아져 반도체를 만들 기업이 더욱 제한되기 때문이다. 반도체 산업의 확장은 그 어떤 전통 산업과 비교해도 가시적이고 확정적이다. 그 이유를 수요 면에서 먼저 상세히 살펴보자(공급 면에서의 이슈는 뒤에서 차차 다룰 것이다).

반도체는 철강, 건설과 다르다

흔히들 우리는 정보화 시대에 살고 있으며, 향후 인공지능이 사회를 지배하게 될 것이라고 이야기한다. 정보화 시대나 인공지능이라는 표현이 그저 사회 현상을 설명하는 사회 수업 시간의 용어로 생각될지 모르나, 조금 더 깊은 고민을 거치다 보면 반도체 산업을 전망하는 핵심적인 단어임을 깨닫게 된다. 정보화 시대의 확장과 향후 다가올 인공지능 시장의 성장은 곧 반도체 시장의 성장과 같은 의미를 담고 있다(삼성전자 반도체사업부의 내년도 예상 영업이익은……. 이러한 예측은 반도체 산업의 장기 투자에 전혀 도움이 되지 않으므로 시대의 흐름 관점에서 좀 더 살펴보겠다).

먼저 정보화 시대가 가속화됨에 따라 우리 일상이 어떻게 크게 뒤바뀌고 있으며, 이러한 변화가 왜 반도체 수요로 이어지는지 지난 사례를 되짚으며 고민해볼 필요가 있다. 지난 산업혁명 시대를 잠시 뒤돌아보자. 18세기 중반, 제임스 와트(James Watt)의 증기기관을 시작으로 농업 사회가 저물고 공업 사회가 본격화됐다. 산업혁명을 '혁명'이라 부르는 이유는 증기기관의 발달로 단순히 면직물의 생산성이 높아졌기 때문이 아니라 산업 구조, 사회 구조, 문화와 정치까지 송두리째 새롭게 탈바꿈했기 때문이다. 경공업을 중심으로 시작된 산업혁명은 중화학공업 등 2차 산업혁명으로 이어지면서 인류는 석탄, 석유, 가스 같은 에너지원을 적극적으로 사용하게 됐고, 대도시와 고층 빌딩은 도시의 표준이 됐다. 세습된 권력보다 자본력이 더욱 중요해지면서 사회 구조에도 변화가 나타났다. 이에 따라 민주주의가 확립되는 계기가 마련됐고, 종교보다 과학의 어성이 중시되는 시대가 열렸다. 고작 증기기관 하나로 참 많은 것이 바뀌었다.

이 과정에서 광물, 철강, 철도, 화학, 건설 산업은 물론 전력, 유통, 그리고 뒤이어 조선, 항공에 이르기까지 중간재와 자본재 산업은 폭발적인 성장 곡선을 그렸다. 산업혁명 이전에 현대건설이나 포스코 같은 거대 건설사, 철강사가 지금과 같은 규모를 갖추어 존재할 수 있었을지 한번 생각해보라. 절대 불가능하다. 산업혁명이 중화학공업 영역으로 가속화됨에 따라 이들 산업에 속한 많은 기업의 주가가 함께 성장했다. 요즘은 철강이나 철도 산업에 장기적으로 투자해서 거대한 부를 이루기 어려운 시대이지만 이들 산업이 한창 성장하던 시기에는 관련 기업의 주식을 십수 년간 보유하는 것만으로도 신흥 부자가 대거 탄생하는 일들이 한참 동안 이어졌다.

뒤에 알아보겠지만, 어떤 산업에서 새로운 기술이 등장하면 반드시 수혜를 보는 기업이나 피해를 보는 기업이 생긴다. 그런데 단순히 새로운 기술이 등장한 것보다 훨씬 큰 변화가 일어나 산업이 뒤바뀌고 문화와 사회 구조가 뒤바뀔 수준이라면 새로운 거대 기업들이 대거 등장하고, 주식시장의 시가총액 순위가 크게 뒤바뀌고, 신흥 기업들과 신흥 부자들이 대거 등장한다. 석유 재벌 존 록펠러(John Rockefeller)나 철도 부자 코르넬리우스 밴더빌트(Cornelius Vanderbilt), 강철왕 앤드루 카네기(Andrew Carnegie)는 모두 산업혁명이 가속화되는 과정에서 새롭게 부를 축적한 일부 사례에 불과하다. 지금이야 세계적인 부자라 하면 빌 게이츠(Bill Gates)나 워런 버핏(Warren Buffett) 정도가 바로 떠오를 것이다. 그런데 산업혁명으로 인해 탄생한 신흥 부자들이 축적한 자산의 양은 실로 놀라울 정도다. 실제로 록펠러, 밴더빌트, 카네기는 사망 직전 각각의 보유 자산이 미국 GDP의 1% 내외에 달했다(현재 가치로 환산하면 워런 버핏의 3배 정도고, 빌 게이츠보다도 월등히 부유한 수준이다!).

철강, 철도, 화학 등 앞서 언급한 산업의 성장은 산업혁명이 일상까지 확장되는 과정과 궤를 같이하며 관련 기업들의 주가를 폭발적으로 상승시켰다. 그러나 도시화가 완성되고 인구 밀도와 인구 증가가 정점에 이르자 각 산업의 확장세는 점차 둔화되기 시작했다. 그럼에도 산업혁명이라는 커다란 변화가 막대한 부를 창출했음을 반드시 기억할 필요가 있다.

산업혁명이 일어난 지 불과 300년도 지나지 않아 인류는 또 한 번 큰 변화를 맞이한다. 바로 정보통신(IT) 기술과 컴퓨터의 발달이다. 앨빈 토플러(Alvin Toffler)에 따르면 제3의 물결이 등장한 것이다. 기존 산업 사회에서는 노동력과 자본력이 가장 중요한 요소였다. 커다란 공장과 대량 생산, 철도 운송 같은 자본 집약적인 요인들은 곧 부의 상징이었고 권력의 상징이었다. 그러나 정보화 시대가 되면서 정보의 무한한 복사가 가능해졌고, 이러한 정보를 남들보다 빠르게 만들거나 가공해서 수익 창출로 연결시키는 사람이 부를 거머쥐게 됐다. 또한, 왕권 시대에는 왕관을 통해서만, 이후 산업 시대에는 자본력과 투표를 통해서만 권력을 가질 수 있었으나 정보화 시대에는 잦은 미디어 노출, 고유의 영상 제작 노하우만으로도 정치인 이상의 영향력을 행사할 수 있고 사실상 권력을 가질 수 있게 됐다.

산업 사회에선 노동력이 가장 중요했으므로 가정의 임무는 당연히 많은 자손을 키워내는 것이었고, 그런 까닭에 마당을 중심으로 여러 개의 방이 있는 커다란 집이 필요할 수밖에 없었다. 그러나 이제는 고작 3평짜리 방 안에서도 누구나 평등하게 정보를 접할 수 있으며, 어떤 이들은 자본과 공간의 제약 없이 콘텐츠와 정보를 생산하며 새로운 자본가로 재탄생하기도 한다. 넓은 앞마당을 가진 공장보다는 다양한 콘텐츠와 이를 미디어화할 충분한 성능의 컴퓨터를 가진 사람이 더욱 다양한 기회를 창출할 수 있는 시대가 된 것이다. 기존 사회 구조나 문화와 비교하면 상당한 변화다. 거대한 변화에는 그에 걸맞은 투자 기회가 생기게 마련이고, 그것이 때로는 기존 산업에 리스크가 되기도 한다.

산업혁명이 증기기관의 등장으로 시작됐다면, 정보화 시대는 인터넷과 컴퓨터의 등장으로 본격화됐다. 그리고 인터넷과 컴퓨터는 곧 반도체의 집합체를 의미한다. 인터넷과 컴퓨터를 작동시키는 수많은 부품이 모두 반도체에 바탕을 두기 때문이다. 정보화 시대의 확장은 반도체 산업의 성장과 발걸음을 함께한다. 과거 증기기관이 그랬듯 반도체가 기술, 산업, 사회 구조, 문화까지 바꾸는 시대인 것이다. 정보화 시대가 가속화될수록 인터넷과 정보서비스 산업은 물론 반도체 산업도 폭발적으로 성장한다.

반도체 없이 그 무엇도 존재할 수 없는 세상

초기 컴퓨터는 수학 계산을 빠르게 하려는 수요에 발맞추어 계산기를 개발하기 위한 목적으로 개발됐다. 그러나 반도체의 등장과 집적화는 컴퓨터의 성능을 사람들이 상상하지 못하는 수준으로 빠르게 끌어올렸고, 이것이 통신 기술과 접목되면서 이제는 지구 반대편으로 대용량 데이터를 전송하는데 단 1초도 걸리지 않는 시대가 되었다. 작년보다 성능이 향상된 컴퓨터가 출시되고, 해마다 거듭 기능이 발전한 새로운 종류의 스마트폰이 출시되고, 4G LTE 통신에서 5G 통신으로 발전하는 모든 변화가 반도체 산업의 성장과 함께함을 인지할 필요가 있다. 산업혁명이 확장되는 과정에서 철도와 건설 산업의 주가가 상승했듯, 정보화 시대의 섬세한 변화들은 모두 반도체 산업의 성장으로, 관련 기업의 주가 상승으로 이어질 것이다.

비단 인터넷과 컴퓨터뿐일까? 자동차가 없는 세상을 상상해보라. 출퇴근은 어떻게 할 것인가? 컴퓨터나 스마트폰이 없는 세상, 인터넷 접속이 불가능한 세상을 상상해보라. 모든 일상이 마비될 것이다. 그렇다면 라면과 콜라가 없는 세상은? 아파트와 빌딩이 없는 세상은? 즐거움과 편안함을 안겨주는 의식주 문제를 어떻게 해결할 것인지 그저 난감하기만 하다. 화장품이 없는 세상은 어떨까? 성별과 무관하게 화장품을 사용하는 게 당연시되는 시대적 분위기를 감안하면 대인기피증이 폭발할지도 모른다. 이들 제품이나 서비스가 없는 세상이 얼마나 끔찍할 것인가는 상상력을 잠시만 발휘해도 쉽게 그려낼 수 있다.

그런데 반도체가 없는 세상은 어떨까? 대부분의 사람에게 잘 와닿지 않을 것이다. 놀랍게도 반도체가 없으면 앞서 언급한 자동차도, 컴퓨터와 스마트폰도, 인터넷도, 심지어 라면과 콜라, 화장품, 첨단 건축 등 모든 것이 존재할 수 없거나 지금의 수준을 유지할 수 없다. 대다수 제품은 십수 년 전 수준으로 퇴보할 것이다. 이들 제품을 만드는 데 모두 반도체가 필요하기 때문이다. 반도체는 일상생활 속에선 모습이 드러나지 않지만, 산업을 가리지 않고 어디에나 존재한다. 그리고 점차 영역을 넓혀가며 현대인의 삶 속에서 필수 불가결한 존재가 됐다. 반도체를 산업의 쌀이라 부르는 데는 그만한 이유가 있다. 그만큼 반도체는 우리 주변 곳곳에 존재하며, 다른 산업의 발전을 이끌고 다른 산업의 발전과 궤를 같이하는 것이 특징이다.

정보화 시대란 단어는 어릴 적부터 지겹게 들어와 구태의연한 말처럼 들릴지도 모른다. 그러나 정보화 시대는 지금 우리 곁에서 도도한 흐름을 형성하며 한창 진행 중이다. 오히려 빅데이터와 인공지능 등 4차 산업으로 이어지면서 그 어느 때보다 활발히 성장하고 있다. 반도체 수요의 폭발적인 증가세는 앞으로도 지속될 것이 자명하다.

한 가지 사례를 보자. 마이크로소프트는 윈도를 개발한 이래 PC용 운영체제 시장을 주름 잡아왔다. 최근 사명을 메타플랫폼스로 바꾼 페이스북은 차별화된 소통 방식으로 SNS 시장을 주도하며 무려 25억 명 이상의 가입자를 유치했으며, 구글은 검색 엔진을 기반으로 세계에서 가장 거대한 종합 정보 서비스 업체로 성장했다. 테슬라는 최초의 전기차 전문 기업으로 전기차 시장을 주도하고 있으며, 도서 판매로 출발한 아마존은 종합 전자상거래 업체로 성장한 뒤 세계 최대의 클라우드 서비스 업체로 다시 한번 도약하고 있다. 네이버는 검색 서비스와 지식인 서비스를 바탕으로 국내 최대 포털 업체가 됐으며, 카카오는 스마트폰용 채팅 애플리케이션을 바탕으로 종합 정보 서비스 업체로 성장했다. 이들 기업은 각자의 영역에서 서로 다른 사업을 영위해왔다. 그러나 2010년대 들어 이들 기업은 하나의 목적을 향하기 시작했다. 바로 데이터와 인공지능 사업이다. 처음 회사가 생겼을 때와는 달리 이제는 소비자 데이터를 최대한 확보하고 빅데이터 형태로 데이터베이스화해서 이를 바탕으로 소비자에게 새로운 서비스를 제공하거나 데이터를 판매 및 공유하는 사업을 주도하게 되었다. 그리고 이제는 서로 앞다투어 인공지능 서비스를 출시하는 형국이다. 이 과정에서 서로 경쟁하는 구도를 갖추게 된 것이다. 각자의 영역에서 사업이 잘 안되는 것도 아닌데, 도대체 왜 이들 기업은 부족함을 느끼고 소비자 데이터를 최대한 확보하고자 경쟁을 마다하지 않는 것일까?

정보화 시대는 물론 4차 산업혁명이라 불리는 빅데이터 및 인공지능 시대에는 유용한 정보를 최대한 확보한 사람이 곧 권력을 잡고 더욱 많은 부를 거머쥘 기회를 얻는다. 이들 기술은 모두 다양한 데이터의 확보와 가공에서 시작된다. 단적으로 주식시장이나 부동산 시장에서 빈번히 발생하는 내부자 거래 문제를 생각해보자. 알려지지 않은 정보를 바탕으로 투자 자산을 선취매하면 당연히 남들보다 빠르게 자본을 늘릴 수 있다. 앞으로의 사회는 이러한 선취매의 연속일 것이다. 남들보다 더욱 빠르게 더욱 많은 데이터를 취득하고 이를 가공하는 기업은 누구보다 빠르게 자본을 늘릴 수 있다.

비단 기업뿐인가? 개인 등 누구라도 남보다 뛰어난 정보를 가지고 있다면 바로 유튜브를 시작해 부를 손쉽게 얻을 수 있는 시대다. 당분간 인류의 발전이 정보의 수집과 재생산의 영역에서 이뤄질 수밖에 없는 이유다. 과거에 산업혁명으로 더욱 높은 건물을 지어 올리고 더욱 긴 철도를 깔았듯, 이제 세계는 시대의 흐름에 맞춰 더욱 많은 정보를 저장하고 더욱 많은 데이터를 처리하는 데 역점을 두고 있다.

데이터를 저장하는 역할, 수집하는 역할, 가공하는 역할, 나아가 빅데이터와 인공지능을 기반으로 데이터베이스화하는 역할은 모두 반도체가 맡는다. 산업혁명 시대에 가장 중요한 원재료가 철강, 석유, 시멘트였다면 앞으로 다가올 시대는 반도체 하나로 요약된다고 할 수 있다.

평범한 개인을 기준으로 생각해보자. 가정에 놓인 PC의 저장장치 용량은 보통 1~4테라바이트(TB) 정도일 것이다. 이 정도 용량이면 자신이 원하는 파일을 10년 동안 꾸준히 저장해도 가득 채우기 어렵다. 그러나 시선을 조금만 돌리면 사정은 금세 달라진다. 자율주행 시대에는 도로를 누비는 차량이 끊임없이 도로 환경 데이터를 수집하며 이를 가공해 저장하게 될 텐데, 데이터 연산만 초당 100조 회를 상회하며, 하루에 저장하는 용량만 무려 수 TB에 달할 것이다.[2] 기존에는 10년 동안 축적했던 양의 데이터가 하루 만에 생성되고 가공되며 보관되어야 하는 시대가 되는 것이다. 이 같은 역할을 모두 반도체 칩이 담당해야 한다. 이는 반도체 수요가 얼마나 폭발적으로 성장할지 보여주는 많은 사례 중 하나일 뿐이다.

반도체 산업의 슈퍼사이클은 시작에 불과하다

반도체 산업은 정보화 시대와 4차 산업혁명의 가장 중심에 위치한 산업으로, 과거의 전통 산업보다 폭발적으로 성장할 수밖에 없다. 인류 문명의 발전이 반도체에 의존해서 이뤄지는 상황이다 보니 반도체 산업에서 끊임없이 떨어지는 콩고물을 어떤 기업이 얼마나 가져갈 것인가 하는 싸움이 더욱 치열해지고, 반도체 기업에 더욱 많은 현금이 쏟아져 들어올 것이란 사실은 자명하다. 투

2. 산업통상자원부, “2021년 2월 수출입 동향”, 2021.3.1. 정보통신기획평가원, 주간기술동향, “최신 ICT 이슈”, 2019.5.8.

[그림 1-2] 자율주행 같은 새로운 산업은 반도체 사용량을 급격히 늘릴 것이다.

자자는 근본적으로 돈이 모이는 곳을 찾아내는 사람이다. 현명한 투자자는 반도체 산업이 아니더라도 다른 뛰어난 투자처를 발굴할 수 있겠지만, 반도체 산업을 함께 투자처로 고려한다면 보다 넓은 기회의 땅이 펼쳐질 것이다.

전 세계적으로 지난 10년간 데이터 발생량은 20배 이상 증가했다. 이러한 추세는 앞으로도 계속되어 향후 10년간도 최소 10배 이상 추가로 증가할 것으로 보인다.[3] 지난 10년간 데이터 사용량의 증가가 모바일 시장과 서버 시장의 성장에 바탕을 두었다면, 앞으로는 클라우드, 인공지능, 엣지 컴퓨팅(edge computing, 데이터

3. 메리츠증권, "비즈니스온 138580, 3Q20 Review: 2021년 도약을 위한 준비", 2020.11.16. 재단법인 대구테크노파크, "지역특화형 빅데이터 활용 기반 조성 방안 연구", 2014.8. 한국경제, "〈조환익 칼럼〉 '데이터 전쟁' 이미 시작됐다", 2018.1.17.

를 클라우드 같은 중앙집중식 데이터센터에 보내지 않고 데이터가 발생한 현장 혹은 근거리에서 실시간으로 처리하는 방식), 자율주행 등 다양한 분야가 데이터 사용량을 크게 끌어올릴 것이다. 기존 데이터는 통신 기술을 통해 세계 각지에 빠르게 분산 저장되는 정도에 그쳤다면, 앞으로는 추론과 학습, 주변 환경에 대한 데이터 수집 같은 요인이 더해져 막대한 양의 새로운 데이터를 양산하면서 빠른 연산과 저전력 데이터 처리가 중요한 변수로 등장할 것이다. 이처럼 더욱 많은 데이터의 저장과 연산은 모두 반도체가 주도하게 될 것이다. 반도체 산업의 슈퍼사이클이 아직은 시작에 불과하다고 이야기하는 이유다.

반도체 산업 투자, 개별 기업보다 흐름부터 이해하라

우리나라의 반도체 산업에 속한 많은 기업도 이러한 성장 궤도를 따라 함께 성장 곡선을 그릴 가능성이 매우 높다. 도시가 형성되고 고층 빌딩이 하나둘 등장하면서 건설 산업이 성장하면 건설 업체는 물론 설계 업체, 철강 업체, 시멘트 업체, 인테리어 업체가 함께 성장의 수혜를 누리듯 다양한 종류의 반도체 기업들이 각각의 영역에서 산업의 성장 혜택을 고루 누리게 될 것이다.

이런 상황에서 투자자는 반도체 기업을 보다 상세히 이해할 필요가 있다. 우리나라 반도체 산업을 구성하는 기업들은 몇 가지 종류로 분류할 수 있다(해외도 마찬가지다!). 먼저, 반도체 산업을 주도적으로 이끄는 삼성전자와 SK하이닉스가 업계 최선두에 위치한다. 뒤이어 이들 기업이 칩을 제조하는 전공정을 수행하는 과정에 필요한 소재 재료를 공급하는 SK머티리얼즈, 솔브레인 같은 소재 기업들과 후공정을 수행하는 과정에 필요한 핵심 부품을 공급하는 해성디에스, 리노공업 등의 부품 기업들, 각 공정에 필요한 제조 장비를 공급하는 원익IPS, 피에스케이 등의 장비 기업들, 공장 설비를 공급하는 한양이엔지, 유니셈 등의 기업이 반도체 산업을 구성하고 있다. 삼성전자와 SK하이닉스의 반도체 사업이 잘 나가면 이들 기업에 장비와 소재를 판매하는 연관 기업도 함께 잘 나갈 수밖에 없다.

세부적으로 살펴보면 국내 반도체 산업에 속한 수많은 기업들은 제품·서비스에서 강점을 가진 영역이 각기 상이하다. 주로 공급하는 제품이나 서비스도 어떤 반도체 제조에 사용되는가, 어떤 공정에 주로 납품되는가 등이 모두 상이하다. 사실, 반도체 산업을 구성하는 기업들의 종류는 이보다 훨씬 복잡하다. 세계에서 가장 뛰어난 반도체 기업인 삼성전자와 SK하이닉스 외에 이들과 별개의 영역에서 나름의 노하우로 칩을 잘 만들어내고 있는 DB하이텍이나 매그나칩반도체가 있으며, 삼성전자와 SK하이닉스의 칩 제조 공정 중 일부를 맡아 수행하는 OSAT(Outsourced Semiconductor Assembly and Test, 패키징·테스트 외주사) 기업들도 존재한다. 삼성전자와 SK하이닉스의 반도체 사업과 전혀 별개로 자체 반도체 사업을 영위하는 제주반도체나 동운아나텍 등의 팹리스(Fabless, 반도체 제조 공정 중 설계와 개발만 전문화한 회사) 기업도 있으며(후속 챕터에서 모두 살펴볼 것이다!), 이들 기업 사이에서 특별한 역할을 수행하는 에이디테크놀로지 같은 디자인 하우스는 물론(이 또한 살펴볼 것이다!), 삼성전자보다 해외 유명 반도체 업체들에 더욱 의존적인 월덱스, 한미반도체 같은 기업도 존재한다. 이외에 칩 제조에 필요한 원자재를 공급하지 않고 오직 세척 등의 서비스만 제공하는 세척 전문 업체나 완성된 칩 중 일부 제품만 전문적으로 유통하는 유통 전문 업체, 장비 거래 영역에서만 집중적으로 사업을 영위하는 장비 유통 전문 업체도 존재한다.

이들 기업은 국내 주식시장에 상장된 100개가 넘는 반도체 기업들 중 일부에 불과하다. 각 기업들의 사업 영역이 다양하고 반도체 산업의 성장을 뒷받침하는 제품의 종류도 상이하다 보니 각 기업이 이익을 내는 방법과 시기가 상이하거나 독특한 특징이 나타나기도 한다. 즉, 반도체 산업이 꾸준히 성장하는 가운데 보다 세부적으로는 수혜를 크게 입는 기업과 적게 입는 기업, 산업이 성장하는데도 불구하고 수혜를 받지 못하는 기업이 존재하며, 주가가 상승하는 시기와 그 폭도 기업별로 제각각이다.

반도체 기업에 투자할 때 이처럼 다양한 기업별 특징을 고려하지 않는다면 투자 결과가 실패로 이어질 가능성이 높아질 수밖에 없다. 기업이 영위하는 사업마다 이익을 내는 방식과 시기가 상이하고, 주가가 오르는 시기나 반도체 산업이 상승 사이클에 올랐을 때 기업의 주가가 오르는 정도도 모두 다르기 때문이다. 이는 과거 산업혁명 시기에도 마찬가지였다.

이들 개별 기업의 특징을 이해하기 위해서는 기업의 비즈니스 모델을 이해해야 하고, 이를 위해서는 제품과 서비스를 이해해야 하며, 이를 위해서는 반도체가 무엇인지 그리고 반도체의 종류는 얼마나 다양한지 꿰뚫고 있어야 한다. 그러나 많은 투자자가 반도체 주식을 매수했지만 대부분 반도체가 무엇인지조차 모르고 매수했을 가능성이 높다. 당연히 반도체의 종류를 알 리 만무하며, 각각 종류에 따른 칩이 어떻게 설계되고 어떻게 만들어진 뒤 어떻게 매출이 발생하는지 유통 경로도 알지 못할 것이다. 그 기업이 어떤 사업을 영위하고 어떻게 돈을 버는지도 전혀 이해하지 못한 채 투자할 가능성이 높다.

이 책에서 반도체 산업의 모든 것을 다루는 것은 현실적으로 불가능하다. 하지만 반도체 산업의 개요에서 시작해 반도체 산업의 전반적인 흐름과 방향성을 소개하는 것으로 큰 맥락을 잡아보려 한다. 이 과정에서 반도체가 무엇인지, 종류는 어떻게 되는지는 물론, 그 종류에 따라 얼마나 다양한 기업이 각각의 사업 영역에서 자신의 자리를 지키면서 독창적인 비즈니스를 영위해 나가는지 함께 살펴볼 것이다.

투자의 관점으로 보는 반도체 산업

세계 D램 시장은 삼성전자·sk하이닉스·마이크론이 삼분한다

코카콜라와 펩시콜라는 세계 어디서나 콜라 시장을 양분하고 있다. 고작 두 기업이 그렇게나 커다란 시장을 말이다. 그런데 가만히 생각해보면 이처럼 두세 기업이 세계 시장을 주름잡는 경우는 흔치 않다. 한때 미국 주식시장 시가총액 1위를 기록했던 엑슨모빌만 살펴보더라도 많은 나라에 엑슨모빌의 경쟁사가 다수 존재하며, 이들이 시장을 쪼개어 나눠 가졌다. 백색가전이나 스마트폰만 하더라도 각국에서 여러 글로벌 IT 기업들이 치열한 경쟁을 펼치고 있다. 과자나 초콜릿 시장도 마찬가지다. 마이크로소프트의 윈도, 3M의 생활용품 등 일부 제품 및 서비스를 제외하면 소수의 기업이 시장 전체를 주무르는 경우를 찾는 것은 의외로 어렵다. 그런데 놀랍게도 세계에서 가장 많이 팔리는 제품 중 하나인 D램은 오직 3개 기업이 과점 체제를 유지하고 있다.

반도체 산업에 대해 강의하다가 "전 세계에서 D램을 만드는 기업 중 1위는 어디일까요?"라고 질문하면 많은 이가 "삼성전자"라고 정답을 바로 맞힌다. "그렇다면 2위와 3위는 어디일까요?"라는 연이는 질문에도 역시나 꽤 많은 이가 "SK하이닉스와 마이크론"이라고 정답을 말한다. "그렇다면 4위는 어디일까요?"라는 질문을 연이어서 하면 강의실은 고요해진다. 아무도 4위에 대해서는 생각해본 적이 없기 때문이다.

당연한 결과다. 삼성전자, SK하이닉스, 마이크론 3개 업체가 세계 D램 시장에서 시장점유율 90% 이상을 차지하며 과점 상태를 꾸준히 유지하고 있다. 이들 외에 수많은 해외 기업이 D램 사업을 영위하고 있지만, 반도체 산업 현장에서 근무하는 사람들조차 4위 기업이 어딘지 물으면 바로 답하지 못한다. 전 세계에서 가장 많이 쓰이는 제품인 D램 반도체를 고작 3개 기업이 과점하고 있다는 것은 매우 놀라운 사실이다.

투자에서 독점과 과점이 반드시 절대적인 수익률을 안겨다 주는 것은 아니다. 독과점이 절대적인 수익률을 보장한다면 우리는 기업 분석 없이 독과점 기업만 찾아내 바스켓 매매(basket trading, 다수 종목을 대량으로 일괄매매함)를 하면 수익을 낼 수 있을 것이다.

그러나 독과점 구조를 가진 하이테크 기업들이 절대적인 수익률을 보장하지 않을지라도 경쟁이 치열한 기업들보다 수익을 낼 기회가 더욱 많은 것은 사실이다. 또한, 경쟁 구도를 고려할 이유가 줄어들어 기업을 분석하는 것이 한결 수월해진다.

무엇보다 주목할 점은 현재 D램의 과점 구조는 과거 칩 메이커들의 치열한 경쟁 끝에 승자들이 쌓아올린 높은 기술 장벽에 근거한다는 사실이다. 3개사가 기술력을 바탕으로 입지를 공고히 하며 수익을 빨아들이고 있는 만큼, 새로운 기업이 시장에 도전장을 내밀어봤자 이들 3개사가 갖춘 수십 년간의 노하우를 단기간에 취득해 점차 파이를 뺏어올 가능성보다는 동전 한 푼 건지지 못하고 퇴출될 가능성이 훨씬 크다. 시장에 진입하는 데 실패하면 공로를 인정받지 못하는 것은 물론, 사업을 매각하기는커녕 기술이나 특허 하나 사갈 기업이 없을 것이므로 말 그대로 깡통만 차고 시장에서 쫓겨날 수밖에 없다.

이러한 기술적 진입 장벽은 향후 경쟁에 대한 투자자의 고민을 상당 부분 줄여주며, 산업 성장이란 수혜를 3개사가 함께 고루 누릴 가능성이 큼을 암시한다. 그렇다 보니 반도체는 과점이라는 특징만으로 비교적 어렵지 않게 장기 투자와 주기적인 시클리컬(cyclical, 경기 민감) 투자가 동시에 가능한 흔치 않은 영역으로 꼽혀왔다.

대규모 장치 산업이라는 면에서 반도체 산업은 매년 필수적으로 대규모 투자를 집행해야 한다. 실제로 워런 버핏이 코카콜라에 투자한 여러 가지 이유 중 하나는 음식료 산업의 특성상 매년 집행해야 하는 설비 투자 규모가 여타 제조업에 비해 적은 편이고, 이로 인해 전사 매출액 대비 감가상각비 비중이 적다는 점이 투자자 입장에서 매력적이기 때문이었다. 이에 반해 삼성전자는 매년 10조 원 이상 투자를 집행하고 있으며, 제품의 성능을 개선하고 경쟁 격차를 유지하기 위해 영업이익이 얼마든 상관없이 매년 일정 규모 이상의 투자를 집행해야 한다. 이로 인해 삼성전자의 재무제표에선 막대한 상각비가 매년 지속적으로 높은 비중을 차지하고 있다. 이는 가치투자를 지향하는 투자자에게 성가신 변수가 될 수밖에 없다.

그러나 조금 달리 생각해보면 이처럼 대규모 투자를 집행해야 하므로 다른 기업이 쉽게 끼어들 수 없는 진입 장벽이 형성돼 있는 셈이다. 나름 대규모 투자 집행이 필요하지만 그 규모가 다소 애매한 LED 시장이나 태양광 시장은 시장을 과소평가한 수많은 경쟁사가 들어올 수 있고, 실제로 과도한 경쟁으로 인해 적자가 누적된 기업이 차고 넘친다. 그러나 반도체는 이야기가 다르다. 반도체 중에서 그나마 기술적 진입 장벽이 다소 낮아 경쟁 강도가 높은 편인 낸드 플래시만 하더라도 매년 수조 원 이상의 설비 투자가 필요해 태양광 시장처럼 경쟁사가 우후죽순 생길 수 없다. 정신 나간 기업이 아니고서야 시장에 진입할 엄두가 나지 않기 때문이다. 유사 장치 산업인 디스플레이나 2차전지 산업과 비교해도 차원이 다른 규모다. 독보적인 제조 경쟁력을 갖추어야 하는 비메모리반도체 파운드리의 경우는 더욱 심하다.

TSMC는 2019년과 2020년 연이어 15조 원대의 설비 투자금을 집행한 데 이어 2021년에는 더욱 높은 30조 원 규모의 설비 투자금을 책정했고, 급기야 2022년에는 설비 투자금을 52조 원까지 늘렸다. 이는 우리나라의 2020년 국방 예산에 달하는 금액이며, 북한의 2020년 GDP보다도 훨씬 높은 수준이다. 2023년에는 세계 반도체 업황이 불황 기조로 들어가 투자 금액이 축소되었으나, 그럼에도 여전히 40조원대 투자 규모를 유지하고 있다.

많은 투자자가 반도체 산업 투자에 실패하는 이유

반도체 산업, 왜 늘 끝물일까?

불과 수년 전까지만 해도 많은 투자자에게 반도체 산업은 투자 매력이 떨어지는 산업, 투자하기 어려운 산업으로 인식됐다. 지금도 여전히 반도체 산업에 대해 부정적으로 생각하는 투자자가 많다. 특히 국내 기업들이 주력으로 영위하는 메모리반도체 산업은 등락이 커다란 사이클을 그려서 업황의 저점과 고점이 명확하다. 그러다 보니 고점이 끝날 기미가 보이기 시작할 무렵 뒤늦게 반도체 산업 투자에 진입한 투자자들은 살벌한 손실을 경험하기도 한다. 사이클의 저점이 생각보다 오래 가면 많은 투자자가 정체된 도로 한가운데 갇힌 것처럼 답답함을 느끼다 결국 인내심의 한계를 느끼며 반도체 산업을 떠나버리고 만다. 이런 이들은 반도체 산업에 대해 과거의 영광은 과거의 영광일 뿐이라며, 이제는 더 이상 상승 여력이 없는 산업이라고 깎아내린다. 이뿐만이 아니다. 2010년대 초반까지만 해도 SK하이닉스는 과거 하이닉스 시절부터 이어져온 영업 부진은 물론 여러 차례 장기간 적자를 냈다. 또 다른 대표 반도체 상장사인 DB하이텍(구 동부하이텍)도 사정은 마찬가지였다. 이로 인해 많은 투자자에게 반도체 산업은 대규모로 투자해도 수익이 나지 않는 산업, 대규모 지출만 나가는 산업, 적자투성이 산업이라는 이미지가 고착화되기도 했다.

"하이닉스는 내년에도 적자를 벗어나기 어려울 것"- CSFB

[그림 1-3] 일부 반도체 업체의 오랜 적자는 반도체 산업에 대해 치열한 경쟁이 필수 불가결한 위험한 산업이라는 인식을 만들어냈다.

이러한 인식이 바뀔 것 같은 계기가 몇 차례 있기는 했다. 2013년 들어 모바일 기기 시장이 급격히 확대되면서 메모리반도체는 찍어내기만 하면 무조건 돈이 되는 안정적인 흑자 구조로 돌아섰다. 2017년에는 서버 투자가 전 세계적으로 급격히 확대되면서 메모리반도체 가격이 급등해 삼성전자와 SK하이닉스는 역사적인 주가 상승과 영업이익 폭등을 기록했다. 2013년 스마트폰 시장이 포화에 이른 직후 삼성전자 주가가 장기간 횡보하다가 2017년 메모리반도체가 상승 사이클에 들어선 뒤에야 '삼성전자 주가도 2배씩 뛸 수 있다'는 게 투자자들에게 새로운 진실처럼 알려지기도 했다. 이 과정에서 많은 투자자가 반도체 산업에 새롭게 관심을 갖기 시작했다.

그러나 안타깝게도 더욱 많은 투자자가 반도체 산업에 진입할 무렵, 반도체 업황은 또 다시 사이클의 정점에 이른 상태였다. 꼭지에 물린 주식을 오래 들고 인내할 수 있는 투자자는 그리 많지 않다. 이러다 보니 충분히 매력적이라는 반도체 산업에 투자했는데도 불구하고 만족스러운 투자 성과를 올린 투자자를 찾아보기란 생각보다 쉽지 않다. 산업 자체는 꾸준히 투자 기회를 제공하는데도 정작 투자자들은 수익을 내지 못하는 형편이다.

반도체 산업 자체를 이해하기 어려워서 여러모로 접근하기 어렵다는 점도 많은 투자자에게 장벽으로 작용하고 있다. 반도체가 무엇인지조차 이해하기 어려운데, 반도체에서 파생된 각종 기술과 제품을 제조하는 상장사들의 사업 내용을 온전히 이해할 수 있는 투자자는 극히 일부에 불과하다. 이에 더해 반도체 산업은 밸류체인(value chain, 특정 제품을 구성하는 각종 부품을 납품하는 회사)이 매우 폭넓게 형성되어 있어서 반도체 세트 업체, 소재 업체, 장비 업체, 부품 업체, 서비스 업체 등 다양한 비즈니스 모델에 대한 이해도 갖춰야 한다. 각종 투자 정보를 공유하는 온라인 사이트 게시판만 훑어봐도 반도체를 제대로 이해한 투자자보다 시판될 가능성이 아직 확인되지도 않은 각종 신약에 대해 월등히 깊게 이해하는 투자자가 훨씬 많이 보인다는 점은 매우 아이러니하다.

이러한 요소는 모두 반도체 관련 기업에 투자하는 데 높은 장벽일 뿐만 아니라 투자 실패의 원인이다.

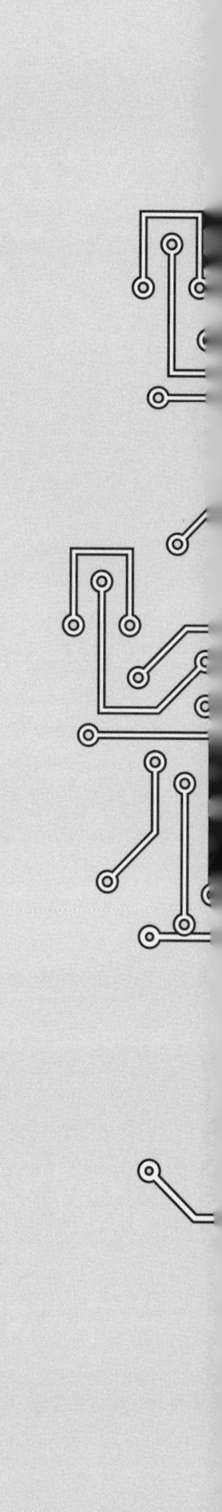

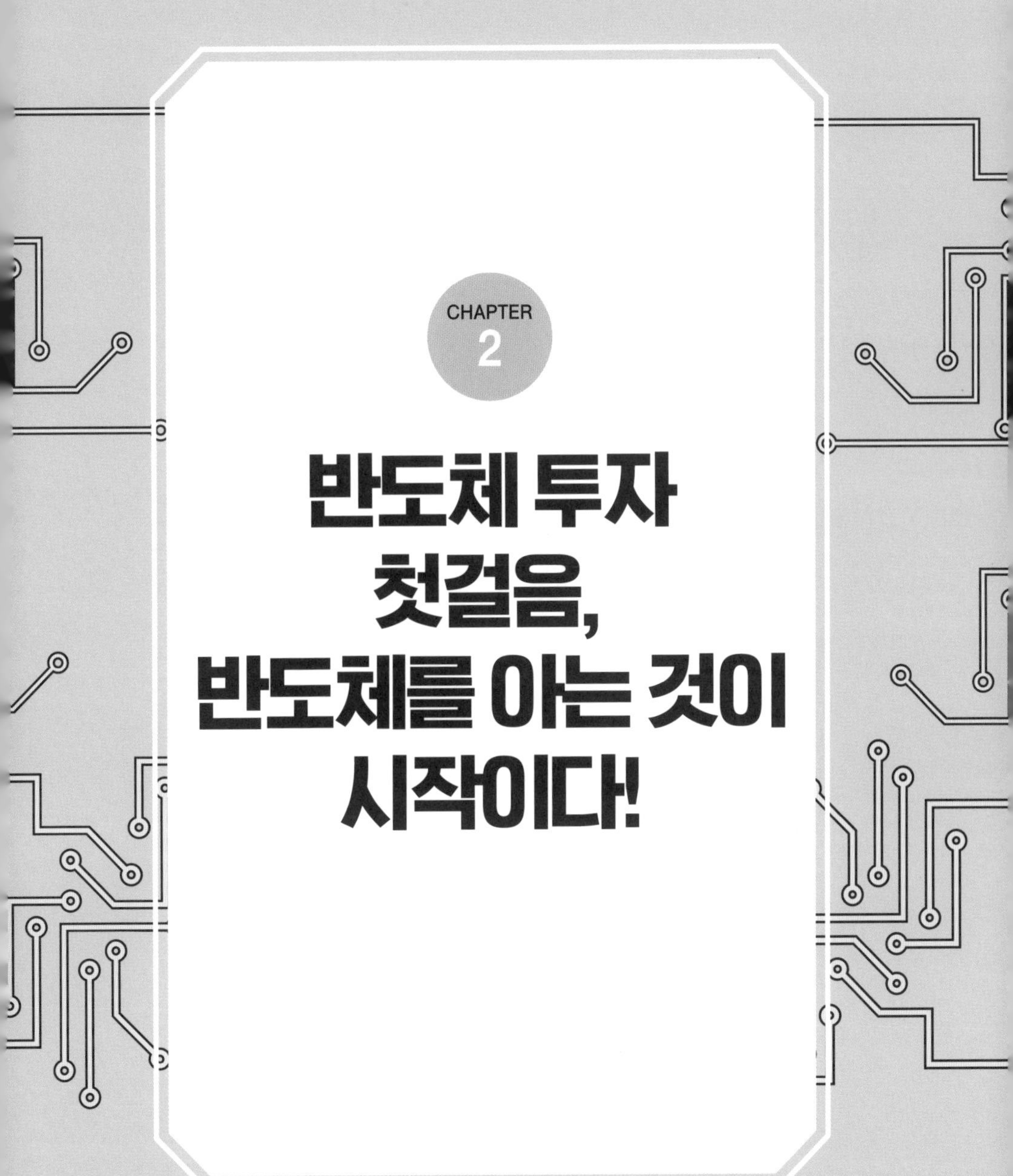

CHAPTER 2

반도체 투자 첫걸음, 반도체를 아는 것이 시작이다!

Investment in semiconductors

반도체 산업 투기판에 윈자는 없다

반도체 투자보다 반도체 투기였던 이유

주식을 살 때 가장 먼저 살펴봐야 하는 것은 이 주식을 발행한 기업이 어떤 사업을 영위하고 있는가다(물론 많은 투자자가 이를 신경 쓰지 않지만 말이다). 반도체 산업에 투자하려면 공정과 소재, 기술을 이해할 필요가 있고, 이를 이해하기 위해서는 너무나 당연한 말이지만 반도체가 무엇인지 알아야 한다. 그러나 전문가가 아닌 이상 반도체라는 개념이 어렵게 느껴지는 게 사실이다. 반도체가 무엇인지, 어디에 쓰이는지, 왜 쓰이는지 이해하는 과정은 너무나 복잡하게만 느껴진다. 반도체 업종에서 유독 투자가 아니라 투기가 반복되는 이유다. 이런 이유로 반도체 산업 전체를 통째로 기피하는 이들도 많다.

2차전지 산업, 전기차 산업, 조선업, 건설업, 태양광 산업 역시 그 내용이 어렵지만, 이들 산업에서 만들어지는 제품들은 눈에 쉽게 보이거나 비교적 쉽게 직관적으로 이해된다. 따라서 투자자들은 이런 제품에 대한 이해를 바탕으로 기업과 산업에 접근할 수 있다. 이 정도만 되어도 투자가 훨씬 수월해진다. 그러나 중간재 성격을 갖는 반도체는 우리 눈으로 직접 볼 수 없다. 기술상의 어려움은 말할 것도 없다. 그러다 보니 반도체를 직관적으로 이해하는 것은 어렵기 마련이다. 반도체가 무엇인지도 모르면서 그저 남들 따라 투자해야 하는 산업으로 인식하는 경우도 있다. 남들 따라 사는 투기 수준의 투자는 물론 어느 분야에서나 쉽게 찾아볼 수 있지만, 반도체 산업의 경우 반도체 자체를 이해하기 어렵다는 점이 이런 투기에 크게 일조하는 것으로 보인다.

반도체 산업 이해의 시작, 원자와 전자 그리고 원자핵

자동차는 사람과 로봇 팔이 부품을 조립해서 완성하고, 거대한 배는 각종 용접과 조립을 통해 만든다. 건축물은 철근을 올리고 콘크리트를 도포해 모양을 갖추어 나가고, 식료품은 각종 식품 원재료의 배합과 조리를 통해 최종 제품으로 완성된다. 뉴스나 기타 영상에서 본 장면들을 통해 이러한 과정들은 누구나 쉽게 상상할 수 있다. 그렇다면 반도체는 어떻게 만들어질까?

뒤에 설명하겠지만, 진공이라는 특수한 환경에서 원자와 분자를 하나하나 쌓아 올려가며 만든다. 눈에 보이는 커다란 부품을 조립해서 만드는 것과 달리, 나노미터라는 극도로 미세한 영역에서 원자와 분자의 지속적인 움직임을 통해 만들어지는 것이다. 그러다 보니 다른 산업은 수많은 관련 기업들에 투자하기 위해 제품의 핵심 기능이나 제품을 구성하는 부품의 역할, 원재료의 쓰임새를 이해하는 것이 중요하지만, 반도체 관련 기업들에 투자하는 과정은 사뭇 다르다. 어디서부터 공부해야 할지 막막할 수밖에 없다.

특히 반도체 산업은 재무제표나 회계 지식만으로 투자할 수 있는 영역이 아니다(회계 지식이 충분하더라도 경쟁 구도와 기술 변화 리스크에 대응할 수 없다!). 어설피 아는 용어 몇 개로 투자할 수 있는 영역도 아니다. 같은 팹리스 기업이라도 제품의 종류와 특성에 따라 경쟁력이 다르고, 이러한 요인이 기업 가치에 미치는 영향의 차이가 상당하다. 반도체를 만드는 과정에 기여하는 기업들을 이해하기 위해서는 반도체가 무엇인지 먼저 알아야 하고, 그러기 위해서는 일정 수준의 과학적 상식을 먼저 짚고 넘어가지 않을 수 없다. 무엇보다 먼저 원자와 전자의 개념을 알아야 한다.

우리나라는 의무 교육 과정에 따라 중학교 과학 시간에 원자와 전자의 개념에 대해 배운다. 이 세상의 모든 물질은 원자로 쪼개질 수 있으며, 원자는 또다시 원자핵과 전자로 분리된다고 한다.

그런데 과학에 관심 없는 학생들에겐 참 고역 같은 시간일 것이다. 눈에 보이지도 않는 원자를 주야장천 배워서 무얼 하겠는가. 하지만 반도체 관련 기업에 투자하기 위해서는 이렇게 배운 수박 겉핥기식 과학 상식이라도 총동원해야 한다. 다시 말하지만, 반도체는 다른 산업과 달리 원자와 분자를 이용해 눈에 보이지 않는 영역에서 만들어지는 제품이기 때문이다. 이런 이야기를 하면 아이 대신 내가 과학 학원에 다녀야 하는 것이 아니냐며 농담을 건넨 구독자도 있었다.

반도체를 이해하는 데 바탕이 될 원자, 전자 이야기를 포함해 과학 시간에 들어봤을 법한 이야기를 조금만 더 깊이 살펴보자(다소 따분한 이야기가 될 수 있으나 뒤에 나올 반도체 산업이란 큰 그림을 이해하는 첫 단계이므로 조금만 인내심을 가져주길 바란다!). 고대 그리스 시절, 많은 사람들은 세상에 존재하는 물질을 구성하는 가장 근본적인 요소는 물, 불, 차가움, 따뜻함 같은 것이라는 철학적인 주장을 펼쳤다. 그런 가운데 데모크리토스(Democritos)는 "이 세상의 물질은 아주 작은 알갱이들로 존재한다"고 주장했다. 하지만 이는 과학적 기반이 갖춰지지 않았던 당시에는 주류의 주장이 되지 못했다.

이후 19세기 들어 과학기술이 비약적으로 발전하면서 사람들은 원자에 대해 한층 깊이 고민하게 된다. 존 돌턴(John Dalton)은 실험을 통해 물질의 근원은 원자라는 원자설을 주장했다. 명확히 증명된 법칙이 아니고 '설'에 불과했다. 이후 더욱 진보된 과학 실험을 바탕으로 원자의 존재는 더욱 구체화되고 수정됐다. 20세기 전후 원자핵과 전자가 처음으로 발견됐다. 조지프 톰슨(Joseph Thomson)이 1897년 전자를 발견하고 그 사실을 처음 발표했는데, 놀랍게도 원자 모형은 현재 우리가 알고 있는 것과 사뭇 달랐다. '톰슨의 푸딩 모형'이라 불리는 이 모형은 지금 우리가 알고 있는 원자의 모양새와는 전혀 딴판이다. 지금 돌아보면 참 원시적인 개념이라 생각할 법도 하다. 하지만 당대에는 매우 획기적인 발견으로, 톰슨이 1906년 노벨 물리학상을 받기에 전혀 부족함이 없었다.

원자핵의 존재는 이보다 조금 더 지난 1911년 어니스트 러더퍼드(Ernest Rutherford)에 의해 발견됐다. 톰슨이 전자를 발견한 이

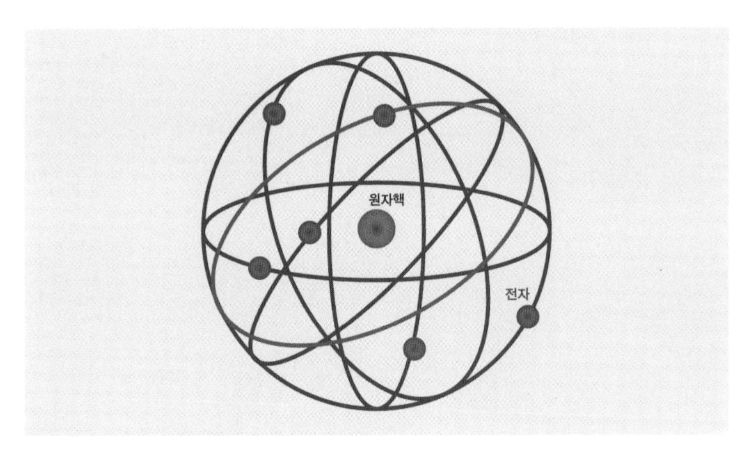

[그림 2-1] 러더퍼드는 알파 입자 실험을 통해 원자핵과 전자의 구조를 유추했다. 그가 유추한 바에 따르면 전자들은 원자핵 주변을 빙글빙글 도는 구조를 갖고 있다.

후 많은 과학자가 원자 내 전자가 어떤 형태로 존재하는지 크게 관심을 갖게 됐고, 많은 과학적인 실험들이 이루어졌다. 그리고 러더퍼드는 원자 내부 공간은 대부분 비어 있으나 상당한 질량과 플러스(+) 극성을 가진 원자핵이 중심부에 존재한다는 것을 처음으로 밝혀냈다. 이 발견으로 러더퍼드는 톰슨이 노벨상을 받은 지 2년 뒤인 1908년 노벨상을 받았다. 그의 이 같은 발견은 원자 구조를 이해하는 데 가장 밑바탕이 됐고, 이후 우리가 흔히 이해하고 있듯 전자가 원자 주변을 빙글빙글 돌고 있다는, 보다 구체적인 모형이 완성되기에 이른다. 그런데 사실 반도체란 개념은 과학자들이 원자를 발견하기 이전부터 알려지기 시작했다.

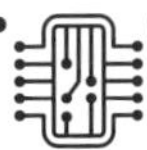

반도체가 도대체 뭐길래

패러데이가 쏘아올린 작은 공

1833년, 영국의 유명한 화학자이자 물리학자인 마이클 패러데이(Michael Faraday)는 금속으로 알려져 있던 황화은이라는 물질의 특성을 분석하고 있었다. 패러데이는 중학교나 고등학교 과학 시간에 빠지지 않고 언급되는 유명한 과학자다. 알버트 아인슈타인(Albert Einstein)이 존경한 과학자로도 알려져 있는데, 전자기 유도 현상을 발견하고, 모터를 최초로 개발했으며, 전자기학의 아버지라고도 불린다. 그런데 패러데이가 반도체를 처음으로 발견한 사람이라는 점은 잘 알려져 있지 않다. 패러데이는 온도와 환경을 바꾸어가며 황화은이란 물질의 전기적 특성을 관찰하던 도중, 놀라운 사실을 발견한다.[4] 금속은 뜨거워질수록 전기가 잘 통하지 않는다. 그런데 황화은은 다른 금속과 달리 뜨거워질수록 전기가 더욱 잘 통했다. 당시에는 반도체라는 개념이 존재하지 않았으나, 이후 이러한 현상은 반도체 물질의 가장 근본적인 특성으로 알려지게 됐다. 그리고 이는 최초의 반도체 관찰이 되었다.

도체, 부도체 그리고 반도체

안타깝지만 지루한 이야기를 한 번 더 견뎌야 반도체가 훤히 보인다(조금만 더 참아주시기 바란다!). 도체는 저항이 매우 낮아 전류를 쉽게 전달하는 물질이다. 보다 구체적으로는 열 또는 전류를 쉽게 전달하는 물질을 도체라 부르는데, 열은 제외하고 전기적 특성만 살펴보자. 도체는 왜 전기가 잘 통할까? 원자 주변을 빙글빙글 도는 전자 덕분이다. 전자 일부가 원자 밖으로 쉽게 빠져나가 다른 원자를 통해 돌아다니는데, 이것이 곧 전류가 되기 때문이다. 이에 반해 부도체는 일반적인 조건에서는 전류를 흘리지 못하는 물질이다. 가정에서 쉽게 볼 수 있는 전선을 생각해보라. 내부에 도체 금속 선이 존재하고, 바깥은 부도체 피복 소재가 금속 선을 감싸고 있다. 전기가 쉽게 통하는 물질과 그렇지 않은 물질이,

4. Faraday, M. Experimental Researches in Electricity, Volume 1. (London: Richard and John Edward Taylor, 1839) pp.122~124 (para. 432). Argonne National Laboratory. "NEWTON - Ask A Scientist." Internet Archive, February 27, 2015.

즉 도체와 부도체가 하나의 제품을 이룬 것이다.

그렇다면 반도체는 무엇일까? 단어 그대로 반만 도체인 물질을 의미한다. 도체는 영어로 '컨덕터(conductor)'라 하는데, 반도체는 절반을 뜻하는 '세미(semi)'가 붙어 '세미컨덕터(semiconductor)'라 부른다. 그렇다면 왜 절반인가? 반도체는 도체와 부도체의 중간 특성을 갖기 때문이다. 이로 인해 나타나는 가장 큰 특징은 부도체와 도체를 왔다 갔다 하면서 이들의 특성을 모두 갖는다는 것이다. 평소에는 부도체였다가 특정한 조건에서만 도체로 바뀌거나 그 반대 특성을 나타낸다. 이처럼 도체와 부도체의 중간 영역에 속한 물질을 과학적으로 반도체라 부른다. 백과사전을 검색해 보면 "상온에서 전기 전도율이 구리 같은 도체와 유리 같은 부도체(절연체)의 중간 정도인 물질"이라는 다소 애매한 정의가 나온다. 보다 구체적으로는 실온에서 10^{-3}~10^{8}옴센티미터(Ωcm) 수준의 비저항을 갖는 물질로 정의되는데, 이 범위 또한 엄격하게 정의됐다고 보긴 어렵다.

재료도 반도체, 제품도 반도체

반도체 중 가장 대표적인 물질은 원소기호 'Si'인 실리콘(silicon)이다. 반도체 산업을 이야기할 때 실리콘밸리 또는 실리콘 테크놀로지라는 말이 빈번히 들리는 이유다. 원소기호 14번인 실리콘은 성형외과에서 보형물로 사용하는 고무 소재 실리콘(silicone)과는 전혀 별개의 물질이니 유의해야 한다.

실리콘은 반도체를 만드는데 가장 활발히 사용되어왔다. 우리가 익히 들어본 수많은 종류의 반도체들, 가령 D램, 낸드 플래시(Nand Flash Memory), CPU 등(뒤에서 살펴볼 것이다!)은 모두 실리콘을 이용해서 만들어진다. 우리 주변에서 쉽게 볼 수 있는 전자기기 내부에는 다양한 종류의 반도체 칩이 탑재되어 있는데, 이 칩을 구성하는 핵심 소재가 실리콘이다. 물론 과학자들의 꾸준한 연구개발로 지구상에는 실리콘 외에도 많은 종류의 반도체 물질이 존재한다는 것이 알려졌다. 보다 다양한 전자 부품을 구현하기 위해서는 더욱 다양한 성능의 반도체 물질이 필요하다. 이를 위해 과학자들은 지금도 꾸준히 새로운 반도체 물질을 개발하고 있다. 이에 대해서는 잠시 후에 살펴보겠다.

[그림 2-2] 실리콘은 반도체 산업을 이끈 핵심적인 주인공이다. 이런 이유로 반도체 기술은 오랜 기간 '실리콘 테크놀로지'라 불렸다.

삼성전자나 인텔 같은 반도체 기업들은 실리콘 같은 반도체 물질을 원재료 삼아 반도체 응용 칩을 만든다. CPU나 D램이 대표적이다. 이러한 칩들을 산업적인 관점에서 묶어 또 반도체라 부른다. 다시 말해, 반도체는 과학적인 관점에서 부르는 '반도체 물질'과 산업적인 관점에서 칭하는 '반도체 칩 제품' 두 가지 의미를 갖는다. 투자자의 관점에서 접하는 반도체는 대개 후자의 반도체 칩을 칭하나 경우에 따라서는 반도체 물질을 칭하기도 하니 반도체를 공부하다 보면 헷갈리기도 한다. 그러나 반도체를 이용해 반도체를 만든다는 것을 확실히 이해하면 큰 어려움은 없을 것이다. 이처럼 '반도체'란 단어가 두 가지 의미를 동시에 갖기 때문에 뒤에 이어질 내용에서도 '반도체'라고 하면 '반도체 물질'을 지칭하기도 하고 '반도체 제품'을 지칭하기도 할 것이지만, 문맥의 흐름에 따라 충분히 이해할 수 있을 것이다.

반도체 칩은 쓰임새와 구조에 따라 매우 다양한 종류가 존재한다. 실리콘이 갖는 반도체 물질의 특성을 응용해서 데이터를 저장하는 제품을 만들 수도 있고, 연산장치를 만들 수도 있다. 카메라 센서나 LED 같은 발광소자를 만들 수도 있다. 이러한 제품의 종류에 따라 제조사가 다르고 각기 쓰이는 영역에 따라 판매되는 시장이 달라지는 것은 물론이다.

반도체는
왜
필요할까?

전자기기 속 반도체, 꼭 필요할까?

반도체 기업들은 반도체 제조 공정을 통해 최종 반도체 칩 제품을 완성하는데, 쓰임새와 목적에 따라 다양한 제품이 있고, 그 과정에 다양한 제조 공정이 존재하며, 여러 기업이 각각의 영역에서 사업을 영위하고 있을 것임을 짐작해볼 수 있다. 실제로 국내에 상장된 100개가 넘는 반도체 상장사들은 각기 고유의 영역에서 사업을 펼치고 있다.

그런데 이를 상세히 살펴보기에 앞서 궁금한 점이 있다. 도대체 실리콘 같은 반도체 물질은 어떤 유별난 특징을 갖기에 반도체 제품 제조에 필수적으로 사용되는 것일까? 반도체 물질을 사용하지 않고 D램이나 CPU 등을 생산할 수는 없을까? 전자기기를 구현하기 위해 반도체 물질이 반드시 필요할까? 이를 잠시 살펴보자.

집의 조명을 켜고 끄기 위해서는 스위치가 필요하다. 스위치는 주로 벽면의 눈에 띄는 곳에 설치된다. 스위치가 없으면 조명을 켜거나 끌 수 없다. 전자기기의 수많은 부품도 마찬가지다. 일상에서 사용되는 대부분의 전자기기는 원활한 동작을 위해 수많은 스위치가 필요하다. 단순히 전자기기의 전원을 끄고 켜는 온오프 스위치를 이야기하는 것이 아니다. 제품이 정상적으로 동작하기 위한 스위치를 말한다. 사례를 통해 간략히 살펴보자.

스마트폰에 달린 카메라는 실시간으로 끊임없이 외부의 빛을 받아들인다. 하지만 이러한 빛들은 오직 우리가 카메라 촬영 버튼을 누를 때만 센서에 인식되어 사진이라는 파일로 저장된다. 즉, 사용자가 버튼을 누르는 특정한 조건에서만 스위치가 작동되고, 이로 인해 빛을 파일 형태로 받아들인다. 이 스위치는 이미지 센서에 형성된 수백만 개가 넘는 픽셀을 하나하나 끄고 켜는 역할을 하는데, 아주 작고 아주 빨라야 한다. TV와 모니터도 마찬가지다. TV와 모니터는 1초에 수십 번 이상 꺼졌다 켜지며 새로운 화면을 만들어낸다. 이를 위해 TV와 모니터를 구성하는 수백만 개 이상의 픽셀에는 모두 각각 아주 작은 스위치가 달려 있다. 이들 스위치도 눈에 보이지 않는 아주 미세한 영역에서 매우 빠른 동작을 반복한다.

컴퓨터의 CPU도 수십억 개의 스위치가 꺼졌다 켜지며 1과 0 신호를 반복적으로 만들어낸다. 스위치들이 연이어 동작하며 이들 1과 0 신호는 또 다른 1과 0 신호로 변환되고 합쳐진다. 컴퓨터는 이런 과정을 거치며 끊임없이 작동한다. 스마트폰에는 손바닥 크기만 한 배터리가 탑재되어 있는데, 이 배터리는 폭발 및 발화의 위험이 있어서 보호회로가 탑재돼 있다. 보호회로에는 반도체로 만들어진 스위치 소자가 달려 있는데, 배터리에 이상이 생겨 전압이 갑작스럽게 과도 또는 과소한 수준으로 바뀌면 스위치가 작동해 배터리의 동작을 차단한다. 덕분에 배터리는 안정적인 범위에서 작동하고 배터리에 연결된 기기 회로도 보호를 받는다.

이처럼 일상 속 수많은 전자기기들에는 스위치가 필요하다. 스위치가 사용되지 않는 전자기기는 사실상 없다고 봐도 무방하다. 손목시계도 스위치에 따라 1초씩 바늘이 움직이며, 주방의 밥솥도 스위치에 따라 어떠한 종류의 밥을 짓기 위해 얼마나 오랫동안 가열해야 할지 정한다.

그런데 문제는 이러한 스위치를 어떻게 구현하는가다. 벽에 달린 스위치는 대개 크기가 손바닥만 하다. 하지만 전자기기에 사용되는 스위치는 이처럼 커다란 크기여서도 안 되고 우리가 일일이 손으로 동작시킬 수도 없는 노릇이다. 아주 미세한 크기를 갖되, 전기 신호로 매우 빠르게 동작하는 스위치가 필요하다. 이러한 스위치는 반도체를 통해 구현된다.

도체와 부도체 사이 반도체가 구현한 새로운 세상

반도체는 주어진 조건에 따라 도체와 부도체를 왔다 갔다 하는 물질이다. 이 같은 성질을 이용해 아주 미세한 스위치를 구현할 수 있다. 가령 전기가 통하지 않는 부도체일 때는 스위치가 꺼진 상태가, 전기가 통하는 도체일 때는 스위치가 켜진 상태가 되는 것이다. 반도체에 어떠한 조건을 걸어 부도체와 도체를 왔다 갔다 하도록 제어할 수 있다면 우리는 매우 빠른 속도로 스위치를 끄고 켤 수 있고, 비로소 전자기기 내 수많은 스위치를 구현할 수 있게 된다. 나아가 전기가 통하지 않는 부도체 상태는 0으로, 전기가 통하는 도체 상태는 1로 정의하면 0과 1의 디지털 신호를 생성할 수 있게 된다. 이를 응용하면 1과 0으로 구성된 무한한 데이터의 저장과 연산이 가능해진다. 이처럼 반도체는 수많은 전자기기를 작동시키는 과정에서 스위치 기능을 하기 위해, 그리고 0과 1의 디지털 신호를 만들어내기 위해 필수적으로 사용된다.

이외에도 반도체의 역할은 다양하다. 두 가지 종류의 반도체를 접합시키면 회로상에 흐르는 전류가 오직 한 방향으로만 흐르도록 제어하는 다이오드(diode)를 만들 수 있다. 다이오드는 교류 신호를 직류 신호로 변환하거나 직류 신호의 전압을 일정하게 유지해주는 기능을 구현할 수 있어 각종 전자기기의 회로나 전력설비, 전기차 등에 필수적으로 사용된다. 또한 반도체는 회로에 흐르는 전류를 증폭시키는 역할도 하고, 빛을 발생시키는 발광소자가 되기도 하고, 빛에 반응해 전류를 형성하기도 하며, 소리 또는 열을 전기 신호로 변환하는 역할도 한다. 이러한 특성은 모두 도체나 부도체 단독으로는 구현하기 어렵다.

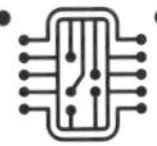

소재가 바뀌면 산업이 바뀌고 투자 기회가 생긴다

반도체, 실리콘이 전부일까?

반도체 산업은 실리콘 테크놀로지라 불릴 만큼 실리콘에 의존하며 성장을 거듭해왔다. 실리콘 가공 기술에 강점을 가진 일본의 신에츠는 실리콘 기반 칩 제조에 필수적으로 사용되는 웨이퍼 소재를 공급하며 반도체 산업 성장의 수혜를 톡톡히 누렸다. 실리콘 웨이퍼에 칩을 만드는 과정에 필수적으로 사용되는 실리콘 식각 링을 전문적으로 제조하는 국내 상장사 하나머티리얼즈도 실리콘 기술의 수혜를 전적으로 입은 기업이다.

그런데 반도체 성질을 갖는 물질은 실리콘 말고도 수없이 많고, 이들 물질은 모두 칩 내부에서 스위치 역할을 구현할 수 있는데 왜 대부분의 칩이 실리콘을 이용해서 만들어지는 걸까? 실리콘이 아닌 다른 반도체 물질을 이용한 반도체 제품은 없을까? 실리콘 반도체의 성장은 반도체 산업의 성장을 따라 지속적으로 이어질 것으로 보이는데, 새로운 반도체 소재의 성장과 이에 따른 수혜 기업에는 무엇이 있을까? 이 질문들에 답하기 전에 우선 실리콘부터 조금 더 살펴보자.

주기율표는 특성에 따라 110개가 넘는 원소들을 분류해놓은 결과물이다. 자연상에 존재하는 원소는 지금까지의 과학 연구를 통해 모두 확인됐으며, 과학자들은 물리학과 화학을 바탕으로 지금껏 없던 새로운 원소를 만들어내고 있다. 주기율표상의 원소들은 특성에 따라 도체와 부도체, 반도체로 나뉜다. 그런데 이렇게 많은 원소 중 단일 원소로서 현실적으로 반도체에 쓰이는 원소는 단 두 가지뿐이다. 원소기호 14번 실리콘(Si)과 32번 게르마늄(Ge)이 그것이다. 현재의 반도체 산업은 이 중 14번 실리콘을 기반으로 발전해왔다. 게르마늄을 이용한 반도체 칩도 일부 제조되고 있으나, 실리콘은 지구상에 게르마늄보다 풍부하게 존재하므로 가격이 저렴해 반도체를 제조하는 데 가장 많이 사용되어왔다. 또한, 실리콘은 내열 특성이 우수하고 실리콘상에 품질이 좋은 여러 종류의 물질을 쉽게 형성할 수 있어 각종 칩 구현을 위한 최적의 물질로 꼽힌다.

새로운 반도체를 찾아라

그러나 과학자들이 고작 두 종류의 반도체에 만족할 리 없다. 두 종류의 물질만으로는 우리가 필요로 하는 다양한 성능의 반도체 칩과 이에 기반한 전자 부품들을 만들어내기는 어렵기 때문이다. 따라서 실리콘이나 게르마늄과는 특성이 다른 새로운 반도체를 발견하고자 꾸준히 많은 연구가 수행되어왔다(물론 여전히 많은 연구가 여전히 진행 중이다!). 단일 원소 중 쓸 만한 반도체 소재는 고작 실리콘과 게르마늄뿐이므로 더욱 다양한 반도체 소재를 개발하기 위해 과학자들은 주기율표상의 여러 원소들을 섞어 화합물(compound)을 만들어내기 시작했고, 이에 따라 여러 종류의 화합물 반도체가 연구됐다.

과학자들이 새로운 반도체 물질을 만들어내 논문으로 발표하면 학계에서 이슈가 되면서 새로운 물질에 주목하기 시작한다. 이와 함께 물질의 특성을 분석하는 여러 파생 연구가 수행된다. 새로운 반도체 소재의 물성이 활발히 연구되면서, 상용화가 가능한지, 상업성이 얼마나 높은지, 반도체 산업에 도입될 만한 가치가 있는지 등 소재에 대한 포괄적인 연구가 이뤄진다. 그런데 새로운 소재의 등장은 비단 과학계에서만 중요한 이슈가 아니다. 새로운 소재가 상용화에 성공해 반도체 산업에 도입되면 산업 전반에 커다란 변화가 발생하는데, 커다란 변화는 투자자에게 있어 늘 새로운 투자 기회나 리스크가 되는 법이기 때문이다. 실제로 2020년대 들어 실리콘 반도체를 대체하는 새로운 반도체 소재의 사용이 산업 내에서 점차 확대되면서 커다란 변화가 본격화되었다. 이를 알아보기에 앞서 몇 가지 화합물 반도체 소재를 살펴보자.

화합물 반도체는 보통 금속과 비금속이 결합한 구조를 갖는데, 대표적으로 갈륨(Ga)과 비소(As)가 결합한 GaAs나 산화물(oxide) 반도체가 있다. 산화물 반도체는 금속과 산소(O)가 결합한 반도체 물질인데, 대표적으로는 원소기호 30번 아연(Zn)과 산소가 결합한 산화아연(ZnO, Zinc Oxide)이 있다. 이외에도 황화물(sulfide)이나 질화물(nitride)을 이용한 반도체 물질 등 여러 반도체 물질이 존재한다.

화합물 반도체 중 기존에 널리 도입되어 산업에 활발히 쓰이는 물질 중 하나로 인듐(In), 갈륨(Ga), 아연(Zn), 산소(O)가 결합한 InGaZnO(인듐갈륨아연산화물, Indium galliun zinx oxid)란 산화물 반도체가 있다. IGZO라고도 불리는 이 반도체는 특히 디스플레이 산업에서 매우 중요하게 사용된다. IGZO는 픽셀을 껐다 켜는 스위치를 구현하는 데 사용되는데, 고사양 액정표시장치(LCD) 및 OLED 생산 과정에서 실리콘과 함께 활발히 쓰이고 있다. 특히 IGZO는 소비 전력이 매우 뛰어난 특성을 가져 모바일 기기에 널리 도입되고 있다. 비록 디스플레이를 구동하는 반도체 중 IGZO가 사용되는 영역이 극히 일부에 불과해 수혜 강도는 높은 편이

[그림 2-3] IGZO는 배터리 소모의 최소화가 중요한 모바일 기기에 활발히 사용되고 있다.

아니나, IGZO 소재를 전문적으로 다루는 국내 상장사인 나노신소재 같은 기업들에 새로운 시장으로 떠오르기도 했다.

IGZO보다 시장에서의 파급 효과가 클 것으로 예상되며 상용화 준비 단계를 밟고 있는 인듐, 갈륨, 비소(As)가 결합한 InGaAs(인듐갈륨비소, Indium gallium arsenide)와 인듐, 인(P)이 결합한 InP(인화인듐, Indium phosphide) 등의 화합물 반도체도 꾸준히 주목을 받고 있다. InGaAs는 앞 글자를 따 '인가스'라고도 불리는데, 자율주행 시대에 주목받을 반도체 물질로 손꼽히고 있다. 자율주행을 실현하기 위해서는 차량이 실시간으로 주변 환경을 인지할 수 있어야 하는데, 적외선을 쏴 반사되는 신호를 읽는 LIDAR(Light Detection And Ranging) 시스템은 자율주행의 안정성을 보강하기 위한 필수 요소로, 이를 위해 적외선 신호를 인지하는 적외선 센서가 사용된다. 적외선 물질을 빠르게 감지하는 반도체로 '인가스'라고 불리는 InGaAs, InP 등이 알려지면서 널리 연구되고 있다. 실리콘은 일부 적외선에 반응하는 특징이 있지만 상온에서는 적외선 감지 특성이 완벽하게 나타나지 않는다. 이는 물질 고유의 특성에 의한 것으로, 반도체 소재의 종류에 따라 어떤 빛에 반응하는지, 반응 민감도가 어떻게 되는지 등은 상이하다.

2010년 초만 해도 2020년이면 누구나 자율주행차량을 사용하게 될 것이라고 전망했다. 그러나 2020년이 지나고 현재까지도 자율주행 기술은 여전히 초기 단계에 머물러 있으며, 2023년에서야 레벨3 자율주행이 본격화되었다. 이처럼 자율주행 기술의 발전이 더딘 이유 중 하나는 반도체 소재가 부족하기 때문이다. 새로운 반도체가 등장하면 반도체 산업이 큰 변화를 맞이하는 것은 물론, 새로운 소재를 앞서 공급하는 기업은 새로이 열릴 반도체 시장의 선점 효과를 오랜 기간 누리게 될 것이다.

화합물 반도체 시장에서 이러한 변화가 감지되는 영역이 또 하나 있다. 2020년대 들어 반도체 산업을 공부한 일부 투자자에게 커다란 관심거리였으며, 필자 또한 가장 많은 질문을 받아온 와이드 밴드갭 반도체가 그 주인공이다.

미래 먹거리, 새로운 반도체 시대를 열 와이드 밴드갭 반도체

포스트 실리콘 시대, 와이드 밴드갭 반도체가 부각되다

일본의 신에츠와 국내의 하나머티리얼즈 같은 실리콘 소재 전문 기업들(물론 이외에도 매우 많은 기업이 있다!)은 실리콘 반도체 산업의 지속적인 성장에 따라 더욱 많은 제품을 공급할 가능성이 크다. 실리콘 반도체가 성장하는 한, 이들 기업으로의 수혜는 계속될 것이기 때문이다.

그런데 기존에 주력으로 사용되던 실리콘 반도체가 아닌 새로운 화합물 반도체의 사용이 확대될수록 그 수혜를 누릴 새로운 기업들 또한 대거 등장할 것이다. 이들 기업의 성장률은 기존 실리콘 기술에 강점을 가진 기업들보다 더욱 거셀 여지가 크다. 실리콘 기술은 꾸준히 발전하면서 오랜 기간 반도체 산업을 이끌어왔기 때문에 실리콘 기술을 가진 기업들은 이미 충분한 규모의 경제를 갖추었으나, 새로운 반도체 소재는 이제 시장이 개화되는 초기 수준에 불과하고 이를 전문적으로 다루는 기업들도 대개 시장에 갓 등장한 중견 혹은 소규모 기업들이기 때문이다.

이처럼 산업의 판도를 바꿀 새로운 반도체 소재의 주인공으로는 갈륨과 질소가 결합한 GaN(질화갈륨, Gallium nitride), 실리콘과 탄소가 결합한 SiC(탄화규소, Silicon Carbide), 인듐과 인이 결합한 InP 등이 가장 먼저 손꼽힌다. 이들은 실리콘 소재의 한계를 극복하기 위해 개발된 소재라 포스트 실리콘 소재라 불리기도 한다. 이들 화합물 반도체는 모든 실리콘 반도체를 대체하기 위해 만들어진 게 아니다. 그보다는 일부 전력 반도체나 통신 반도체를 구현할 때 우수한 특성을 나타내 일부 제품에 널리 쓰일 물질로 꼽히고 있다. 이처럼 일부 종류의 반도체 칩을 만들 때 실리콘 소재보다 유리한 이유는 물질의 고유 값인 밴드갭(band gap)이 실리콘보다 훨씬 큰 와이드 밴드갭 반도체(Wide Band Gap Semiconductor)이기 때문이다.

차세대 IT기술 발달이 고효율 반도체 수요를 부른다

'밴드갭'이란 표현은 반도체 산업을 공부하다 보면 심심찮게 마주하게 되는 용어다. 과거에는 반도체 전공자들이나 사용할 법한 표현이었으나, 최근에는 신문기사나 증권사 보고서 등에서도 심심찮게 언급하므로 반도체 산업을 이해하는 과정에서 표현을 익혀두면 도움이 된다. 그러나 밴드갭이라는 물리적 용어가 낯설고 어렵다 보니 와이드 밴드갭 소재가 향후 반도체 산업을 크게 흔들 주인공임에도 불구하고 투자자로선 접근하기 힘든 게 사실이다.

밴드갭은 쉽게 이야기하면 원자핵 주변을 빙글빙글 도는 전자가 원자핵의 구속을 뿌리치고 밖으로 도망가기가 얼마나 어려운가를 의미하는 용어다. 밴드갭이 큰 물질일수록 전자가 원자핵의 구속을 뿌리치고 밖으로 떨어져 나가기 어려우며, 밴드갭이 작은 물질은 전자가 쉽게 구속을 뿌리치고 밖을 자유롭게 돌아다닐 수 있다.

반도체 산업은 실리콘 중심으로 발전해왔으나 실리콘 소재가 지닌 성능의 한계 때문에 다양한 종류의 새로운 반도체 소재들이 대두되고 있는데, 이 과정에서 와이드 밴드갭 반도체란 표현이 계속 나오는 것을 볼 수 있다. 와이드 밴드갭 반도체는 실리콘보다 밴드갭이 큰 반도체 소재, 즉 전자가 원자핵의 구속을 뿌리치기 더욱 어려운 반도체 소재를 의미한다. 와이드 밴드갭 반도체는 더 이상 전공 서적에서만 볼 수 있는 개념이 아니다. 이들 소재는 실리콘이 지닌 한계를 뛰어넘는 특성을 가져 차세대 반도체 소재로 꾸준히 주목받아왔으며, 2020년대 들어 활발히 상용화되면서 반도체 산업의 커다란 변화를 예고하고 있다. 이에 따라 증권사에서 발행하는 보고서에서도 와이드 밴드갭 반도체라는 표현을 어렵지 않게 볼 수 있으며, 국내 기업들도 점차 와이드 밴드갭 반도체에 관심을 보이고 있다.

실제로 2021년 들어 와이드 밴드갭 반도체 중심의 국가 지원 연구개발 사업이 더욱 확대되기 시작했다. 실리콘 반도체 생산에만 몰두하다 성장의 한계를 나타내던 국내 상장사 DB하이텍도 와이드 밴드갭 반도체 제조를 새로운 사업으로 낙점하고 본격적인 연구개발을 시작함은 물론, 유휴 부지를 활용해 생산 설비까지 구축에 나섰다. 이를 전후해 상장사 에이프로도 와이드 밴드갭 반도체를 신규 사업으로 설정했으며, DB하이텍과 제품 공동개발까지 본격화하였다.

와이드 밴드갭 반도체 소재는 여러 종류가 있다. 실리콘보다 밴드갭이 3배 정도 큰 화합물인 SiC(3.0~3.3eV), GaN(3.4eV)은 이미 반도체 시장의 뜨거운 이슈로 자리 잡았다. eV는 밴드갭의 크기를 나타내는 단위로 숫자가 클수록 더욱 높은 전압(V)를 버틸 수 있다.

전기차나 전력설비 같은 영역에선 이들 와이드 밴드갭 반도체의 사용이 더욱 확대될 수밖에 없다. SiC와 GaN은 밴드갭이 큰 물질이므로 구속된 전자가 밖으로 자유롭게 빠져나가는 게 더욱 어렵다. 이로 인해 높은 전력에서 작동하기 훨씬 수월해진다. 특히, 전기차나 전력설비는 300~1500V 혹은 그 이상 범위에서 작동하는 칩을 요구한다. 게다가 이들 환경은 높은 온도를 수반한다(차량 내부가 얼마나 뜨거울지 상상해보자!). 실리콘은 밴드갭이 작은 물질이다. 그래서 전압이나 온도가 높으면 반도체의 특성이 쉽게 사라진다. 전자가 너무나 쉽게 원자핵의 구속을 뿌리치고 밖으로 빠져나가기 때문이다. 이를 방지하기 위해서는 칩을 억지로 크게 만들어야 하고, 구조도 복잡하게 만들어야 한다. 하지만 이는 또다시 칩의 성능이 저하되는 결과를 초래한다. 즉, 높은 전압에서 사용하고자 하면 성능을 잃어야 하는 트레이드 오프 관계인 것이다.

이에 반해 와이드 밴드갭 반도체는 두께가 훨씬 얇으면서도 높은 전압과 높은 온도를 쉽게 버틸 수 있다. 특히, GaN과 SiC는 동일한 구조의 Si 칩보다 무려 10배 이상 높은 전압도 견딜 수 있어 칩 규격에서 1200V급, 3000V급 같은 표현을 쉽게 찾아볼 수 있다. 또한, 칩을 훨씬 얇고 작게 만들어도 Si 칩과 비슷한 수준의 성능이 유지된다. 게다가 GaN 반도체는 높은 주파수 대역에서 빠르게 작동하는 장점까지도 추가로 가졌다. 장점들로 인해 와이드 밴드갭 반도체는 칩의 크기가 훨씬 작아지고, 함께 사용되는 주변 부품도 훨씬 적게 필요하다. 그래서 전기차 또는 전력설비 시장에서는 이들 반도체가 서서히 실리콘 반도체를 대체해 나가는 것이다.

2020년 전까지만 해도 반도체 기업들은 실리콘 소재만 주로 사용했다. 그래서 와이드 밴드갭 반도체는 국방이나 우주 산업 같은 특수한 영역에 한정적으로 사용되는 반도체로 인식됐다. 특히, 와이드밴드갭 반도체의 단점이라면 제조 기술이 충분히 발달하지 않아 가격이 매우 비쌌다는 것이다. 그래서 시급한 수요처가 아니면 대부분 실리콘 반도체가 꾸준히 쓰여왔다. 그러나 전기차, 신재생에너지 등 새로운 산업이 개화함에 따라 여기에 사용되는 일부 칩들은 이제 가격보다는 성능이 더욱 중요하게 되었다. 또한, 환경오염을 최소화하기 위해 전력 손실을 가능한 한 줄일 수 있는 방안으로 고효율 반도체 칩의 필요성이 부각되기 시작했다. 게다가 기존의 모바일기기 시장까지도 배터리 충전 효율을 개선하기 위해 와이드 밴드갭 반도체가 점차 확대 도입되고 있다. 이렇듯 이들 소재의 쓰임새는 기존 영역을 벗어나 꾸준히 확대되고 있다.

벽돌 같은 노트북 충전기, 초경량·고효율 가능할까?

노트북을 사용하는 사람이라면 이런 생각을 해본 적 있을 것이다. 왜 노트북용 충전기는 크고 무거울까? 스마트폰과 비교할 때 노트북은 충전 시 더 높은 출력이 필요하다. 이를 감당하기 위해서는 전력을 제어하는 반도체 칩과 부품의 크기가 커질 수밖에 없어 노트북용 충전기는 스마트폰용보다 크고 무겁다. 그런데 GaN 기반 반도체 칩을 사용하면 노트북 충전기의 크기를 스마트폰 충전기 크기로 줄일 수 있다. 또한, 노트북과 스마트폰을 함께 고속으로 충전할 수 있다. 실제로 앤커를 시작으로 애플과 삼성전자와 같은 많은 기업들이 GaN 충전기 시장을 확대해 왔다. 애플은 이러한 충전기를 출시하기 위하여 TSMC에 GaN 반도체 칩의 제조를 의뢰했다. TSMC는 이러한 충전기 시장의 기술 변화를 바탕으로 GaN 반도체 시장 확대에 적극적으로 앞서고 있다.

전기차 시장에서는 와이드 밴드갭 반도체의 중요성은 더욱 커진다. 전기차는 내연기관 차량과 비교할 수 없을 정도로 많은 반도체 칩과 전장 부품이 탑재된다. 특히, 이들 전장 부품에 전력을 전달하기 위해서는 정말 많은 전력반도체가 필요하다. 전기차는 배터리를 통해 굴러간다. 이때 배터리는 직류 전압을 갖는다. 전력 반도체는 직류 배터리 전압을 분배하고 쪼개어 수많은 전장 부품에 전력을 전달한다. 그리고 필요에 따라 직류와 교류를 변환하는 역할을 함께 맡는다. 내연기관 차량은 연료에서 전기로의 에너지 변환 효율성이 낮고 전력 품질이 떨어져 전장 부품을 탑재하기 어렵지만, 전기차는 배터리를 사용하므로 훨씬 많은 전장 부품을 탑재할 수 있다. 이러한 이유로 전장 부품의 전력을 제어하기 위한 전력 반도체의 비중은 차량에 탑재되는 전체 반도체의 20%대에서 50% 이상으로 급증할 예정이다.[5] 그런데 전기차는 더욱 높은 전압 환경과 혹독한 운행 환경을 감당해내야 하므로 와이드 밴드갭 반

5. 한국에너지공단, 주간에너지이슈브리핑 vol33, issue 115.

도체가 필수적으로 요구된다. 실제로 2015년을 전후해 도요타와 테슬라는 SiC 전력 반도체를 자사 차량에 도입하기 시작했으며, 이후 현대기아차 등 글로벌 자동차 업체들도 뒤따라 이의 연구개발과 도입에 나서 현재에는 이들 반도체가 점점 보편화되고 있다.

그러나 아쉽게도 실리콘 반도체 분야에서는 우리나라 업체들이 세계적으로 앞서 있지만, 와이드 밴드갭 반도체 시장은 국내 업체들의 적극적인 시장 진출이 늦어서 관련 밸류체인 형성이 미비하다. 이의 중요성을 앞서 간파한 유럽과 미국 업체들이 시장을 주도하고 있는 상황이며, 반도체 제조에 필요한 수많은 소재부터 부품과 장비까지 유럽과 미국 업체들을 중심으로 경쟁 구도가 형성되고 있다. 그러나 앞으로 펼쳐질 길고도 먼 여정을 고려할 때 와이드 밴드갭 반도체 시장은 초입 단계에 들어선 것에 불과하다. 점차 많은 기업이 경쟁 영역에 들어와 수직 계열화가 나타날 것이다. 무엇보다 이 영역은 다품종이 필수적으로 요구되어서 더욱 다양한 시장 참여자들이 기회를 창출할 여지가 크다. 실제로 에이프로의 자회사 에이프로세미콘이나 아이에이의 자회사 트리노테크놀로지, 그리고 전력반도체 기업인 KEC 등이 이들 사업에서 성과를 확대하고 있다. 추후 더욱 많은 국내 기업이 참여하여 투자 기회가 빈번히 생길 예정이므로, 꾸준히 지켜보며 탐색할 만한 영역임에 틀림없다.

'밴드갭'이란?

전자는 원자핵에 구속된 상태로 원자핵 가까이 존재하되, 원자핵 주변을 끊임없이 돌아다닌다. 그런데 전자가 항상 원자핵에 구속되어 있는 것은 아니다. 경우에 따라 구속을 뿌리치고 원자 밖으로 뛰쳐나가 다른 원자를 타고 흘러 다니기도 한다. 이처럼 원자의 구속에서 벗어나 자유롭게 돌아다니는 전자를 '자유전자'라 한다. 금속이 전도성을 갖는 이유는 매우 많은 양의 자유전자가 존재하기 때문이다. 자유전자의 끊임없는 이동으로 전류가 만들어진다. 금속이 전기가 잘 통하는 도체인 이유다. 그러나 부도체는 전자의 구속력이 강해 자유전자가 쉽게 생기지 않는다. 물론 극히 일부 전자가 원자 밖을 돌아다니나 매우 미미한 정도다.

자유전자와 원자에 구속된 전자를 〈그림 2-4〉와 같이 표현할 수 있다. 그림에서 파란색 사각형의 전도대(conduction band)는 자유전자가 점유하는 공간을 나타낸다. 빨간색 사각형의 가전자대(valence band)는 원자에 구속된 전자들이 점유하는 공간을 나타낸다.

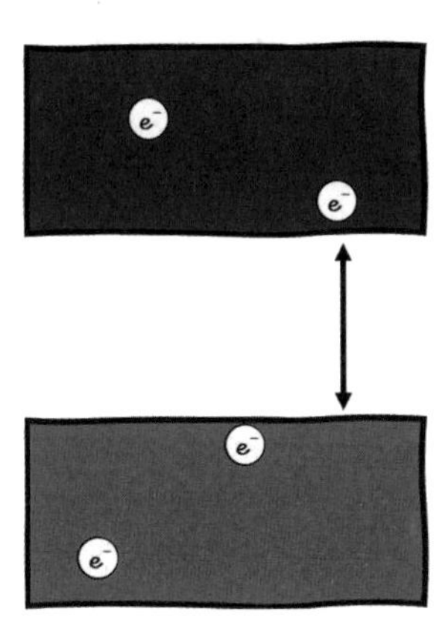

[그림 2-4] 구속된 전자(하단부)와 자유전자(상단부)

이때 두 사각형 사이에는 거리가 존재한다. 이러한 공간을 '포비드 존(forbidden zone)'이라고 하고, 두 사각형의 거리 차이를 '밴드갭(band gap)'이라고 한다. 전자가 자유롭게 돌아다니려면 원자핵의 구속을 뿌리치고 밖으로 나가야 한다. 그런데 부도체는 전자가 구속을 뿌리치기 매우 어렵다. 전자가 원자핵에 강하게 구속되어 있어서 밖으로 뛰쳐나가기 위해서는 극한의 조건이 형성되어야 한다. 그림상에 밴드갭이 매우 넓게 표현된 것은 바로 이런 이유 때문이다. 이에 반해 도체는 빨간 사각형과 파란 사각형의 거리 차이가 전혀 존재하지 않는다. 다시 말해, 빨간 영역의 전자가 원자의 구속에서 벗어나 자유롭게 파란 영역에서 돌아다닐 수 있다. 즉, 밴드갭이 0이다. 따라서 금속은 〈그림 2-5〉같이 나타낼 수 있다.

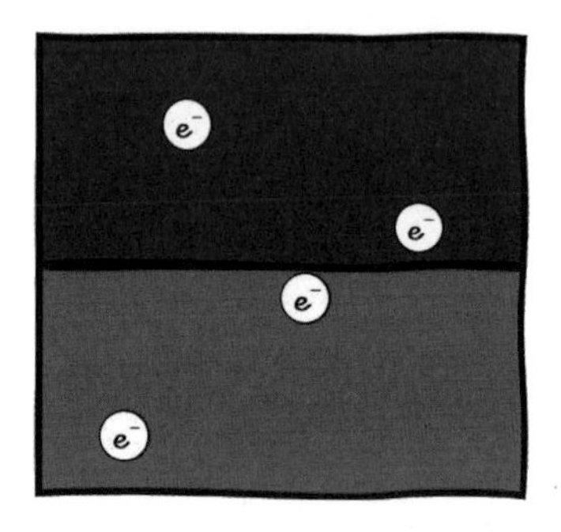

[그림 2-5] 금속의 밴드갭

그렇다면 반도체는 어떨까? 반도체는 도체와 부도체의 중간 특성을 갖는다. 부도체처럼 두 사각형 사이에 공간이 존재하지만, 그 간격이 부도체보다 현저히 좁다. 따라서 전자가 원자핵을 뿌리치고 밖으로 나가는 것이 부도체보다 훨씬 쉽다. 다시 말해, 밴드갭이 부도체보다 훨씬 작다.

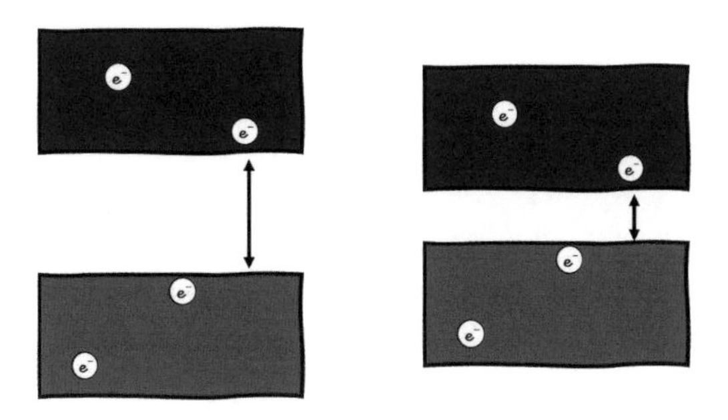

[그림 2-6] 부도체와 반도체의 밴드갭

금속은 밴드갭이 존재하지 않는다. 이에 반해 절연 특성이 우수한 부도체는 7~12eV 이상의 수치를 갖는다. 실리콘은 밴드갭이 약 1.12eV다. A라는 부도체 물질이 있다고 하자. 밴드갭이 10eV로 절연 특성이 뛰어난 물질이다. 그런데 과학적인 방법을 총동원해서 밴드갭을 2eV로 낮추면 어떤 일이 벌어질까? 이 물질은 이제 부도체가 아닌 반도체가 된다.

도체와 반도체, 부도체를 구분하는 나름의 과학적 정의가 존재하기는 하지만, 변형을 가하면 물질은 그 경계를 넘나들 수 있다. 실제로 과학자들은 소재에 특정한 공법을 적용해 도체를 반도체로, 반도체를 도체로 변화시키기를 즐긴다.

꿈의 신소재 '그래핀', 반도체 분야 상용화도 머지않았다!

흑연에서 찾아낸 꿈의 신소재 '그래핀'

SiC, GaN 같은 화합물 반도체는 최근 빠르게 상용화가 진척되고 있는 반도체 소재다. 이에 반해 당장 상용화되기보다는 먼 미래에 점차 산업에 도입되기를 기다리는 차세대 소재들도 존재한다. 비록 이들 소재는 반도체 산업에서 당장 커다란 이슈를 만들어낼 가능성이 적지만, 잊을 만하면 기사 등에 소개되며 간간이 모습을 드러낼 것이므로 잠시 시간을 내 미리 살펴볼 만한 가치가 있다.

필자가 초등학교 저학년 때는 학교에서 샤프를 사용하는 것이 금기시됐다. 연필을 사용해야만 글씨를 예쁘게 쓸 수 있다는 이유

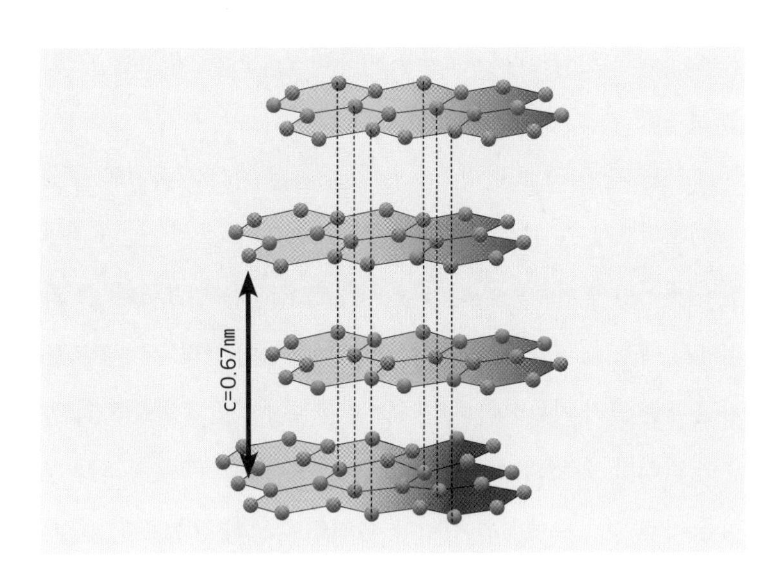

[그림 2-7] 층상 구조를 갖는 흑연의 모습.

에서였다. 그래서 교실마다 연필 몇 자루와 연필깎이가 늘 갖춰져 있었다. 연필심의 주성분은 흑연이다. 흑연은 탄소(C)로 이루어진 물질로, 층상 구조라는 독특한 구조를 가진다. 탄소 원자들이 벌집 모양 같은 정육각형을 이루며 무한한 평면 형태로 존재하는데, 이러한 평면이 층층이 쌓여 있다.

이때 한 층과 다른 층 사이의 탄소 원자들은 화학적 결합을 이루고 있지 않으며 층들이 사뿐히 얹힌 구조로 층과 층 사이의 결합력이 매우 약하다. 이러한 이유로 연필심을 종이에 문지르면 층과 층 사이의 약한 결합이 쉽게 끊어져 수많은 흑연층이 덩어리로 떨어져 나와 종이에 흔적을 남긴다. 층상 구조라는 특징 덕분에 우리는 연필이라는 도구를 이용해 손쉽게 글씨를 쓸 수 있는 것이다.

1947년 필립 러셀 왈라스(P. R. Wallace)는 이러한 흑연의 구조를 이론적으로 분석하는 과정에서 '만약 흑연이 한 층으로만 존재한다면 어떤 특성을 나타낼지' 연구해 그 결과를 발표했다. 그 과정에서 매우 놀라운 사실들이 예측됐다. 흑연이 여러 층의 구조를 가질 때는 그저 연필심이나 다름없는 물질이지만, 흑연을 오직 한 층만 박리할 수 있다면 다층 구조일 때와는 전혀 다른 물리적 특성을 가질 것으로 예상된 것이다. 물리적 강도가 강철보다 200배 이상 강하며, 전기와 열 전도성이 모두 구리보다 현저히 높고, 전기적 특성을 다양화할 수 있는 특징까지 갖는다. 이처럼 흑연이 단 한 층만 존재할 때를 가리켜 '그래핀(Graphene)'이라 부른다.

이렇듯 이론적 배경은 갖춰졌으나, 층상 구조를 갖는 흑연에서 단 한 층의 흑연만 벗겨내는 기술을 확보하는 데는 매우 오랜 시간이 걸렸다. 그래핀을 합성할 기술도 없었다. 이러한 이유로 그래핀의 특성을 엿볼 수 있는 일부 실험만 간헐적으로 진행됐으며, 2004년에 들어서야 한 층의 그래핀이 성공적으로 분리되고 분석될 수 있었다. 영국의 물리학자 안드레 콘스탄틴 가임(Andre Konstantin Geim)과 러시아와 영국 이중 국적을 가진 물리학자인 콘스탄틴 세르게예비치 노보셀로프(Konstantin Sergeevich Novoselov)는 연필심에 테이프를 붙인 뒤 여러 번 붙였다 떼어내는 과정(실제로 단일층의 그래핀을 찾는 것은 매우 어렵다)을 거쳐 단 한 층 구조를 갖는 그래핀을 찾아냈고, 이의 전기적 특성을 관찰하고 반도체 소자를 제작해 그래핀의 전기적 특성을 발표했다. 그 공로를 인정받아 이들은 2010년 노벨 물리학상을 받고, 이후 그래핀 연구가 폭발적으로 성장하는 계기를 마련했다. 현재는 그래핀을 화학적인 방법으로 합성할 수 있는 기반이 마련됐으나, 그래핀이 갖는 잠재력에 비해서는 기술적 수준이 낮고, 합성된 그래핀의 품질이 낮아 사용처가 한정되는 등 초기 단계에 불과하다. 그러나 품질 향상이 거듭된다면 그래핀의 잠재력은 곧 현실이 될 것이다.

반도체에서 2차전지까지, 점차 주목받는 그래핀

그래핀은 전자가 끊임없이 원자의 구속을 뿌리치고 밖으로 돌아다니므로 도체의 특성을 나타낸다(밴드갭이 없어 제로 밴드갭zero-band gap 물질이라 불린다!). 덕분에 전도성이 뛰어나 반도체 소자 내 전극 소재나 배터리 도전재 등으로 활용된다. 또한, 도핑이라는 특수한 공정(바로 다음 부록에서 좀 더 살펴보겠다!)을 통해 그래핀에 탄소 외의 원자를 불순물로 주입하면 밴드갭이 형성되며 반도체의 특성을 나타낸다. 이는 그래핀에 여러 공정을 응용하면 실리콘 대신 다양한 종류의 반도체 소자를 만들 수 있음을 암시하는데, 삼성종합기술원이 2012년 〈사이언스〉에 보고한 새로운 스위치 소자인 바리스터도 하나의 예다. 그래핀이 꿈의 신소재라 불리는 이유는 매우 강한 물리적 특성으로 인해 방탄복이나 가스통 같은 응용처에 사용될 수 있다는 점도 있지만(해당 영역에는 이미 그래핀이 상용화되어 도입되고 있다), 도핑을 통해 밴드갭을 다양화해서 도체부터 반도체에 이르기까지 다양한 전자 소자에 적용할 수 있기 때문이다. 이미 반도체 업체들은 반도체 제조 공정 중 증착이라 불리는 공정(뒤에서 살펴본다)을 통해 반도체 구조에 그래핀을 합성해 전극부에서의 전기적 특성을 개선하는 방안을 탐색해왔으며, 그래핀이 돌돌 말린 원기둥 형태의 탄소 나노 튜브(CNT) 소재가 2차전지의 도전재 소재로 적극적 도입되고 있다.

그래핀이 밴드갭의 부재로 금속의 특성을 보이는 데 반해, 그래핀과 유사한 구조를 가지면서도 실리콘보다 크고 작은 밴드갭을 갖는 반도체 소재들도 연이어 연구됐다. 대표적으로 층상 구조를 갖는 소재로는 MoS_2, $PtSe_2$ 같은 소재들이 있다. 이들 소재 또한 그래핀처럼 단일층으로 존재할 경우 다층 구조일 때와는 다른 독특한 특성을 나타내 차세대 반도체 물질로 꾸준히 주목받고 있어, 오랜 연구개발을 거쳐야겠지만 미래에는 상용화의 빛을 보게 될 것으로 기대된다.

반도체에 숨결을 불어넣는 '도핑'

반도체가 특정한 조건에서 도체와 부도체를 왔다 갔다 하는 물질이라면, 특정한 조건은 무엇이며 어떻게 그런 조건을 형성할 수 있을까? 반도체는 여러 가지 환경적 요인에 의해 도체 혹은 부도체의 특성을 나타낸다. 전압, 온도가 높고 낮은 열적 환경, 빛 등이 대표적인 요인이다. 이 중 반도체를 가장 쉽게 제어하는 방법은 전압이다. 반도체에 금속회로로 전원을 연결하면 손쉽게 전압을 가할 수 있다. 실제로 이상적인 실리콘은 오직 전압만으로 도체와 부도체를 오가는 변화가 발생하지 않는다. 순수한 상태의 실리콘은 자유전자가 없는 진성 반도체(Intrinsic semiconductor)이기 때문이다. 이에 따라 '불순물'이라는 또 하나의 조건을 추가해야 한다. 다만 여기서 말하는 불순물은 우리가 일상생활 속에서 쉽게 생각하는 때 묻은 물질이 아니다. 주기율표를 보면 실리콘 주변에 원소기호 5번 붕소(B), 15번 인(P), 33번 비소(As) 등이 위치한다. 이들을 실리콘에 극미량 주입하면 실리콘 입장에서는 말 그대로 '불순물'이 된다.

우리는 의무교육 과정 중 화학 시간에 최외각전자(valence electron)라

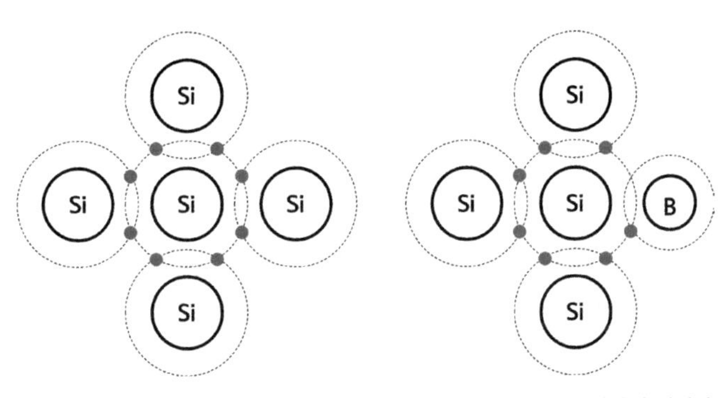

[그림 2-8] 실리콘은 인접 원자와 전자를 공유하는 공유결합을 형성하며 최외각 전자 수를 8개로 맞춘다. 그러나 붕소는 최외각전자가 3개뿐이므로 결합에 참여하지 못하는 전자가 남게 된다.

는 개념을 배운다. 실리콘에 빗대자면, 실리콘 원자핵 주변에서 14개의 전자가 빙글빙글 돌고 있는데 이 중 4개가 가장 바깥 궤도를 돌고 있다는 개념이다. 이들 4개 전자가 중요한 이유는 인접한 실리콘 원자와의 결합을 형성하기 때문인데, 이를 통해 최외각전자 수를 8개로 맞추고자 한다. 이를 위해 인접한 원자와 전자를 하나씩 공유하는 공유결합을 형성한다. 실리콘은 최외각전자가 4개인데 붕소나 인, 비소는 최외각전자가 4개가 아닌 3개 또는 5개다. 그래서 실리콘 사이에 이들 원자가 불순물로 들어오면 문제가 생긴다. 최외각전자가 3개인 붕소는 실리콘 사이에서 3개의 팔을 뻗어 실리콘 원자들과 결합하는데, 문제는 실리콘은 4개의 최외각전자가 필요하다는 것이다. 붕소는 최외각전자가 오직 3개이므로 결합에 참여하지 못한 실리콘의 최외각전자 1개가 외롭게 남게 된다. 이 전자는 이미 결합을 이룬 다른 3개의 전자를 질투하며 끊임없이 빈 틈새를 노린다. 결합에 참여하기 위해 끊임없이 다른 전자가 곁으로 와주기를 기다리는 것이다. 이에 따라 최외각전자가 3개인 물질이 첨가된 실리콘은 전자가 결핍된 상태를 유지하게 되는데, 이러한 반도체를 p형(p-type) 반도체라고 한다.

붕소와 달리 최외각전자가 5개인 인을 실리콘에 첨가하면 이야기가 달라진다. 실리콘 주변을 돌던 전자들은 인의 방문을 환영하며 인이 가지고 있는 최외각전자에 달라붙어 결합을 형성한다. 그러나 실리콘 원자는 오직 4개의 전자만 결합에 참여할 수 있으므로 인이 가지고 있는 5개의 최외각전자 중 1개는 실리콘과 결합하지 못하고 남게 된다. 홀로 남은 전자는 이제 8개로 가득 찬 바깥 궤도에 들어갈 공간이 없으므로 원자 밖을 돌아다니며 노숙 생활을 하게 된다. 자유전자가 되는 것이다. 이처럼 최외각전자가 5개인 물질이 첨가된 실리콘은 전자가 과도한 상태를 유지하게 되는데, 이러한 반도체를 n형(n-type) 반도체라고 한다.

이처럼 최외각전자 수가 서로 다른 물질을 인위적으로 주입해서 전기적 특성을 변화시키는 방법을 도핑이라 부른다. 도핑은 올림픽 시즌에 자주 귀에 들리는 단어인데, 운동선수가 규정 위반에 해당하는 약물을 투입했을 때 도핑이란 용어를 사용한다. 이처럼 도핑은 고의로 다른 물질을 첨가한다는 뜻을 가지고 있다. 반도체의 경우, 불순물을 주입하는 공정을 도핑이라 부른다.

도핑 중에서도 최외각전자가 3개인 불순물을 첨가해 전자가 상대적으로 결핍한 상태를 만들어내는 도핑을 p형 도핑이라 부르며, 최외각전자가 5개인 불순물을 첨가해 자유전자를 만들어내는 도핑을 n형 도핑이라 한다. 불순물을 첨가하면 전자가 결핍된 상태(p형 도핑) 또는 자유전자가 형성된 상태(n형 도핑)가 되나 일반적으로 불순물을 극소량 첨가하므로 이들의 양은 그리 많지 않다. 따라서 반도체가 도체로 바뀌지는 않는다. 만약 불순물을 매우 많이 첨가하면 전자의 결핍 상태(p형 도핑)나 자유전자 수(n형 도핑)가 많아져 점점 도체에 가까워지며, 더욱 많은 불순물을 주입하면 어느 순간부터는 완전한 도체의 특성을 나타낸다. 이러한 경우를 과도핑이라 부른다. 반도체가 도체로 바뀌는 것이다. 반도체 제조 공정 전반부에서 도핑 공정은 매우 중요한 공정이다.

무어의 법칙과 그 이후

무어의 법칙, 반도체 성능은 2년마다 2배로 증가한다

반도체의 중요한 역할은 스위치 기능이라 이야기하였다(부도체와 도체를 왔다 갔다 하는 것 말이다!). 1947년 벨 연구소에서 최초로 칩 내부에서 스위치 기능을 구현하는 트랜지스터가 발명된 이래, 트랜지스터 기술은 급격히 발전했다. 반도체 기술 발전의 첫 단계는 트랜지스터를 더욱 작게, 그리고 많이 만드는 과정이라고 할 수 있다. 수백 개의 반도체 공정을 거치고 나면 지름 30cm인 웨이퍼 상에 수백 개 이상의 반도체 칩이 만들어지며, 각 칩에는 수억 개에서 수십억 개의 트랜지스터가 형성된다. 반도체 업체는 웨이퍼 상에 더욱 많은 트랜지스터를 만들어 더욱 많은 칩을 제조해야 칩당 원가를 줄일 수 있다. 또한, 트랜지스터는 더욱 미세하게, 더욱 작게 만들수록 성능도 우수해진다. 한마디로, 트랜지스터를 작게 만드는 기술력을 갖춘 업체는 칩을 더 싼 가격에 만들 수 있는 데다 성능까지 함께 앞서버리는 것이다. 이에 반해 보다 비싸게 제품을 찍어내는 후발 기업들은 성능까지 떨어지는 이중고를 겪어야 한다. 따라서 반도체 기술은 트랜지스터를 더욱 작게 만들기 위한 노력으로 시작된다고 해도 과언이 아니다. 이러한 노력이 시도된 것은 비단 어제오늘 일이 아니다. 트랜지스터가 발명된 이래 개발자들은 트랜지스터를 더욱 작게, 더욱 많이 만드는 데 몰두해 왔다.

1965년, 페어차일드(Fairchild) 연구원인 고든 무어(Gordon Moore)는 잡지 〈일렉트로닉스〉와의 인터뷰에서 반도체 칩상에 만들어진 트랜지스터 수가 매년 2배씩 증가할 것이라고 예측했다.[6] 이때만 해도 이는 무어의 개인적인 생각에 불과했다. 그러나 5년 뒤 캘리포니아 공과대학 카버 미드(Carver Mead) 교수는 무어의 주장을 실증해서 이론화했고, 이는 무어의 법칙(Moore's law)으로 널리 알려지게 되었다. 무어의 법칙은 1970년대까지 계속 유효했으나, 반도체 업체들이 트랜지스터의 미세화에 어려움을 겪으며 칩 생산 비용이 증가함에 따라 집적도 향상 속도가 점차 느려지기 시작했다. 이에 따라 1975년 무어의 법칙은 1년에 2배가 아닌, 2년

6. FUTURE HORIZON (9), 2011.06, pp.8.

에 2배로 수정됐다. 무어의 법칙은 2000년대 반도체 업체들이 미세화에 더욱 어려움을 겪기 전까지 꾸준히 통용돼왔다. 현재는 칩 생산 비용이 더욱 증가해 통용되기 어려운 법칙일지 모르나, 우리는 무어의 법칙이 주는 의미를 조금 더 살펴볼 필요가 있다.

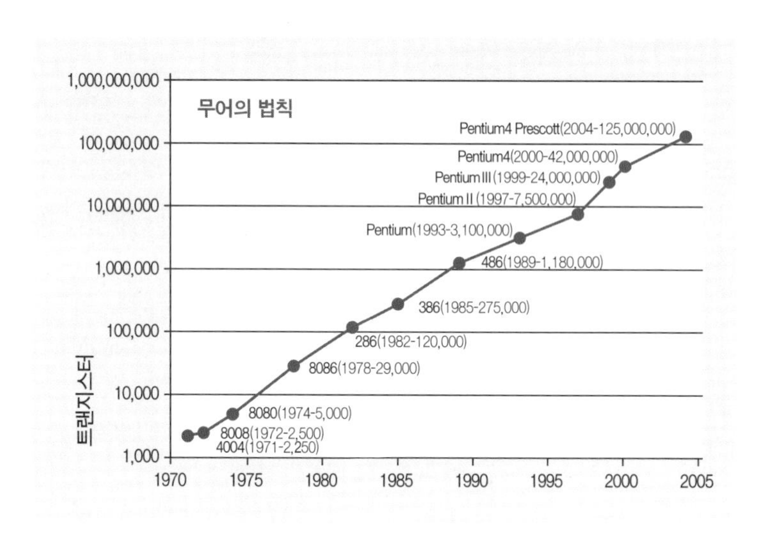

[그림 2-9] 고든 무어는 트랜지스터 수가 매년 2배씩 증가할 것이라 예측했다.

마이크로미터에서 나노미터까지, 반도체는 진화한다

이따금 어르신들에게 "예전에는 짜장면 한 그릇이 500원이었어"라는 이야기를 듣는다. 지금은 짜장면이 5000원은커녕 1만 원이 넘는 곳도 있다. 이 돈이면 예전에는 짜장면을 몇 그릇이나 먹을 수 있었을지 생각해보면 놀라울 뿐이다. 이처럼 재화는 일반적으로 시간이 지날수록 인플레이션을 겪으며 가격이 상승한다. 과거에는 500원으로 짜장면, 떡볶이도 사 먹을 수 있었지만, 이제 500원으로 살 수 있는 재화는 매우 제한적이다. 그런데 반도체 칩은 다르다. 시간이 지날수록 칩에 형성되는 트랜지스터 수가 급증하면서 트랜지스터 1개 가격은 날로 저렴해지고 있다. 과거에는 1달러로 단 1개의 트랜지스터를 구매할 수 있었다면, 현재는 같은 금액으로 무려 수억 개 이상의 트랜지스터를 구매할 수 있다 (물론 여전히 많은 이가 '그래서 그게 뭐가 좋은데?'라고 생각할 테지만 말이다).[7]

트랜지스터의 집적화는 스위칭 속도 증가와 연산 횟수 증가를 통한 칩 성능 향상으로 이어진다. 그런데 더욱 많은 트랜지스터를 만들기 위해서는 칩의 면적을 늘리든지 트랜지스터를 작게 만들든지 둘 중 하나를 선택해야 한다. 제품의 종류에 따라 칩의 크기를 늘려서 더욱 많은 트랜지스터를 형성하거나, 아예 거대한 칩을 제작해 1조 개 이상의 트랜지스터를 만들어내는 다소 극단적인 경우도 있다. 그러나 반도체 업체들은 대체로 원가 절감 효과를 함께 누리기 위해 트랜지스터 크기를 줄이는 방식을 선택했다. 이러한 이유로 트랜지스터는 과거 마이크로미터(㎛) 수준에서 나

7. Kim, Do-Yeong. "최신 반도체 공정기술", The Magazine of the IEIE 42.1 (2015): pp.91~98.

노미터(nm) 크기로 줄어들게 됐다.

물론 이 과정은 전혀 쉽지 않았다. 트랜지스터를 나노미터 크기로 줄이는 과정에서 누설전류 등 고전 물리학 법칙을 뛰어넘는 온갖 문제들이 발생했다. 기존에는 실리콘 원자가 무한히 나열된 연속적인 물질로 가정했으므로 학창시절에 배웠던 옴의 법칙(Ohm's law, 전류의 세기는 두 점 사이의 전위차에 비례하고, 전기저항에 반비례한다는 법칙)이 적용될 수 있거나 전자의 거동이 충분히 예측 가능한 영역에서 소자의 동작이 이루어졌으나, 이제는 원자 단위에서 나타나는 양자역학적 현상을 억제하기 위해 새로운 소자 구조를 바탕으로 칩의 제조가 이루어져야 한다.

이를 위해 트랜지스터는 과거에 평상 구조를 가졌으나, 점차 더욱 복잡한 입체 구조를 갖게 되며 FinFET(스위치 기능을 담당하는 영역이 상어의 지느러미를 닮아서 붙은 이름이다)이나 GAAFET(쉽게 이해하자면 전자의 이동 통로가 여러 구조물로 감겨 쌓여 있다는 뜻이다)로 발전했다. FinFET와 GAAFET의 구조와 원리는 그 내용이 장황해서 자세한 설명을 생략할 수밖에 없으나, 쉽게 말하면 트랜지스터의 모양이 매우 복잡한 입체 구조로 바뀌어 칩 제조 공정이 월등히 어려워졌다고 이해하면 된다. 트랜지스터의 구조가 입체적으로 바뀌면 반도체 제조 공정은 공정 수가 많아질 뿐만 아니라 공정의 난이도 역시 더욱 높아져 칩 제조업체는 물론 장비, 소재 업체들까지 훨씬 많은 어려움을 겪을 수밖에 없다.

이는 건축물을 짓는 과정과 크게 다르지 않다. 건축물도 구조가 복잡해질수록 크고 작은 예상치 못한 문제가 발생하게 마련이다. 서울의 동대문디자인플라자(DDP)는 세계 최대 비정형 구조로 많은 관심을 받았다. DDP 외부를 감싸는 4만 5133장의 알루미늄 패널은 단 한 장도 예외 없이 모양이 서로 다르다. 삼성물산은 DDP 시공을 위해 세계에서 알루미늄 패널을 가장 잘 만드는 독일과 영국 업체들의 문을 두드리며 서로 다른 모양의 패널 4만 장을 공급할 수 있겠냐고 문의했다. 그런데 이들 업체는 하나같이 4만 장의 패널을 어떻게 모두 다른 모양으로 만드느냐며 난색을 보였다. 결국 삼성물산은 공급이 완료되기까지 20년 정도 걸릴 것이라는 답변을 받았다. 이로 인해 DDP 사업은 좌초될 위기에 처하기도 했다. 구조가 복잡해지니 예상치 못한 어려움이 불거진 것이다.

트랜지스터 또한 평면 구조에서 수직 구조, 원통형 구조 또는 층상 구조로 변하는 과정에서 스위칭 기능이 충분히 구현되지 않는 문제가 생긴다. 동작 전압 감소로 인해 잡음과 오작동 등의 문제가 더욱 빈번하게 일어나고, 누설전류가 충분히 감소하지 않는 등(스위치가 꺼져 있어도 전류가 줄줄 새며 마치 스위치가 항상 켜져 있는 것처럼 동작한다!) 온갖 예상치 못한 어려움이 끝도 없이 발생한다. 구조 자체가 복잡해져 제조 공정 수와 난이도가 급격히 증가함은 물론 새로운 공정과 새로운 소재, 장비가 요구됐다. 극자외선(extreme ultraviolet, EUV)이나 원자층 증착법 등 첨단 공정이 도입되고, 이에 필요한 장비, 감광제, 전구체, 고유전율 소재 등이 함께 개발되어야 한다. 첨단 공정과 새로운 소재가 도입되면 칩의 제조 단가는 또다시 천정부지로 뛰어오른다. 그러면 칩 판매 경쟁력이 떨어지므로 엔지니어들은 원가 절감을 위한 노력을 새롭게 시도해야 한다. 이는 삼성전자와 TSMC가 늘상 겪는 어려움이다. 특히, TSMC와 삼성전자는 2017년 들어 3㎚급 공정 개발을 경쟁적으로 시작했는데, 결국 초기 목표와 달리 이들 기업의 공정 개발이 지연되고 있다는 소식을 우리는 2020년, 2021년 내내 들어야 했다.

그러나 이러한 난관에도 불구하고 반도체 업체들은 더욱 미세한 트랜지스터를 구현하기 위해 힘을 쏟고 있다. 그 원동력은 기술력과 노하우다. 이러한 미세화 과정에서 세트 업체가 마주하는 난관은 반도체 세트 업체 외에도 장비 업체, 소재 업체가 모두 함께 힘을 합해야 극복할 수 있다. 더욱 미세한 구조물을 만들어줄 차세대 장비와 이에 사용될 소재를 개발하는 과정에서 어려움을 함께 극복한 이들은 자사 제품의 장기 공급이라는 수혜를 누리게 됨은 물론이다.

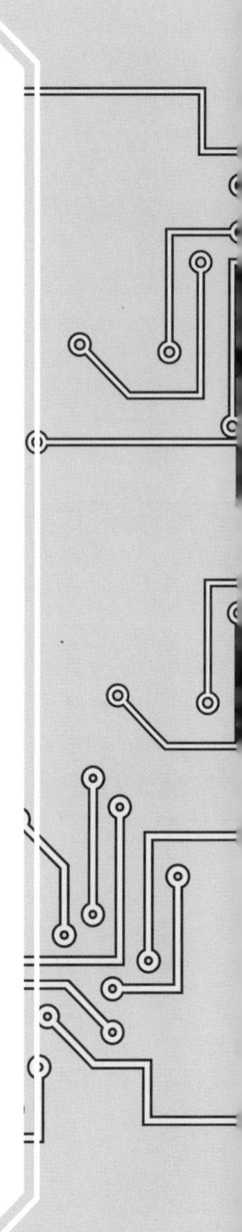

CHAPTER 3

메모리반도체를 모르면 국내 주식은 못 산다

Investment in semiconductors

주기억장치라는 신기원

메모리반도체, 비메모리반도체란 무엇일까?

우리나라 반도체 산업은 메모리반도체와 함께 성장해왔다. 국내 반도체 산업이 메모리반도체에 너무 치중되어 있어 비메모리반도체의 경쟁력을 키워야 한다는 이야기를 꾸준히 들으면서도 말이다. 메모리반도체와 비메모리반도체는 기술적인 관점에서 전혀 다른 기능을 담당하는 반도체이지만, 산업적인 관점에서도 전혀 다른 특징을 나타낸다. 반도체 산업에 투자하는 입장에서도 메모리반도체와 비메모리반도체는 살펴봐야 할 투자 포인트가 전혀 다르다. 둘 모두 반도체이지만 제품이 만들어지고 판매되는 방식이나 제품을 개발하고 제조하는 기업의 유형 등이 큰 차이를 나타내기 때문이다. 우선 메모리반도체와 비메모리반도체가 무엇인지 먼저 살펴보자.

데이터를 저장하는 메모리반도체

'5+5는 얼마인가?'라고 질문하면, 뭐 그리 쉬운 걸 묻느냐며 헛웃음을 칠 것이다. 직관적으로 '5+5=10'이라는 답이 나오기 때문이다. 그러나 컴퓨터에 '5+5'는 쉽지 않은 연산이었다. 컴퓨터는 스위치에 기대 0과 1만으로 동작하므로 5라는 개념이 아예 없다. 따라서 '5+5'를 연산하려면 '1+1'을 여러 차례 순차적으로 계산하는 과정을 거쳐야 했다. '1+1'을 수행해 '2'(2진법으로는 10)라는 임시 결과를 얻고, 여기에 추가로 더해 '3'(2진법으로는 11)을 만들고, 또 여기에 1을 더하고 1을 더하는 과정을 반복하며 '5+5'라는 연산을 수행한다. 이러한 연산을 1초에 수십억 회 이상 반복하며 단시간에 결과를 산출한다.

지금이야 컴퓨터가 매우 다양한 기능을 수행하고 있지만, 최초의 컴퓨터는 간단한 계산기를 구현하기 위해 만들어졌다. 사람들은 복잡한 연산을 빠르게 수행할 방법에 갈증을 느끼며, 여러 트랜지스터를 복잡한 회로로 구성해 자동 연산의 해법을 찾고자 했다. 그런데 덧셈 같은 단순한 연산을 수행하면서 문제가 발생했다. '5+5'를 수행하면서 2, 3, 4, 5, 6…… 등 중간 결괏값이 발생하고, 이들 값을 다음 연산을 위해 컴퓨터 어딘가에 임시로 저장해야 했다. 초기 연산장치는 덧셈 기능에는 충실했으나 중간 결과물을 저장하는 기능이 없었다. 이에 따라 결괏값을 임시로 저장하기 위한 주기억장치가 별도로 필요해졌다. 이것이 메모리반도체의 시초가 됐다. 컴퓨터가 처음 출시됐을 때는 메모리반도체가 존재하지 않았으므로 기계적인 스위치나 카운터 등 반도체가 아닌 부품이 메모리 역할을 수행했다. 그러나 S램과 D램이 등장하면서 메모리의 역할을 반도체가 이어받았다.

메모리반도체는 데이터를 영구 저장하거나 임시 저장하기 위한 반도체다. 전기적 신호에 따라 데이터가 1 또는 0으로 저장된다. 메모리반도체는 우리나라 반도체 산업을 이끌어온 제품이자 삼성전자와 SK하이닉스가 세계 시장점유율 60% 이상을 꾸준히 유지해온 효자 품목이다. 그런데 메모리반도체는 대체 어디에 쓰이길래 이처럼 잘 팔려 나가는 것일까? 앞으로도 꾸준히 잘 팔려서 삼성전자와 SK하이닉스가 더욱 많은 수익을 창출할 수 있을까? 메모리반도체의 종류를 살펴보면서 각 제품의 향방을 가늠해보자.

D램과 낸드 플래시, 왜 사용하는 걸까?

D램, 데이터는 휘발되지만 속도는 빠르다

컴퓨터로 문서를 작성하다가 갑작스럽게 컴퓨터가 꺼져서 작성하던 내용이 싹 날아간 경험을 한 번쯤은 해봤을 것이다. 이런 일을 방지하려면 자동복구 기능을 사용하거나 습관적으로 'Ctrl+s'를 눌러 수동으로 저장해야 한다. 'Ctrl+s'를 습관화하라는 이야기를 듣는 이유다. 그런데 여기서 궁금한 점이 생긴다. 왜 컴퓨터가 꺼지면 작업하던 내용이 날아갈까?

타이핑하면서 새롭게 작성하는 내용은 모두 실시간으로 컴퓨터의 어딘가에 저장된다. 단, 컴퓨터에 바로 영구적으로 저장되지 않고 D램 같은 휘발성 메모리반도체에 먼저 '임시로' 저장된다.

이후 타이핑을 멈추고 별도로 저장 기능을 실행해야 데이터가 D램에서 SSD 또는 하드디스크 같은 비휘발성 메모리에 옮겨져 영구적으로 저장된다(참고로 SSD와 달리 하드디스크는 반도체가 아니다!). 휘발성 메모리반도체는 전력이 공급될 때만 데이터가 임시로 저장되는 메모리반도체다. 컴퓨터가 꺼지면 저장됐던 데이터는 모두 삭제된다. 여기서 또 의문이 생긴다. 타이핑할 때마다 바로 비휘발성 메모리에 저장되도록 하면 될 것을 왜 굳이 휘발성 메모리에 임시저장됐다가 저장 버튼을 눌러야만 비휘발성 메모리에 저장되도록 해놓은 것일까?

근본적인 이유는 비휘발성 메모리는 동작 속도가 느리기 때문이다. 휘발성 메모리를 섞어 사용해야 전자기기의 동작이 빨라지고 효율적인 작업이 가능하다. SSD나 하드디스크는 읽기 및 쓰기 속도가 느려 CPU와 연결될 경우 CPU가 아무리 빠르게 작업을 처리한들 데이터의 입출력이 느려져 전반적인 연산 속도 저하로 이어진다. 이에 반해 D램 등 휘발성 메모리반도체는 비휘발성 메모리보다 수천~수만 배 이상 빠르게 데이터를 읽고 쓰므로 CPU와 연결됐을 때 빠른 작업이 가능하다. 게다가 타이핑할 때마다 매번 비휘발성 메모리에 데이터를 영구 저장한다면, 데이터를 쓰고 지우기를 반복하는 과정에서 데이터가 메모리 내 흩어져 저장될 것이다. 이는 로딩 속도를 느리게 한다. 또한, 비휘발성 메모리는 제품 특성상 수명이 짧은데, 잦은 쓰고 지우기는 저장장치의 수명을 더욱 단축해 데이터를 오래 보관할 수 없게 만든다. 이런 이유로 컴퓨터는 작성되는 내용을 비휘발성 메모리에 바로 저장하지 않고 휘발성 메모리에 먼저 보관하는 것이다.

게임이나 용량이 큰 문서, 포토샵 등을 실행하면 로딩 화면이 한참 뜨는 이유도 비휘발성 메모리를 사용하기 때문이다. 비휘발성 메모리의 느린 속도로 인해 CPU 연산이 지연되니 로딩이라는 과정을 통해 데이터를 불러 모아 D램 같은 휘발성 메모리에 미리 올린다. 휘발성 메모리는 마치 요리할 때 도마와 유사한 역할을 한다. 찌개를 끓이는 경우를 생각해보자. 재료를 하나하나 추가할 때마다 냉장고 문을 열어 재료를 꺼내 잘라서 넣지 않는다. 두부나 호박 등 필요한 재료를 모두 미리 도마에 올려 놓고 썰어두었다가 물이 끓으면 언제 재료를 넣을지 시간을 가늠한다. 우리가 컴퓨터 모니터를 통해 보는 수많은 데이터는 휘발성 메모리에 올라가 있는, 즉 도마 위의 데이터라고 할 수 있다.

그러면 속도도 빠르고 데이터도 영구 저장되는 반도체를 사용하면 되지 않느냐는 의문을 제기할 수 있다. 물론 맞는 말이다. 그러나 연구개발자들이 갖은 노력을 기울여 반도체를 개발하고 있음에도 불구하고 아직은 D램보다 속도가 빠르고 데이터가 영구 저장되는 메모리반도체를 개발하지 못했다. 이러한 노력은 P램이나 M램 같은 차세대 반도체를 통해 꾸준히 시도되고 있다. 그러나 이들 반도체 연구는 여전히 초기 단계에 불과한 반면, D램 등

휘발성 메모리의 기술 발전은 꾸준히 이루어지다 보니 이보다 빠르면서도 데이터가 영구적으로 저장되는 제품이 좀처럼 출시되지 않고 있다. 실제로 D램에는 '상용화 가능한 수준의 메모리반도체 중 속도가 가장 빨라 대체 불가능한' 같은 수식어가 종종 붙는다.

낸드 플래시, 속도는 느리지만 데이터를 영구 저장한다

D램과 달리 낸드 플래시(Nand flash)는 비휘발성 메모리반도체다. 작은 책 한 권 크기만 한 데이터 저장장치로 널리 쓰였으나, 자석을 이용해 데이터를 저장하는 방식으로 인해 기술 발전의 한계에 부딪쳤다. 이런 이유로 하드디스크보다 속도가 월등히 빠르고 작고 가볍다는 장점을 바탕으로 손톱만 한 낸드 플래시가 하드디스크의 자리를 대체하기 시작했다. 낸드 플래시는 단독으로는 컴퓨터에 부착되어 사용되기 어려워 주로 SSD라는 완제품 형태로 컴퓨터, 노트북 등에 사용된다. 과거에는 하드디스크를 사용하다 보니 노트북이 두껍고 무거울 수밖에 없었으나 최근 출시되는 노트북은 기본적으로 SSD를 탑재하면서 놀라울 만큼 얇고 가벼워졌다.

초기 낸드 플래시 시장은 MP3 같은 소형 모바일 기기의 발전과 함께 성장해왔다. 워크맨으로 카세트테이프를 돌려 듣던 시절,

애플과 아이리버를 비롯한 일부 기업이 MP3를 출시하면서 카세트테이프의 종말을 예고했다. MP3는 가볍고 작을 뿐만 아니라 보다 많은 음악을 저장할 수 있고, 언제든지 수정할 수 있다는 장점 덕분에 빠르게 퍼져 나갔다. 이러한 변화는 모두 낸드 플래시의 도입에 기반을 두었다.

2000년대 초, 낸드 플래시를 유일하게 제조할 수 있었던 삼성전자와 도시바는 MP3, 디지털카메라, USB용 낸드 플래시를 활발히 공급했는데, 당시 이처럼 작고 가벼운 저장장치가 노어 플래시(NOR flash) 외에는 없었으므로(뒤에서 다시 살펴보겠다!) 낸드 플래시 수요는 폭발적으로 성장했다. 그러나 제조 공정이 미흡하고 생산량이 한정된 낸드 플래시는 폭발적으로 증가하는 수요에 비해 공급이 50% 수준에 불과했다. 수명이 짧아 대세가 될 수 없을 것이란 비판 속에서도 낸드 플래시 매출액은 급성장했다. 이건희 삼성 회장은 낸드 플래시 시장의 급성장을 바탕으로 2003년 플래시메모리를 통한 제2의 도약을 발표했으며, 삼성전자는 결국 최대 경쟁사인 도시바와 노어 플래시 진영을 제치고 플래시메모리 부문의 절대강자로 올라섰다. 데이터의 영구 저장이 가능하지만 매우 비싼 메모리반도체인 낸드 플래시는 소형 모바일 기기를 중심으로 사용처가 확대되기 시작했다. 그러면서 제조 공정이 지속적으로 발전해 가격이 꾸준히 하락하면서 낸드 플래시는 그동안 저장장치의 최강자로 군림하던 하드디스크의 자리까지 넘보게 됐다. 낸드 플래시는 언젠가 더욱 속도가 빠르면서도 데이터의 영구 저장이 가능한 차세대 메모리반도체가 등장하기 전까지 꾸준히 위엄을 떨칠 것으로 보인다.

높은 기술 장벽, D램 과점 체제를 더욱 공고히 하다

D램 시장에선 삼성전자와 SK하이닉스, 미국의 마이크론이 3강을 이루며 막강한 진입 장벽을 형성하고 있다. D램은 매우 오랫동안 제조 기술이 발전해온 만큼 낸드 플래시보다 제조하기 어려워 후발주자가 따라잡기가 극도로 어렵다. 아무리 많은 금액을 투입해도 방대한 전문 인력과 수십 년 이상 쌓은 노하우가 없으면 도전하기 어려운 영역이다. 이런 이유로 우리나라와 미국이 전 세계 시장의 95% 내외를 차지하면서 독주해왔다. 이에 반해 낸드 플래시는 시장 개화가 늦었던 만큼 아직은 기술적 진입 장벽이 상대적으로 낮다. 이에 따라 2021년 초까지도 삼성전자, 키옥시아, 웨스턴디지털, 인텔, 마이크론, SK하이닉스가 6강을 형성하며 시장을 나눠 가져왔다. 그리고 2021년 말, SK하이닉스가 인텔의 낸드 플래시 사업 부문을 인수하면서 5강으로 재편되기도 했다. 그러나 메모리반도체의 고용량화에 따라 낸드 플래시의 구조는 더욱 복잡해지고 제조 기술이 빠르게 발전하면서 진입 장벽이 꾸준히 높아지고 있다. 기술적 장벽이 상대적으로 낮기 때문에 D램

제조사보다 낸드 플래시 제조사가 더욱 많은 상황이지만, 향후 기술적 장벽이 꾸준히 높아지고 치킨 게임을 통해 구조조정이 이뤄지면 낸드 플래시도 D램을 따라 과점화가 더욱 공고해질 것이다. 이러한 구조조정 속에서 낸드 플래시 메이커가 도태되거나 인수되어 줄어든다면, 이는 곧 살아남는 메이커는 과점화를 바탕으로 수익성 향상을 누리게 됨을 의미한다. 이는 주식시장에서도 더욱 긍정적인 평가를 받는 요인이 될 것이다.

다만 이러한 재편이 이루어지기 전까지는 낸드 플래시 시장은 5개 업체의 치킨게임이 지속될 것이다. 업체들이 치킨게임을 벌이게 되면 점유율 확대를 위해 지속적으로 생산 능력을 키워나가야 한다. 이 과정에서 공급 과잉이 발생할 우려가 있고, 낸드 플래시의 가격 상승이 어려워진다. 또한, 경쟁사보다 나은 제품을 출시하기 위해 기술의 발전이 빠르게 일어난다. 이로 인해 낸드 플래시 메이커는 치열한 경쟁을 펼쳐야 하고, 낸드 플래시로 기대만큼의 수익을 얻지 못할 수 있다.

그러나 우리는 투자자다. 이들 낸드 플래시 메이커가 치킨게임을 벌인다는 뜻은, 곧 낸드 플래시용 소재, 부품, 장비를 공급하는 기업들에게는 되려 기회가 된다는 의미다. 그러므로 우리는 낸드 플래시 메이커보다 낸드 플래시향 소부장 기업들에게 주목해야 한다.

D램이 메모리 산업의 주축인 이유

D램, 데이터가 저장되는 모든 곳에 존재한다

D램은 휘발성 메모리를 대표하는 제품으로 자리 잡으면서 국내 반도체 산업을 이끌었다. 데이터가 저장되는 모든 공간에는 D램이 사용된다고 말해도 과언이 아니다. 컴퓨터, 노트북, 스마트폰 외에 대규모 데이터를 저장하는 데이터센터나 클라우드는 물론, 많은 양의 데이터를 처리하는 그래픽카드나 차량용 반도체에도 D램이 반드시 탑재된다. 어디에 사용되든 데이터를 영구적으로 저장하는 비휘발성 메모리는 속도가 느리므로 연산장치로 가는 길목에는 반드시 속도가 빠른 D램이 필요하기 때문이다.

현대 컴퓨터의 주기억장치는 D램이 표준이다. 그런데 D램보다 더욱 빠른 성능을 자랑하는 메모리반도체인 S램도 있다. S램은 심지어 D램보다 소비 전력도 낮다. 하지만 S램은 데이터를 저장하려면 6개나 되는 트랜지스터가 래치(Latch) 형태로 모여 작동해야 한다. 이에 반해 D램은 스위치 기능을 하는 트랜지스터 1개와 데이터를 저장하는 캐패시터(Capacitor) 1개로 구성되어 있어 S램보다 구조가 월등히 단순하다. S램은 구조가 복잡하다 보니 당연히 많은 공간이 필요한데, 이는 반도체 업체들이 칩 용량을 늘리는 과정에서 심각한 문제가 된다. 용량 대비 가격도 D램보다 현저히 높아 경쟁력이 떨어진다. 아무리 속도가 중요하다고 해도 가격이 받쳐주지 않으면 대중화되는 데 한계가 있을 수밖에 없다. 이는 반도체 칩을 만드는 데 있어 성능뿐만 아니라 시장성과 양산성도 매우 중요하다는 사실을 보여준다. 어찌 됐든 이런 이유로 고용량 휘발성 메모리는 S램이 아닌 D램을 중심으로 대중화됐다.

S램, 빠른 속도로 D램의 틈새를 파고든다

휘발성 메모리반도체 시장은 D램이 주도하고 있지만, S램 역시 알게 모르게 널리 쓰이고 있다. 컴퓨터와 스마트폰의 연산장치인 CPU에는 기본적으로 S램이 내장된다. 연산장치는 다음 연산 시 입력되어야 할 데이터를 휘발성 메모리에 저장한다. 연산장치 초기 시절에는 이런 메모리가 1개의 메모리 칩으로 단순하게

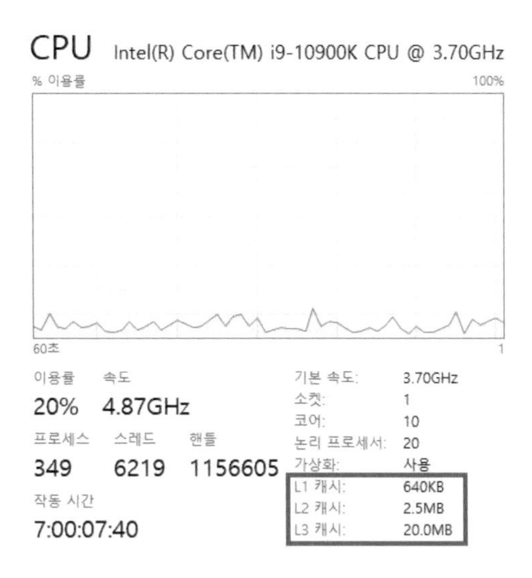

[그림 3-1] 윈도 작업관리자의 하단 오른쪽에서 캐시 정보를 찾아볼 수 있다. 빨간색 박스를 참고하라.

이루어져 있었다. 그러나 1980년대 들어 연산장치의 성능이 점차 발달하면서 데이터 처리 속도가 매우 빨라졌다. 이에 따라 메모리의 데이터 처리 속도와 격차가 더욱 벌어졌고, 이를 극복하기 위해 메모리 구조도 복잡해졌다. 이 과정에서 고성능 CPU는 물론 저성능 연산 칩까지도 여러 개의 휘발성 메모리를 이용했다. 이들 휘발성 메모리는 연산장치 가장 가까이에서 데이터를 처리하는 메모리부터 가장 멀리 떨어져 있는 메모리 순으로 계층적인 구조를 갖는다. 흔히 연산장치로부터 가까운 순서로 L1, L2, L3 캐시라 부르며, 필요에 따라 L0 캐시가 사용되기도 한다.

일반적으로, CPU와 가장 가까운 캐시는 D램이 아닌 S램이 담당한다. D램은 IT 기술이 발달함에 따라 꾸준히 용량이 증가해왔다. 그러나 S램보다 속도가 느리다는 태생적인 한계가 있다. 또한 용량이 커 CPU가 데이터를 읽기 위해 너무 많은 구역을 탐색해야 하는 문제점도 있다. 따라서 CPU와 메모리의 데이터 처리 속도 격차를 최소화하기 위해 더욱 속도가 빠르고 용량이 작고 계층적 구조를 가진 S램이 CPU 부근에 함께 탑재되기 시작했다. S램은 주로 CPU 제조사들이 CPU를 제조하는 과정에 함께 설계해 CPU와 함께 제조하는데, CPU 제조사들은 CPU의 연산 속도를 높이려는 경쟁을 벌이는 것 외에도 S램의 성능을 향상시키려는 경쟁을 물밑에서 펼치고 있다. 내 컴퓨터의 CPU가 어느 정도의 캐시 메모리를 이용하는지는 윈도 내 작업관리자를 통해 확인할 수 있다.

D램의 경쟁력은 어디에서 올까?

캐패시터, D램 과점을 유지하는 기둥

20년 전까지만 해도 D램 시장은 업체들 사이의 경쟁이 치열한 영역이었다. 그러나 인텔을 시작으로 도시바, NEC, 히타치 등 시장의 주요 업체들이 하나둘 경쟁에서 밀리면서 D램 시장은 현재의 3강 체제로 재편되기에 이르렀다. 이처럼 D램 시장에서 몰락해 퇴출된 기업은 많은데 새로이 진입하는 기업은 실질적으로 없는 상황이다. 중국이 D램 시장에 진입하려고 꾸준히 시도하고 있어서 국내 기업에 위협이 될 것이라는 기사가 종종 소개되기도 했으나, 수년이 지난 현재까지도 위협은커녕 신규 경쟁사가 전무하고 3강은 지배력을 더욱 굳건하게 유지하고 있는 형국이다.

D램은 진입 장벽이 매우 높은 영역이다. 제품 판매가가 크게 올라 제조사들이 많은 이익을 거둬들이기 시작하면 이 이익을 노리는 경쟁사가 반드시 등장하는 것이 시장의 논리이지만, D램 시장은 3사가 수조 원의 이익을 독식하는 구조가 계속되는데도 불구하고 새로운 경쟁사의 진입은 여전히 불투명한 상황이다. 실제로 D램은 새로운 경쟁사가 진입하기 쉽지 않은 영역이다. 그 배경엔 여러 가지 이유가 있지만, 특히 D램의 캐패시터가 진입 장벽을 높이는 주요한 원인이다.

D램과 낸드 플래시는 칩이 만들어지는 과정에서 각각 고유의 제조 공정을 거친다. 그중에서도 D램은 다른 반도체 칩들과 달리 제조 공정 중 칩 내부에 캐패시터라 불리는 유별난 구조물을 만드는 공정을 거쳐야 한다. 그런데 이 공정이 유별나게 어렵다. 칩 내부에 독특한 모양의 구조물을 만드는 것도 어렵지만, 첨단소재공학의 총집합체라 불릴 만큼 다양한 신소재들이 얽혀 사용되고, 반도체 업체들 고유의 노하우가 요구되기도 한다.

노트북, 냉장고, 전자레인지 등 일상 생활 속 모든 가전제품을 뜯어보면 회로가 잔뜩 새겨진 메인보드 기판이 제품 내 공간을 일부 차지하고 있다. 기판을 자세히 살펴보면 원통 모양의 캐패시터가 회로 곳곳에 부착돼 있는 것을 알 수 있다. 캐패시터는 수 초 이내의 짧은 시간 동안 전하를 저장했다가 방출한다. 배터리가 몇 시간 이상 충전됐다가 방전되는 것을 고려하면 빠르게 충전과 방전이 이루어지는 캐패시터는 배터리와 명확히 구분된다. 캐패시터는 D램에서 매우 중요한 역할을 담당한다. D램은 캐패시터상에 전하를 축적하며, 1과 0이라는 데이터를 저장한다. 캐패시터는 2개의 금속 사이에 부도체가 놓인 구조를 갖는다. 부도체를 사이에 두고 양 금속에 전압을 걸면 '+'와 '-' 전하들이 도체와 부도체 표면에 정렬된다. 부도체는 이러한 분극 현상을 나타내므로 유전체라고도 부른다. 분극 현상이 매우 빠르게 발생하고 사라지므로 D램이 고속 메모리가 되는 것이다.

D램 발전은 캐패시터 발전과 궤를 같이한다

전자기기가 1과 0 신호를 명확히 구분하려면 충분히 많은 양의 전하가 캐패시터에 담겨야 한다. 충분하지 못한 양의 전하가 담기면 1과 0의 구분이 모호해지고 D램의 성능이 낮아진다. 이런 이유로 캐패시터는 D램을 제작하는 데 있어 가장 중요한 소재로 꼽힌다. D램의 성능이 날로 고사양화됨에 따라 캐패시터를 구성하는 소재도 꾸준히 변해왔다. 실제로 삼성전자, SK하이닉스, 마이크론 등 D램 3사는 고사양 캐패시터를 구현하는 데 많은 어려움을 겪어왔으며, 지금 현재도 캐패시터의 성능을 향상시키기 위해 상당한 공을 들이고 있다.

반도체는 시간이 지날수록 미세화되어 크기가 작아지고, D램의 주요 구성 요소인 캐패시터 또한 반도체의 미세화를 따라 크기가 줄어드는데, 캐패시터는 크기가 줄어들수록 분극 현상이 발생하는 표면적이 줄어들어 충분히 많은 양의 전자를 담을 수 없다. 이에 따라 표면적을 같게 유지하면서도 더욱 미세하게 만들기 위해 캐패시터는 단일 원기둥 모양에서 이중 원기둥 모양으로 발전을 거듭했고, 전하를 더욱 많이 담을 수 있는 유전체 소재들이 도입됐다. 하지만 모양이 바뀌고 소재가 바뀌면 반드시 또 다른 문제가 불거지게 마련이다.

부도체는 전류가 흐르지 않는 물질이다. 그런데 캐패시터를 구성하는 부도체 소재가 변경됨에 따라 부도체를 통해 미세한 누설전류(leakage current)가 흘러 절연 역할을 하지 못하는 문제가 끊임없이 발생하고, 캐패시터가 전하를 담아두는 기능을 하지 못하게 된다. 이에 따라 누설전류를 최소화하기 위해 한 종류의 부도체를 캐패시터에 형성하는 대신 여러 종류의 부도체를 겹겹이 쌓는 방식이 개발됐다. 하지만 여러 물질을 중첩해서 만들다 보면 또다시 부도체가 두꺼워져 캐패시터의 미세화가 어려워진다.

이뿐만이 아니다. 원자 단위의 미세한 영역에서 서로 다른 물질들을 접합시키는 것은 매우 중요한 변수다. 소재의 종류가 바뀌면 소재와 금속의 접합부 환경이 크게 변하며, 이 과정에서 캐패시터의 특성이 전혀 다르게 변하거나 원활히 작동하지 못하는 일이 발생할 수 있다. 수많은 원자가 접합된 영역에서 일부 원자가 자리를 메우지 못하고 빈 공간을 형성하거나, 두 물질 사이의 전기적 접합 특성이 이상적이지 못하면 소재를 하나만 바꾸는 것이 아니라 접합된 주변 소재까지 바꾸어주어야 한다. 또한, 소재가 바뀌면 소재를 만드는 방법과 소재를 형성하기 위한 원재료가 바뀌는데, 이는 사실상 캐패시터를 처음부터 다시 개발해야 하는 것이나 마찬가지다. 공정 개발자들에게는 야근이 늘어나는 좋지 못한 요인이기도 하다.

이러한 악순환이 반복되는 가운데 악순환의 고리를 끊는 것은 D램 연구개발자들의 주요한 임무가 된다. D램 기술 발전은 캐패시터의 발전과 궤를 함께한다고 봐도 무방하다. 반도체 미세화에 따라 캐패시터를 구현할 방법이 점차 줄어드는 가운데, 연구진은 끊임없이 새로운 소재와 구조를 테스트해서 충분히 많은 양의 전하를 담아낼 수 있는 캐패시터를 개발하고 있다. 그 결과, 각종 첨단 신소재들이 대거 연구되며 상용화를 준비하고 있다.

캐패시터는 전하를 오랜 시간 저장하지 못한다. 1초도 되지 않는 짧은 시간 내에 전하가 모두 사라져버리기 때문이다. 이를 방지하기 위해 D램은 캐패시터에 끊임없이 새로운 전압을 가하는데, 수 밀리초(ms)마다 새로운 신호를 걸어주는 리프레시(refresh) 작업이 바로 그것이다. 또한 캐패시터 내에 저장된 전하를 최대한 유지하는 방법도 고안해야 한다. 캐패시터 내에 저장된 전하는 맞닿은 물질들을 통해 D램 구조체 내 어딘가로 새어 나간다. D램 연구개발자들은 소재 개선과 D램 구조 개선을 통해 이러한 문제도 함께 해결해야 한다.

이러한 캐패시터 제조 기술은 각종 소재 기술과 오랜 제조 공정 노하우를 바탕으로 한다. 소재 기술과 공정 노하우는 연구개발에 오랜 시간을 쏟아부어야 갖출 수 있다. 즉, 아무리 많은 돈을 투자하더라도 연구개발에 충분한 시간이 주어지지 않으면 결과물을 얻기 어렵다. 이런 이유로 D램의 진입 장벽은 꾸준히 높아져 중국을 비롯한 새로운 업체들이 시장에 발을 들이지 못하고 D램 시장에선 여전히 3강 체제가 유지되고 있다. 이러한 진입 장벽은 향후 미래형 D램(시간이 지나면 캐패시터의 형태가 다르거나 아예 필요 없는 3D형 D램 등이 등장할 것이다! 기존 3사는 역시나 이들 기술 및 소재를 개발하기 위해 오랜 시간 투자를 계속해왔다)까지 이어지며 지속적으로 심화될 가능성이 크다. 이는 곧 D램 메이커에게는 D램이 안정적인 캐시플로우임을 의미한다. 기존 3사도 더욱 어려운 기술 장벽을 돌파해야 하는 과제를 지속 해결해 나가야 할 것이다. 경쟁사의 진입을 충분히 방어할 수 있다면, 향후에도 D램은 이들 3사에게 막대한 현금을 벌어다 줄 것이다. 또한 기존 3사가 자유롭게 공급을 조절하는 분위기가 지속될 것이다. 이로 인해 메모리 반도체 업계의 하락 사이클이 짧은 특징이 유지될 것이다.

D램이 꼬박꼬박 가져오는 또 다른 투자 기회

기술 발전은 새로운 투자 기회를 만든다

산업 내 기술 변화는 새로운 투자 기회나 새로운 리스크를 수반하게 마련이다. D램이 수년 단위로 어떠한 기회를 가져다주었는지 살펴보자.

D램에선 고속 동작이 가장 중요하다고 해도 과언이 아니다. 이를 위해서는 한번에 많은 양의 데이터를 전송할 수 있어야 한다. 또한, 많은 데이터를 올려두기 위해서는 D램 자체의 용량도 증가해야 한다. D램의 주요 수요처인 컴퓨터, 스마트폰, 서버 등은 D램의 발전에 기대 그 성능이 함께 발전해왔다고 해도 과언이 아니다.

[그림 3-2] 삼성전자는 여러 개의 D램 칩을 PCB상에 실장하여 RAM 완제품까지 직접 생산하고 있다.

D램은 한 가지 종류만 있는 게 아니다. D램이 개발된 이래, 시기와 칩의 작동 방식, 사용처에 따라 다양한 형태의 D램이 만들어져왔다. 특히, D램 칩은 단독으로 사용되기보다는 PCB 기판에 실장되어 모듈화되는 것이 일반적이다. 이러한 형태로 가장 널리 사용되는 제품이 바로 컴퓨터의 RAM이다. 앞서 D램과 낸드 플래시의 역할을 간략히 구분해봤는데, 이때 D램은 주로 RAM 형태로 모듈화되어 사용된다. RAM이 PC, 노트북, 서버, 프린터 중 어디에 사용되는가에 따라 칩과 PCB 기판의 규격이 달라진다. 가령 서버에 사용되는 RAM은 신뢰성이 매우 중요하므로 일반 PC용과 달리 오류 정정을 위한 신호 처리 배선이 일찍이 추가로 삽입되어왔다.

D램은 작동 방식은 물론 PCB 기판과 신호를 주고받는 방식, 기판의 구조 등이 종류별로 모두 규격화되어야 했다. 규격화는 국제적으로 협약된 표준을 바탕으로 이루어지는데, 시장의 필요에 따라 다양한 종류의 규격이 만들어졌다. 이 중 가장 대표적인 표준은 DDR(Double Data Rate)이다. DDR은 PC와 노트북용 RAM에 도입되기 위한 표준으로, 1998년 개발된 뒤 2000년 처음 도입됐다. DDR은 국제반도체표준협의기구(JEDEC)에서 결정되는데, 삼성전자와 SK하이닉스, 마이크론이 D램 기술과 시장을 주도하고 있는 만큼 이들 기업이 주축을 이룬다. DDR은 반도체 칩 규격과 칩을 실장하는 모듈에 대한 규격으로 나뉜다.

D램 세대 발전, 반도체 시장을 재편한다

일상 속에서 볼 수 있는 제품이나 서비스 가운데 종종 '세대'라는 표현이 붙는 것이 있다. 3G 통신, LTE 4G 통신, 5G 통신, 6G 통신 모두 세대를 이르는 표현이다. 새로운 아이패드가 출시되면 1세대에 이어 2세대 신제품이, 그 이후 3세대와 4세대 신제품이 출시된다. 제품이나 서비스에 큰 변화가 생길 때 종종 "한 세대 거듭했다"라고 표현하며, 세대가 높아질수록 성능과 기능이 발전하는 모습을 보인다. DDR도 세대가 있다. 초기 DDR로 시작해서 세대가 거듭될수록 DDR2, DDR3, DDR4 등 뒤에 붙는 숫자가 바뀐다. 보통 한 세대 진보할 때마다 동작 속도와 용량은 모두 2배 정도 향상돼왔다.

2020년 반도체 시장을 달군 이슈가 있었다. 바로 DDR5의 도입이다. DDR4는 2012년 표준이 정해졌고, 이후 점진적으로 도입됐다. DDR4의 뒤를 잇는 DDR5는 2020년 7월 표준이 정해졌다. 새로운 DDR 표준이 정해지면 D램 제조업체들은 점진적으로 새로운 규격의 제품 생산을 확대한다. 표준이 정해진 첫해에는 기술력을 과시하기 위한 시제품 중심으로 생산되나, 다음 해에는 서버용 등 고사양 제품의 비중이 늘어나기 시작한다. 2년쯤 지나면 일반 PC용 제품까지 범위가 확대되면서 새로운 규격의 비중이 점점 높아지는데, 이때부터 일반 소비자들은 적극적으로 D램을 교체하기 시작한다. 표준으로 확정된 이후 4~5년 지나면 비로소 기존 DDR 제품보다 새로운 규격의 DDR 제품의 생산 비중이 늘어나는 경향이 나타났다.

새로운 규격의 제품은 출시된 직후에는 가격이 매우 비싸다. D램 업체들은 막대한 투자 비용을 빠르게 회수하고 싶게 마련인데, 초기 단계에는 수율이 낮고 생산 물량이 많지 않은 반면, 고사양 시장을 중심으로 수요가 먼저 발생하므로 신제품을 높은 가격에 출시해도 비교적 수월하게 판매할 수 있다. 그러나 언제까지나 고사양 시장 중심으로만 제품을 판매할 수는 없다. 일반 PC 시장까지 시장을 확대해야 한다. 다행히 생산이 거듭될수록 수율이 증가하고 제조 공정이 안정되면서 생산 단가가 떨어진다. 또한, D램 규격이 바뀌면 CPU도 새로운 규격의 D램과 호환되어야 하는데, 새로운 규격이 확립된 뒤 2년쯤 지나면 새로운 D램을 지원하는 CPU도 활발히 출시되기 시작한다. 이때부터 일반 소비자용 수요와 공급이 증가하기 시작한다.

DDR의 성능은 세대가 바뀔 때만 향상되는 게 아니다. USB도 3.0, 3.1, 3.2를 거쳐 4.0이 나오고 4G 통신도 LTE와 LTE-A를 거쳐 5G로 가듯, DDR도 DDR4 내에서, DDR5 내에서 꾸준히 성능 개선이 이루어진다. 미세한 발전이 거듭되면서 칩 제조에 사용되는 소재의 종류도 조금씩 변한다. 그러나 급격한 변화는 세대가 변할 때 집중적으로 일어난다(새로운 투자 기회도 단연 이때 많이 발생한다!). 규격이 변경됨에 따라 칩과 모듈의 외형이 바뀌고 작동 방식이 변경되기 때문이다. 칩을 지지하는 패키지 기판과 RAM 모듈의 PCB도 함께 변하므로, 심텍 같은 기판 제조사들은 새로운 규격에 대응해 보다 고수익성 제품을 출시해야 한다. 이러한 이유로 세대가 지난 RAM은 신형 컴퓨터에 부착되지 않는다.

규격이 변경되면 제조 공정에 사용되는 일부 장비의 교체도 필연적인데, D램은 설비 투자 규모가 크고 생산 주기가 비교적 길어 생산 설비 중 다수가 세대 변화에 따라 교체되는 경향이 있다. 특히, 칩 외형이 크게 변해서 후공정 단계에서는 장비 교체가 더욱 활발히 일어나는데, 이 과정에서 추가로 필요한 생산 장비나 부품이 생기기도 한다. DDR5는 DDR4보다 동작 전압이 낮아 PC 메인보드에서 전력을 받는 과정에서 데이터 처리 오류가 발생했는데, 전력 관리 칩을 RAM의 PCB에 부착해서 해결했다. 또한 전력 칩에서 분배되는 전기 신호는 반드시 잡음이 섞이기 마련인데, 이를 최소화하기 위해 필수적으로 캐패시터와 인덕터 같은 수동 부품이 추가로 사용됐다.

D램의 세대 변화가 본격화되면 고성능 제품으로의 교체를 원하는 수요가 활발히 발생한다. 고성능 게임을 즐기고 싶거나 더욱 빠른 영상 편집 작업을 원하는 콘텐츠 제작자들은 더욱 빠른 제품이 출시됐다는 소식에 유혹을 참지 못한다. RAM의 세대 교체를 기다리며 새로운 컴퓨터 구입을 미뤄온 컴퓨터 시장의 대기 수요가 상당한 것은 물론, 고성능 반도체를 빠르게 도입해 데이터센터의 성능을 업그레이드하려는 서버들의 막대한 수요까지 점차 몰리면서 수요가 활발히 촉진된다. 아이폰이나 갤럭시 같은 스마트폰도 제품 경쟁력을 강화하기 위해 새로운 규격의 D램이 출시되면 자사 제품에 이를 조금이라도 빨리 도입하기 위해 노력한다(뒤에 나오지만 이들은 DDR이 아닌 LPDDR을 사용한다). 이 같은 교체 수요 덕분에 반도체 업체들은 굳이 새로운 수요를 발굴하지 않아도 자연스레 제품의 판매를 촉진할 수 있으며, 메모리 업황의 개선이 맞물리면 추가 설비 투자를 고민하게 된다. 이는 D램 밸류체인에 속한 기업에 수혜가 된다(앞서 이야기했듯, 특히 후공정 기업들에게 수혜가 클 것이다).

모바일 기기에 사용되는 D램과 PC용 D램은 같을까?

PC, 노트북 그리고 스마트폰

새로운 세대의 DDR 도입은 장비 교체 수요와 부품 수요를 만들어내서 주식시장에서도 뜨거운 이슈다. 실제로 DDR5가 도입됐다는 소식이 전해질 때면 필자에게도 DDR5로 인해 어떠한 변화가 생길지, 어떤 기업이 공급망에 속해 있는지, 조금 더 직접적으로는 어떤 기업이 얼마나 수혜를 입을지 정말 많은 질문이 쏟아진다.

그런데 D램의 변화는 PC와 노트북에서만 일어나는 것이 아니다. PC와 노트북을 중심으로 한 DDR의 발전에 따라 컴퓨터 동작 속도가 빨라지고, 더욱 많은 작업을 동시에 처리할 수 있게 됐다. 그러던 중, 스마트폰을 중심으로 한 모바일 시대의 대두는 D램 표준에 새로운 변화를 요구했다. 배터리 기술이 충분히 발달하지 못해 모바일 기기에 탑재되는 부품들의 전력 소모를 더욱 줄여야 했기 때문이다. 반도체 업체들이 새롭게 성장하는 모바일 시장에 지속적으로 제품을 판매해야 했으므로, 끊임없이 데이터를 읽고 쓰는 D램도 당연히 소비 전력을 크게 줄여야 하는 처지가 됐다. 이에 따라 저전력에서 사용되기 더욱 적합한 새로운 D램이 필요하게 되었으며, 이를 위한 새로운 표준인 LPDDR(Low Power DDR)이 대두됐다. LPDDR은 DDR과 비교하면 몇 가지 차이점이 있다. 제한된 배터리 용량에서 구동되어야 하므로 저전력 설계가 중심이 된다. 물론 고성능도 유지해야 한다. 모바일 기기의 성능이 향상될수록 저전력은 물론 고성능에 대한 요구는 더욱 커지게 마련이다.

삼성전자와 애플이 주기적으로 개최하는 신규 스마트폰 발표회를 보면 스마트폰에 탑재된 고해상도 디스플레이를 소개하는 모습을 볼 수 있다. 매번 새로 선보이는 제품은 더욱 높은 해상도의 디스플레이가 탑재되어 화질이 뛰어나다는 점을 강조한다. 그런데 모바일 기기가 더욱 높은 해상도를 처리하기 위해서는 D램도 더욱 많은 데이터를 주고받을 수 있어야 한다. 디스플레이와 D램은 전혀 별개의 부품이라고 생각할 수도 있으나 D램 개발자에게는 디스플레이 해상도 향상이 고대역폭 메모리반도체 개발을 위한 새로운 일거리가 되는 셈이다.

모바일 기기용 D램의 목표는 높은 성능과 낮은 소비 전력

D램의 성능과 소비 전력은 서로 트레이드 오프(trade off, 어느 것을 얻으려면 반드시 다른 것을 희생하여야 하는 관계) 관계에 있어서 둘 다 개선하는 것은 쉬운 일이 아니다. 성능을 최대한 유지하면서 소비 전력을 낮추는 한 가지 방법은 칩에 인가되는 전압을 낮추는 것이다. 그러나 전압 변경은 공정 미세화를 수반하며, 전압은 곧 신호의 강도이므로 강도가 낮아지면 신호 처리 과정에서 오류가 발생할 확률도 증가한다. 따라서 전압을 낮추는 방법 외에도 설계 역량이 총동원되는데, 신호가 오가는 채널을 다양화해서 데이터 전송 거리를 단축해 소비 전력을 절약하거나 동작 시 한 번에 활성화되는 셀의 수를 변화시키는 등 추가적인 노력이 수반된다.

이외에도 D램의 리프레시는 전기 신호를 가해 전하를 다시 저장하는 작업이므로 전력 소모가 필연적인데, LPDDR에서는 리프레시 주기를 더욱 늘리는 방법이 도입된다. 캐패시터 내부에 저장된 전하가 빠져나가는 속도는 온도에 비례한다. 이에 따라 LPDDR은 시시각각 온도 정보를 수집해 그에 따라 리프레시를 변화시키는 기술이 도입된다.

[그림 3-3] 삼성전자의 LPDDR 칩셋.

DDR과 LPDDR 외에도 여러 D램의 규격이 사용되고 있다. 그래픽 처리 칩인 GPU(Graphics Processing Unit)를 보조하기 위한 D램이 필요한데, 이들 D램은 GDDR 규격을 따른다. LPDDR이 낮은 전력 소모를 중점에 두고 성능을 개선하는 데 반해 GDDR은 그래픽카드의 성능 극대화에 중점을 둔다. 그러나 근래에는 컴퓨팅 사양이 더욱 높아져 GDDR만으로 그래픽 처리가 어려워졌다. 이에 따라 HBM(High Bandwidth Memory)라는 새로운 표준이 등장했다. HBM은 고성능 GPU 시장을 중심으로 도입되었다. 그러나 GPU 외에도 CPU를 비롯하여 다양한 연산 처리 영역으로 사용처가 지속 확대되고 있다. 특히, 아직은 HBM의 가격대가 높아 서버용 GPU와 CPU 중에서도 가장 고가의 제품에만 제한적으로 HBM이 사용되고 있지만, 점차 제조 단가가 내려가며 일반 PC시장까지도 사용 영역이 확대될 예정이다.

이러한 규격들의 세대 변화도 관련 사업을 영위하는 기업들에 새로운 기회를 안겨다 줄 수밖에 없다. 가령 GDDR의 경우, 심텍이 좋은 사례가 될 수 있다. 심텍의 자회사 심텍 그래픽스는 2019년 들어 오랜 영업환경의 부진을 털어내고 대규모 턴어라운드를 기록했다. 이 배경에는 GDDR용 새로운 부품(패키지 공정에 사용하는 기판) 공급이 있었다.

DDR, LPDDR, GDDR은 칩 내부 구조나 칩의 동작 알고리즘이 달라 별개의 설계도가 필요하다는 특징이 있으나 근본적인 제조 공정이나 작동 원리는 거의 같다. 따라서 이들 제품을 각각 만든다고 하여 별개의 칩 제조 장비나 새로운 소재가 필요한 것은 아니다. 그렇기에 이들 규격은 세대가 변할 때 장비 또는 소재의 교체가 활발히 일어나며 새로운 수혜가 생기는 경향이 나타난다. 이들 설계의 차이를 이해하는 것은 전문가의 영역으로, D램 엔지니어를 중심으로 다양한 분야의 전문가들이 각자의 영역에서 최적의 칩을 개발하기 위해 노력을 쏟고 있다.

노어 플래시 산업은 왜 도태되었을까?

용량에 유리한 낸드 플래시, 속도에 유리한 노어 플래시

D램은 1980년대부터 현재에 이르기까지 국내 반도체 산업이 우뚝 솟을 수 있게 만들어준 효자 품목이다. 이에 반해 낸드 플래시는 D램보다 비교적 늦은 2000년대 본격적으로 시장을 확장하며 새로운 효자 품목으로 자리 잡았다. 많은 이가 어려운 제조 기술력을 이유로 D램에 더욱 많은 관심을 갖고 있지만, 국내 반도체 산업에 속한 상장사들을 분석하면 생각보다 많은 기업들이 D램뿐만 아니라 낸드 플래시에 상당 부분 의존하는 것을 관찰할 수 있다.

낸드 플래시는 전자를 가둬 데이터를 저장하는데, D램 캐패시터와 달리 전자가 빠져나갈 수 없는 비휘발성 메모리반도체다. 이렇게 전자가 저장되는 공간을 셀(cell)이라고 한다. 데이터를 영구 저장하는 또 다른 메모리반도체로 노어 플래시가 있다. 낸드 플래시와 노어 플래시를 가리켜 플래시메모리라 한다.

낸드 플래시는 전자가 저장되는 여러 셀이 모두 하나의 세트처럼 작동하는 직렬 구조를 가졌지만, 노어 플래시는 개별 셀이 모두 따로따로 마련되어 있어 병렬로 작동한다. 따라서 낸드 플래시는 특정한 셀의 데이터를 읽으려면 여러 셀에 동시에 전기 신호를 가해 순차적으로 데이터를 읽어들여야 한다. 슈퍼마켓의 냉동고에서 내가 원하는 아이스크림만 딱 선택해서 꺼내는 것이 아니라, 아이스크림을 한가득 꺼낸 뒤 마음에 드는 것을 고르고 나머지는 다시 넣어두는 것과 같다. 이는 데이터 읽기 속도가 느려지는 이유가 된다. 반면, 노어 플래시는 특정한 셀을 정확히 지정해 신호를 인가해 데이터를 읽고 쓰므로 원하는 데이터만 빠르게 읽어낼 수 있다. 그래서 전문가가 아닌 입장에서 보면 단연 노어 플래시가 더욱 좋은 플래시메모리처럼 보일 수 있다.

그런데 낸드 플래시는 노어 플래시보다 전기 신호가 오가는 배선의 수가 획기적으로 적다. 낸드 플래시는 1개의 배선으로 여러 셀에 신호를 전달하는 반면, 노어 플래시는 모든 셀에 일일이 별도의 배선을 만들어야 한다. 낸드 플래시는 집적도 면에서 유리해 용량 극대화가 가능하다. 용량 극대화를 중시하는 시장의 수요를 간

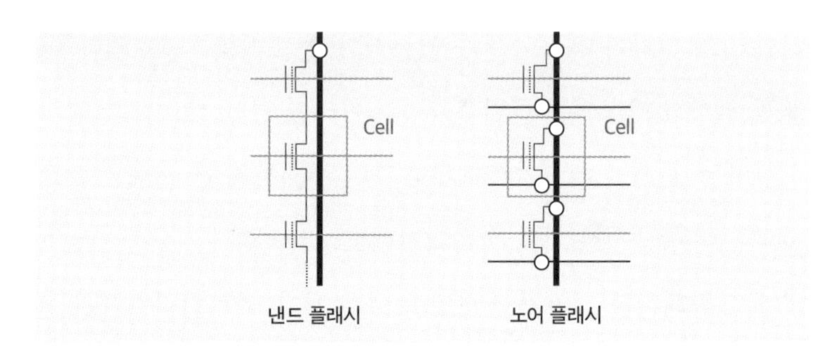

[그림 3-4] 낸드 플래시는 노어 플래시보다 단순한 배선 구조를 가지고 있어서 집적도 면에서 유리하다.

파한 삼성전자와 도시바가 노어 플래시 진영을 꺾고 플래시메모리 시장을 주도하게 된 이유다.

낸드 플래시, 용량 극대화로 플래시메모리 시장을 점유하다

2000년 전후만 해도 플래시메모리 시장을 낸드 플래시가 앞서 나가리라 예측하기는 어려웠다. 2000년대 초에 출시된 핸드폰의 90% 이상에는 노어 플래시가 탑재되어 있었는데, 인텔, AMD와 후지쓰의 합작사인 스팬션, 스위스의 ST마이크로가 노어 플래시 시장을 주도하고 있었다. 이들 노어 플래시 진영 역시 낸드 플래시가 위협적인 경쟁 제품이라 판단했지만 당시 상용화된 낸드 플래시 제품의 수명이 매우 짧아 주류가 되지는 못할 것이라 판단했다.

그러나 속도라는 장점보다 용량 극대화에 대한 시장의 요구는 생각보다 거셌다. 게다가 낸드 플래시의 짧은 수명은 기술 발전뿐만이 아니라 용량 극대화를 통해서도 개선됐다. 셀의 수명은 데이터의 쓰기 및 지우기 횟수에 의해 결정된다. 그런데 낸드 플래시의 용량이 커지면서 데이터가 더욱 많은 셀에 분산 저장되어 셀당 쓰기 및 지우기 횟수가 감소하므로 실질적인 수명 증가 효과가 나타났다. 집적도 극대화를 바탕으로 용량이 크게 늘어나면서 수명에 대한 우려가 자연스레 해소된 것이다. 낸드 플래시가 더욱 큰 용량으로 손쉽게 무장하고 수명 향상까지 이루어내자 노어 플래시가 설 자리는 빠르게 사라졌다. 결국 낸드 플래시는 플래시메모리 시장을 지배하게 되었고, 노어 플래시 진영은 사실상 메모리반도체 시장에서 자취를 감추게 되었다.

플래시메모리는 데이터 삭제 속도가 느리다. 플래시메모리는 전자를 격벽 구조 또는 푸딩 구조에 구속해 데이터를 저장하는데, 전자를 다시 빼내는 과정에서 마이크로초(μs)~밀리초(ms) 수준의 시간이 소요된다. 안 그래도 삭제 속도가 느린데, 때로는 새로운 데이터를 작성하기 위해 기존에 쓰여 있던 불필요한 데이터를 삭제하는 작업을 함께 해주어야 하는 경우도 생긴다. 이처럼 기존 데이터 위에 새 데이터를 덮어쓰는 데 너무 오랜 시간이 소요된다. 따라서 새로운 데이터가 들어오기 전, 일정한 주기마다 여러 셀의 데이터를 바이트 또는 페이지 단위로 한 번에 미리 삭제하는 방식이 사용되고 있다.

이는 데이터 관리를 아주 복잡하게 만든다. 1번 페이지의 일부 데이터를 삭제하고 싶어도 해당 데이터만 선택적으로 삭제할 수 없다. 나머지 삭제하지 않을 데이터를 다른 페이지에 복사한 뒤, 1번 페이지를 통째로 날려야 한다. 낸드 플래시에 기반한 저장장치는 하드디스크와 달리 디스크 조각모음을 사용하지 않으며, 주기적으로 메모리 내 특정 구역을 비우는 트림 작업을 수행한다.

낸드 플래시와 노어 플래시는 모두 도시바가 제안한 개념이나, 노어 플래시는 인텔에 의해 1988년에, 낸드 플래시는 도시바에 의해 1989년에 최초로 상용화됐다.[8] 이후 낸드 플래시는 전자기기의 핵심 저장장치로 자리 잡았다. 이에 반해 노어 플래시는 집적도 향상의 어려움과 비싼 가격으로 인해 일부 임베디드 시스템을 중심으로 제한적으로 사용됐다. 낸드 플래시는 도시바의 주도 아래 시장이 만들어졌으나, 이후 D램 등을 생산하면서 풍부한 경험을 쌓고 설비 자산을 갖춘 삼성전자가 도시바를 앞지르며 낸드 플래시 기술 발전을 주도했다.

낸드 플래시는 구조가 단순하다는 특징과 고유의 동작 방식을 바탕으로 셀을 수직으로 적층해서 용량을 극대화하는 3D 낸드로 발전했다. 단층 건물에서 고층 빌딩으로 건축물이 높아지면서 주

8. IEEE Spectrum, Chip Hall of Fame: Toshiba NAND Flash Memory, https://spectrum.ieee.org/tech-history/silicon-revolution/chip-hall-of-fame-toshiba-nand-flash-memory.

거 공간이 늘어나는 것과 비슷하다고 생각하면 된다. 웨이퍼상에 미세한 칩을 만드는 것보다 수직으로 많이 쌓는 기업이 원가 절감에 더욱 유리해지면서 승기를 잡는 구도가 된 것이다. 3D 낸드 제조를 위해서는 장비와 소재 기술의 발달이 필수적인데, 층수가 증가하면서 장비와 소재 기술도 매우 빠르게 발전했다. 이와 관련, 램리서치는 타사의 추종을 불허하는 장비를 개발했고, 솔브레인과 엘티씨에이이엠은 새로운 식각 소재에서 성장 동력을 찾기도 했다. 3D 낸드로의 구조 변화로 수혜를 입는 새로운 기업들이 다수 나타난 것이다.

3D 낸드에 이어 4D 낸드도 등장했는데, 4D 낸드는 근본적으로 3D 낸드와 크게 다르지 않다. 다만 기존 3D 낸드가 칩 내부의 신호 처리를 위한 각종 회로(peri)를 칩 내 별도의 공간에 만들어 공간을 소모했던 것과 달리 전자가 저장되는 셀들이 위치한 공간의 하단부에 만들어 공간을 절약한 형태다. 오래된 아파트는 주차 공간이 외부에 위치하지만 최신 아파트는 주차장을 지하에 설치해 공간을 더욱 절약하는 경우와 마찬가지다.

낮은 기술 장벽으로 인한 치열한 경쟁이 오히려 투자 기회?

낸드 플래시 시장은 D램보다 여전히 경쟁이 치열한 분야다. 이는 기술 장벽이 D램보다 낮기 때문이다. 도시바(키옥시아)와 웨스턴디지털은 낸드 플래시를 공동 개발 및 생산하면서 시장 선두 자리를 유지하고 있다. 마이크론은 인텔과의 공동 및 독자 개발을 바탕으로 선두 지위를 점해왔다. SK하이닉스는 낸드 플래시 시장에서 미미한 점유율을 보였으나, 2020년 인텔의 낸드 플래시 사업 부문을 인수하기로 결정하면서 빠르게 시장의 선두주자로 자리 잡았다.

특히 인텔은 낸드 플래시에 사용되는 소재와 제조 공법이 삼성전자나 SK하이닉스와 상이한데, 안정성이 뛰어나 서버향 수요에 대응하기에 유리했다. 그렇기에 SK하이닉스는 인텔 인수로 제품 포트폴리오를 다변화하는 이점을 누릴 수 있게 됐다. 이외에도 중국은 '반도체 굴기(崛起, 우뚝 섬)'를 바탕으로 YMTC 등의 기업이 시장에 진입하려고 계획했으나 몇 가지 문제가 생겼다. 먼저 미국이 규제를 가하는 바람에 YMTC는 낸드 플래시 제조에 꼭 필요한 장비를 구입할 수 없게 되었다. 또한 고질적으로 YMTC의 발목을 잡아 왔던 재정적인 어려움이 여전해 반도체 시장에 진입하는 것이 쉽지 않은 일임을 다시 한번 보여주었다.

낸드 플래시 시장의 치열한 경쟁은 제조사인 삼성전자와 SK하이닉스에 안타까운 소식일 수도 있다. 치열한 치킨게임을 반복해야 하기 때문이다. 그러나 우리 투자자는 수혜를 찾으면 되는 법이다. 낸드 플래시용 장비와 소재를 공급하는 기업에는 오히려 이들 기업의 치킨게임이 되레 수혜가 될 수도 있다. 전방 기업들의 치킨 게임이 가속화될수록 설비 투자가 확대되고 생산량이 더욱 빠르게 증가함에 따라 소재 공급이 꾸준히 늘어날 것이기 때문이다. 궁극적으로는 삼성전자와 SK하이닉스가 낸드 플래시 시장의 패권을 쥐어잡아야 국내 관련 기업이 더욱 장기간 투자 매력을 확보할 수 있을 것이나, 치킨 게임은 일부 밸류체인 영역에서 활발한 투자 기회를 제공한다는 것을 잊지 말아야 한다. 현재 5개사가 낸드 플래시 시장에서 치열한 치킨 게임을 벌이고 있지만, 자금사정이 넉넉하지 못한 키옥시아와 웨스턴디지털은 이 시장에서 오래 버티지 못할 가능성이 있다. 실제로 마이크론이 키옥시아를 인수할 것이라는 이야기도 여럿 전해진 바 있다. 추후 업계 재편으로 치킨 게임이 완화되면 낸드 플래시 메이커는 더욱 두둑한 수익성을 챙기게 될 것이다. 그러나 그 전까지는 낸드 플래시용 소재와 장비를 공급하는 기업들의 성장이 더욱 가파를 것이다.

삼성전자와 SK하이닉스 사이에서 꿋꿋이 살아남은 제주반도체

제주 최대 수출품은 감귤이 아니라 반도체다?

국내 상장사를 훑다 보면 제주반도체라는 기업이 종종 눈에 띈다. 제주도라는 친숙한 이미지와 반도체라는 어려운 이미지가 맞물리며 어떤 기업일까 궁금증을 자아낸다. 제주반도체의 주력 제품은 메모리반도체다. 특히 D램과 낸드 플래시를 주로 취급한다. 간혹 우스갯소리로 제주도의 최대 수출품은 감귤이나 넙치가 아닌 반도체라는 이야기가 있는데, 실제로 2019년 제주도의 수출 중 거의 절반을 제주반도체가 차지했다.

제주반도체는 설립 초기 경기도 성남시에 본사를 두었지만, 2005년 상장과 함께 제주도로 본사를 이전했다. 그런데 의문이

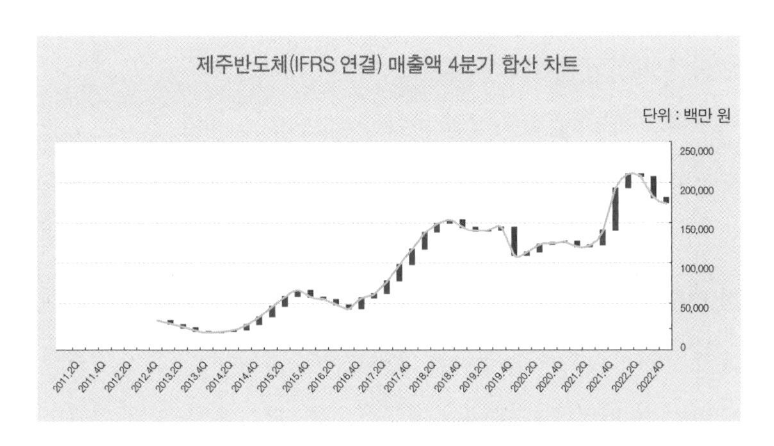

[그림 3-5] 제주반도체는 틈새시장을 중심으로 메모리반도체를 공급하며 외형을 확대해왔다. 틈새시장을 공략하므로 거대 메모리반도체 업체와 직접적으로 경쟁한다고 보기는 어렵다.

생긴다. 삼성전자와 SK하이닉스는 세계 최고의 메모리반도체 기업이고, D램의 경우 마이크론까지 합하면 이들 3사가 전 세계 시장을 90% 이상 차지하고 있는데, 어떻게 이렇게 거대한 삼성전자나 SK하이닉스와 한 땅에 있는 회사가 망하지 않고 버틸 수 있는 것일까?

그 비밀은 제주반도체의 제품에 숨어 있다. 제주반도체가 만드는 메모리반도체는 삼성전자와 SK하이닉스가 제조하는 제품과 사뭇 다르다. 삼성전자와 SK하이닉스는 최고 사양의 메모리반도체를 생산한다. 메모리반도체는 전체적으로는 종류가 적지 않으나 고사양 제품에 한하면 종류가 제한적인 관계로 소품종 대량 생산에 가까운 모습으로 사업이 영위되고 있다. 그런데 일부 산업 영역에서는 삼성전자와 SK하이닉스가 생산하는 고사양 메모리반도체가 아닌 낮은 사양의 저렴한 메모리반도체가 필요한 경우도 있다. 고객사가 특정한 형태의 메모리 반도체를 요구하는 경우도 있다. 규모 면에서 이러한 시장은 전체 메모리반도체 시장에서 한 자릿수를 차지하는 데 불과하다. 삼성전자나 SK하이닉스가 진출을 고려하기 어려울 정도로 규모가 작다. 그러나 수요는 명확하므로 이런 영역에 대응해서 전문적으로 메모리반도체를 만들어줄 기업이 필요하다. 제주반도체는 이처럼 삼성전자, SK하이닉스, 마이크론의 손길이 닿지 않는 틈새시장에서 고객사의 요구에 따라 메모리반도체 칩을 설계, 공급하는 역할을 담당하고 있다.

제주반도체, 틈새시장을 노린다

제주반도체가 주력하는 영역은 맞춤형 메모리반도체다. SIP(System in Package)라 불리는 다소 복잡한 후공정을 거쳐 D램과 낸드 플래시를 하나의 칩으로 합쳐버린다. 정확히는 두 칩을 적층한 MCP(Multi Chip Package)의 형태로 칩을 완성하고, 이를 공급한다. 이외에도 삼성전자와 같은 기업들이 만들지 않는 D램과 노어 플래시를 공급한다. 사업 초기인 2000년대 초반에는 핸드폰 등 전자기기에 탑재되는 S램을 주로 공급했으나, 이후 사업을 다각화하며 S램의 비중이 크게 줄어들었다. 제주반도체는 이들 칩을 직접 제조하지 않고 오로지 설계에 집중한다. 설계를 마치면 대만의 UMC 등에 설계도를 넘겨 제조를 의뢰하며, 이후 웨이퍼 형태로 주요 고객사에 칩을 공급하거나 다른 후공정 업체를 거쳐 최종 단일 칩 형태의 제품을 공급한다.

전자제품 제조사는 기기에 다양한 종류의 메모리반도체를 탑재한다. 특히, 고성능 D램과 낸드 플래시 외에도 특정한 기능을 구현하는 데 적합한 용량과 작은 크기의 낸드 플래시, D램, S램 등을 필요로 한다. 또한 기기의 소비 전력을 더욱 낮추기 위해 칩의 동작 방식을 변화시키거나 칩에 형성된 핀 수를 줄이려고 하는데, 이로 인해 종종 시중 제품과는 다른 메모리반도체 칩이 필요하다. 이러한 D램과 낸드 플래시를 기기 내 각각의 영역에 따로따로 탑재할 수도 있지만, 두 칩을 적층해 하나의 칩 형태로 수직으로 이어 붙인 뒤 기기에 탑재하면 공간 절약 효과에 더해 성능 향상 효과를 누릴 수 있다. 특히 칩 사이의 신호 전송 시간을 단축할 수 있으며, 이 과정에서 발생하는 전력 손실을 최소화할 수 있다. 제주반도체는 이러한 요구에 대응해 틈새시장을 공략하는 기업이다.

MCP를 만들기 위해서는 나름의 설계를 바탕으로 두 칩을 적층해야 한다. 적층 과정에서 D램 내부의 공간을 최대한 절약해 적층에 유리한 구조로 제작해야 하며, 적층 시 발생하는 공정 기술상의 문제를 설계 단계에서 미리 극복해야 한다. 제주반도체는 이처럼 MCP에 사용될 D램을 설계하는 사업을 영위하되 낸드 플래시를 외부에서 조달하므로, 낸드 플래시에 맞춰 D램 설계를 수행한다. 제주반도체의 제품은 삼성전자, SK하이닉스 등이 제조하는 고사양 칩과는 궤를 달리한다. 한마디로 이들 기업과 경쟁하는 영역이 아니다. 제주반도체가 삼성전자나 SK하이닉스와 한 땅위에 있으면서도 경쟁에 밀려 망하지 않는 이유다.

대세 SSD의 비하인드 스토리

한계에 부딪친 하드디스크, 차세대 저장장치를 찾아라

불과 10~20년 전만 해도 컴퓨터나 노트북의 저장장치로는 주로 하드디스크가 이용됐다. 최초의 하드디스크에 대해 알아보려면 1950년대까지 거슬러 올라가야 한다. 미국의 IBM은 1956년 RAMAC(Random Access Memory Accounting)로 명명된 하드디스크를 최초로 상용 판매했다. 당시 하드디스크는 크기가 냉장고 두 대를 합친 것과 같았으며, 5MB(메가바이트) 용량을 저장할 수 있었다. 현재로 따지면 사진 한 장 수준이지만 당시에는 혁신적인 용량이었다. 이 하드디스크는 가격이 무려 5만 달러에 달했다.

이후 하드디스크 기술은 빠르게 발전했다. 크기는 더욱 작아지고, 용량은 더욱 커졌으며, 가격은 더욱 낮아졌다. 2010년대 들어 하드디스크 기술은 정점에 이른다. N/S극 자성을 갖는 원판(플래터라 불린다)에 데이터를 저장하는 특성상 저장할 수 있는 데이터 양이 한계에 다다른 것이다. 더욱 많은 데이터를 저장하기 위해서는 플래터의 크기를 늘려야 했지만, 하드디스크는 규격이 정해져 있고 제품 크기도 한계가 있어서 불가능했다. 또한 플래터를 1분에 7200회 이상 빠른 속도로 회전시키며 데이터를 작성하는데, 더욱 빠르게 회전할수록 데이터를 잘못 쓰거나 읽을 확률이 커져 데이터를 읽고 쓰는 속도의 한계도 명확했다.

당연하게도 하드디스크를 대체할 수 있는 차세대 저장장치가 꾸준히 논의됐다. 사실 하드디스크가 한창 쓰이기 시작했을 때부터 다양한 기술이 논의되기는 했으나 하드디스크가 워낙 대중적으로 빠르게 확산되어서 다른 기술들은 생각보다 오랫동안 소비자에게 외면당했다. 하지만 하드디스크의 한계가 명확해지면서 대안에 대한 논의가 활발해졌다.

하드디스크를 대체할 가장 강력한 경쟁 상대는 비휘발성 메모리반도체였다. 반도체는 전기 신호를 기반으로 데이터를 저장하므로 보다 빠른 속도로 데이터를 읽고 쓸 수 있고, 미세화를 통해 용량을 극대화할 수 있으며, 손톱보다 작은 크기로 가볍게 만들 수 있었다. 그러나 반도체는 가격이 너무 비싸다는 점이 문제였다. 이런 이유로 하드디스크를 사용할 수 없는 MP3 같은 모바일 기기, USB 메모리를 중심으로 낸드 플래시가 먼저 도입됐고, 이후 점차 대중화의 기반을 마련하기 시작했다. 낸드 플래시는 모바일 시장 확대를 바탕으로 기술이 발전하고 가격이 꾸준히 하락하면서 점차 기존 하드디스크 영역까지 넘보게 됐다.

가볍고 빠른 SSD, 저장장치 시장의 새 바람이 되다

SSD는 낸드 플래시에 기반한 저장장치다. 낸드 플래시가 데이터 저장이라는 핵심적인 역할을 맡되, 데이터 저장 알고리즘을 처리하는 컨트롤러 칩과 캐시 메모리용 D램, 그리고 여러 수동 부품이 함께 PCB에 실장되어 최종적으로 SSD라는 완제품을 구성한다. 하드디스크는 여전히 관련 기술이 발전할 여지가 남아 있으나 SSD의 기술 발전과 가격 하락 속도가 워낙 빨라 하드디스크가 자취를 감추기까지는 시간이 그리 오래 걸리지 않을 것으로 보인다.

모바일 기기 시장에 이어 컴퓨터 시장에도 SSD가 도입되면서 윈도 부팅 시간이 대폭 줄어들고 파일 실행 속도나 로딩 속도가 급격히 빨라지는 등 전반적인 동작 속도가 크게 개선됐다. 하드디스크로는 구현할 수 없는 놀라운 성능이었다. 특히 노트북 시장에선 상상할 수 없었던 애플 맥북, LG 그램 같은 경량 노트북이 출시될 수 있었다. SSD는 초기에는 2.5인치 정도의 크기였으나, 기술 발전으로 다양한 형태의 SSD가 출시되면서 PC용으로는 손가락 길이의 M.2 SSD가, 노트북용으로는 동전만 한 BGA SSD가 등장했다.

SSD는 낸드 플래시에 기반하기 때문에 하드디스크보다 수명이 짧다는 한계가 있다. 그래서 중요한 데이터는 하드디스크에 병행 보관해야 한다는 인식이 지배적이었다. 짧은 수명뿐만 아니라 빠른 성능 향상으로 인해 제품의 교체 주기가 하드디스크보다 현저히 짧다. 이러한 교체 수요는 낸드 플래시 시장의 성장을 이끄는 주요 요인이다.

SSD는 2010년대 들어 널리 쓰이기 시작했다. 64GB SSD가 보편화되고 몇 년 지나지 않아 TB 단위의 SSD도 등장했다. 64GB SSD가 출시됐을 무렵, SSD는 운영체제와 가장 중요한 일부 프로그램만 설치하는 용도로 사용됐으나 이제는 모든 파일을 저장하는 보편적인 저장장치로 자리 잡았다. 막대한 양의 데이터를 보관하는 서버 시장도 SSD를 적극적으로 도입하며 SSD 시장의 큰 축이 됐다.

칩을 못 만들어도 가능한 SSD 제조, 폭발적 성장세를 보이다

2010년대 전후 비로소 SSD가 대중화되기 시작했으나, SSD가 처음 모습을 나타낸 것은 1976년이다. 최초의 SSD는 미국 데이터램(Dataram)이 공개했는데, 무려(?) 2MB의 데이터를 저장할 수 있었다. 2000년대까지 활발히 이용되던 플로피디스크의 용량이 1.4MB였음을 고려하면 상당한 크기다. 당시 등장한 데이터램의 SSD로 2020년에 출시된 SSD와 동일한 용량을 구현하려면 무려 150억 원 이상이 필요하다. SSD의 용량당 단가가 얼마나 빠르게 떨어졌는지 체감할 수 있다.

삼성전자의 SSD는 2000년대 중반부터 나오기 시작했다. 삼성전자는 2005년 5월 SSD 시장에 진입하겠다고 발표하고 나서 1년 후 1.8인치 크기의 32GB SSD를 공개했다. 당시엔 SSD가 무엇인지도 잘 알려지지 않았을 때였으나, 삼성전자와 일부 시장 예측

[그림 3-6] 바른전자는 낸드 플래시 가격 폭등과 공급 부족으로 SSD를 제조하지 못해 사업상 위기에 처했다.

기관은 SSD 시장이 폭발적으로 성장할 것이라고 예측했다.[9] 삼성전자는 이후 SSD 시장을 적극적으로 확대했고, 2010년대 이후 지금까지 꾸준히 SSD 시장에서 최선두 자리를 지켜오고 있다. 2010년대 초중반만 해도 압도적인 1위였으나, 이후 SSD 업체가 급격히 많아지면서 점유율이 30% 내외로 떨어졌다. 삼성전자의 특징이라면 SSD에 들어가는 모든 핵심 메모리 및 비메모리 칩을 직접 설계하고 제조할 수 있다는 것이다. 이밖에 하드디스크로 유명했던 도시바와 웨스턴디지털도 자체 기술을 바탕으로 시장 선두 자리를 유지하고 있다. 마이크론도 삼성전자와 함께 일찍이 SSD 시장에 진출했으며, 2008년에 1.8인치와 2.5인치 SSD를 처음으로 출시했다. 한때는 최초로 25㎚ 낸드 플래시를 이용해 SSD를 출시하는 저력을 발휘하기도 했다.[10]

SSD는 낸드 플래시를 비롯한 주요 구성 부품을 PCB에 부착해 만들기 때문에 반도체를 직접 제조할 능력이 없는 기업도 반도체 칩만 사올 수 있다면 제조할 수 있다. 이러한 이유로 낸드 플래시 제조 업체는 소수에 불과하지만, SSD 제조 업체는 전 세계적으로 200개 사가 넘는다. 대표적으로 미국의 킹스톤 테크놀로지는 반도체 칩을 매입해 SSD를 완성하는 사업 모델을 운영하고 있는데, 칩 제조 능력이 없어 수직 계열화가 이루어지지 않았는데도 여타

9. 전자신문, "메모리 기반 저장장치 SSD가 뜬다", 2005.9.12.
10. storagesearch.com, SSD market history, https://www.storagesearch.com/chartingtheriseofssds.html.

SSD 업체를 제치고 입지를 공고히 다져왔다. 수직 계열화가 이루어지지 않은 기업이라도 자체적인 SSD 동작 알고리즘을 바탕으로 성능이 우수한 SSD를 개발할 수 있다. 그러나 이들은 낸드 플래시 같은 핵심 부품 공급이 세계적으로 원활히 이루어지지 않으면 수급의 어려움을 겪거나 원가가 크게 상승할 수밖에 없는 리스크를 안고 있다. 실제로 SSD 제조 사업을 영위하는 국내 상장사 바른전자는 낸드 플래시 가격 폭등과 공급 부족으로 SSD를 제조하지 못하는 위기에 부딪쳐 매출이 6분의 1 토막 나는 등 지속적인 적자가 거듭된 끝에 주식 거래 정지에 이르기도 했다.

2020년 10월, SK하이닉스는 인텔의 낸드 플래시와 SSD 사업을 인수하겠다고 발표했다. 그러자 많은 사람이 의아해했다. "인텔이 SSD 사업을 했던가? 그런데 SK하이닉스야말로 SSD 사업을 했던가?"라고 말이다. 인텔의 주력 사업은 CPU 및 통신 칩 같은 비메모리반도체이지만 메모리반도체 시장에서도 꾸준히 강자의 지위를 지켜왔다. 낸드 플래시와 SSD를 직접 제조하며 수직 계열화를 바탕으로 선두 업체로 자리 매김하면서 SK하이닉스보다 높은 점유율을 유지하기도 했다. 인텔은 자사 SSD에 들어갈 낸드 플래시를 중국 공장에서 제조해왔는데, 플로팅게이트 방식이라 불리는 제조 공법으로 인해 제품의 수명 및 안정성은 높지만 3D 구조에서의 고단화(高段化)가 어렵다는 단점이 있었다. 다만 안정성에 서 유리해 서버향 수요가 많거나 주로 인텔 CPU와 결합 판매되어 일반인들 사이에선 인지도가 낮았을 뿐이다.

인텔의 SSD 제조 사업은 갑자기 이루어진 게 아니다. 인텔은 역사적으로 수많은 메모리반도체를 최초로 출시했고, 꾸준한 연구개발을 통해 1980년대에 이미 1MB짜리 SSD를 출시한 바 있다. 당시 SSD를 이용한 플로피디스크를 구상했는데, 아쉽게도 경제성이 떨어져 결국 현실화되지는 않았다. 그럼에도 불구하고 이후 메모리반도체 연구개발에 꾸준히 투자하며 SSD는 물론 3D 크로스포인트 메모리를 출시하기에 이른다.

인텔의 차세대 메모리는 정말로 국내 메모리 시장에 위협적일까?

인텔, 크로스포인트 메모리로 시장의 전복을 꾀하다

비휘발성 메모리반도체는 데이터의 영구 저장이 가능하다는 장점이 있고, 휘발성 메모리반도체는 속도가 빠르다는 장점이 있다. 둘의 장점만 취합해 데이터를 영구적으로 저장하면서도 속도가 빠른 메모리반도체를 개발할 수는 없을까? 실제로 이는 반도체 산업의 숙원이었다.

그러던 중 2015년 7월, 인텔은 마이크론과의 협업으로 크로스포인트 메모리라 불리는 신형 메모리를 발표했다. 양사가 공동으로 개발했지만, 완제품은 각 사의 선택에 따라 서로 다른 형태로 제작해 각자 판매하는 방식을 취했다. 언론은 획기적인 신기술이 발표됐다는 기사를 연이어 보도했고, 삼성전자와 SK하이닉스의 메모리반도체 사업이 곧 인텔에 밀려 종말을 고할 것이라는 살벌한 예측도 나왔다. 인텔은 크로스포인트 메모리가 데이터를 영구 저장하면서도 낸드 플래시보다 데이터 접근 속도가 1000배나 빠르다고 강조했다. 인텔은 우리나라를 포함한 5개 남짓한 국가에서만 이 같은 발표를 진행하며 메모리반도체 시장에서 선두를 달리는 삼성전자와 SK하이닉스를 대놓고 위협했다.

현존하는 메모리반도체를 대체할 차세대 비휘발성 메모리반도체로는 Fe램(Ferroelectric Random Access Memory), M램(Magnetic RAM), PCM(Phase Change Memory), 3D 크로스포인트(3D Xpoint) 등 다양한 형태의 메모리반도체가 연구됐다. 인텔이 공개한 크로스포인트 메모리는 스위치 기능을 하는 셀렉터(selector)와 0과 1 데이터를 저장하는 메모리 셀로 구성된다. 데이터를 저장하고 삭제하기 위해 두 종류의 서로 다른 전기 신호가 십자 모양으로 교차되는 배선이 각 셀에 장착되어 이들 셀에 전달된다. 인텔의 신제품을 소개하는 기사에서는 신제품이 낸드 플래시보다 1000배나 빠르다고 강조했으나, 이는 전반적인 동작 속도가 아닌 신호가 데이터에 접근하는 과정에서 발생하는 신호 지연의 차이가 1000배라는 의미로, 실제 구동 속도는 현존하는 SSD와 큰 차이를 느끼기 어려운 정도였다. 그럼에도 불구하고 SSD보다 조금이라도 빠르다면 충분히 차세대 메모리반도체로 고려해봄 직하니 크로

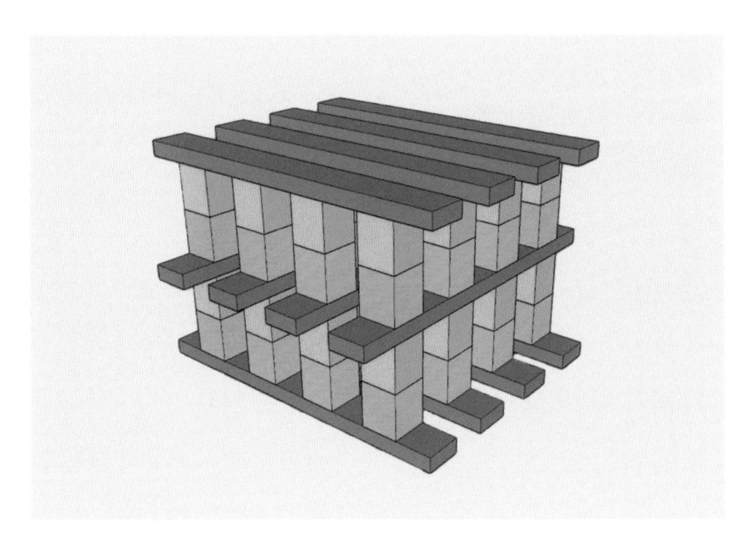

[그림 3-7] 인텔의 크로스포인트 메모리는 교차 배선으로 셀렉터와 메모리 셀이 신호를 받아들이며 고속 동작한다.

스포인트 메모리가 위협적인 경쟁 상대가 될 수도 있었다.

그러나 크로스포인트 메모리는 치명적인 단점이 있었다. 바로 시장성을 유지하면서 용량을 늘리기가 쉽지 않다는 점이었다. 낸드 플래시는 3D 낸드 플래시 형태로 발전했고, 층수는 해가 다르게 꾸준히 증가했다. 이에 반해 인텔이 처음 소개한 크로스포인트 메모리는 단층 또는 2층 구조를 가졌으며, 용량을 극대화하기 위해서는 낸드 플래시와 마찬가지로 층수를 보다 크게 늘려야 했다. 셀렉터, 메모리 셀, 금속 배선을 연이어 한 층 한 층 쌓아 올리며 만들어야 하는데, 크로스포인트 메모리는 공정 난이도가 상당할 뿐만 아니라 각 층을 쌓아 올릴 때마다 잦은 미세 식각과 원자층 증착 등 매우 값비싼 공정을 더욱 많이 동원해야 했다. 낸드 플래시는 층 수가 증가해도 공정 수가 층 수에 비례해 증가하지 않으므로 층 수 증가에 따른 용량당 단가가 크게 절감되는 이점이 있는 반면, 크로스포인트 메모리는 용량이 증가하면 생산 원가도 함께 증가하므로 낸드 플래시 같은 원가 절감이 어려웠다. 따라서 고용량이 무엇보다 중요한 의미를 갖는 현재의 시장에서 낸드 플래시와 직접적으로 경쟁하기 어려울 수밖에 없었다. 아무리 좋은 반도체라도 가격 경쟁력이 없으면 현실적으로 시장성이 없는 것이다. 이러한 이유로 인텔은 크로스포인트 메모리를 낸드 플래시의 경쟁 상품이라기보다는 운영체제 구동 같은 영역에서 한정적으로 PC 또는 서버의 성능을 개선하는 틈새시장형 제품으로 소개했다.

'뜨거운 감자' 차세대 메모리반도체 시장, 변화는 시작됐다

노어 플래시의 용량을 증가시키기 어려워 플래시메모리 시장에서 패배의 쓴잔을 안아야 했던 인텔은 왜 또 다시 용량을 증가시키기 어려운 크로스포인트 메모리를 들고 나온 것일까? 한때 메모리반도체 시장점유율 1위를 차지했던 과거의 영광을 되찾고 싶어서일 수도 있다. 그러나 인텔 외에도 전 세계 곳곳에서 차세대 메모리반도체의 상용화를 위한 노력이 펼쳐지고 있다.

D램이 0과 1 데이터의 저장을 위해 캐패시터를 사용하는 것과 달리 인텔의 크로스포인트 메모리는 메모리 셀 소재로 PCM을 선택했다. PCM은 전기 신호를 가하면 물질의 상(phase)이 변하는 상변화 소재에 기반하는데, 전압을 가하면 원자들이 재배열되며 결정 상태가 변하는 원리를 따른다. PCM은 흔히 P램이라고도 불리는데, D램과 낸드 플래시를 대체할 차세대 반도체 소재로 꾸준히 연구되어왔다. 삼성전자도 2004년 세계 최초로 P램을 개발해 피처폰에 탑재한 경험이 있다. 그러나 P램은 양산 공정의 어려움과 기존 메모리반도체의 지속적인 발달로 여전히 연구개발 단계에 머물러 있다.

이외에 물질의 자성을 이용한 M램도 차세대 반도체로 빈번히 언급되고 있다. 이러한 연구에도 불구하고 차세대 메모리반도체의 등장이 자꾸만 늦춰지는 근본적인 이유로는 현저히 낮은 생산성, 미세화의 어려움, 수직 구조 형성을 통한 용량 극대화의 어려움, 높은 생산 비용, 그리고 기존 기술의 빠른 발전 등을 꼽을 수 있다. 낸드 플래시는 수직으로 끊임없이 셀을 쌓아가며 용량을 증가시키고, 하나의 셀에 전기적 신호를 쪼개 인가하는 TLC, QLC 등을 통해 1개 셀에 최대 2~4자릿수 이상의 데이터를 입력하며 용량을 추가적으로 극대화시켰다. D램은 지속적인 미세화와 캐패시터 기술의 발달로 꾸준히 세대를 연장하며 고속 고용량 메모리반도체 시장에서 선두 지위를 유지하고 있다. 낸드 플래시는 층

수를 더욱 증가시킬 수 있는 기술들이 꾸준히 발표되고 있다. D램 또한 미세화가 꾸준히 이루어지면서도 3D D램 등 새로운 구조가 제시되고 있다. 이에 더해 패키지 칩의 적층 방식 등을 통해 성능이 꾸준히 향상되고 있다.

이처럼 격차가 날로 줄기 어려우므로 차세대 메모리반도체는 기존 메모리반도체를 빠르게 대체하기보다는 먼저 틈새시장 공략에 나설 가능성이 크다. 이 과정에서 가장 중요한 전제는 칩을 제조할 장비와 소재가 먼저 개발되어야 한다는 것이다. 실제로 어플라이드 머티리얼즈 등 글로벌 장비 제조사들은 시장성이 낮은데도 불구하고 꾸준히 차세대 메모리반도체용 장비를 출시하며 시장이 만들어지기를 기다려왔다. 반도체 업체들은 이들 장비를 구매해 차세대 반도체 개발에 사용하고 있다. 비록 시장이 만들어지는데 오랜 시간이 걸릴 것으로 보이나, 메모리 패러다임의 변화는 장비는 물론 소재 기술에도 점진적으로 커다란 변화를 가져올 것이므로 노련한 투자자라면 관련 기술이 어떻게 변해가는지 관찰해볼 필요가 있다.

CHAPTER 4

비메모리 반도체라는 또 다른 선택지

Investment in semiconductors

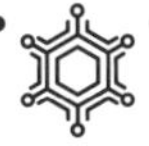

비메모리반도체 투자는 다품종에서 시작한다

데이터 저장 외의 모든 반도체는 비메모리반도체다

메모리반도체는 우리나라 반도체 산업의 주축이고, 우리나라가 그 누구보다 잘하며 위세를 떨치고 있는 영역이다. 그런데 메모리반도체만 잘하는 것으로는 부족하다는 시각이 많다. 그도 그럴 것이 비메모리반도체는 메모리반도체보다 훨씬 큰 규모의 시장을 형성하고 있기 때문이다. 그렇다면 삼성전자와 SK하이닉스가 비메모리반도체로 사업 영역을 확대하면 시장의 규모만큼 더욱 많은 돈을 벌어들일 수 있을까? 메모리반도체 시장은 삼성전자, SK하이닉스, 마이크론 3사가 과점 체제를 유지하며 시장을 지배하고 있는데, 비메모리반도체 시장도 소수 기업들이 시장을 지배하고 있을까? 비메모리반도체 시장이 메모리반도체 시장보다 큰 이유는 무엇일까? 이번 챕터에서는 비메모리반도체에 대해 상세히 살펴보겠다.

비메모리반도체(Non-memory semiconductor)는 데이터를 저장하는 목적이 아닌 다른 목적으로 사용되는 모든 반도체를 포함하는 개념이다. 전자기기의 '뇌' 역할을 하는 연산 반도체, 디스플레이의 화려한 화면을 만들어주는 그래픽 반도체, 통신 신호를 처리해주는 통신 반도체, 외부에서 들어온 빛을 감지해 전기 신호로 바꾸어주는 센서 반도체, 기계장치가 정밀하게 움직이도록 구동을 돕는 구동 반도체 등 다양한 종류의 반도체를 아우른다. 비메모리반도체를 간혹 시스템반도체라고 잘못 칭하기도 하는데, 시스템반도체는 비메모리반도체의 한 종류에 불과하므로 혼용하지 않도록 주의할 필요가 있다.

다품종 비메모리반도체, 시장도 가지각색

투자자의 관점에서 메모리반도체와 비메모리반도체를 살펴볼 때는 몇 가지 차이점에 주목할 필요가 있다. 먼저, 각각의 반도체를 잘 만드는 기업이나 국가가 다르다. 또한, 칩을 만드는 방법이나 사용되는 상세한 기술도 차이가 있다. 제품의 관점에서 살펴볼 때 비메모리반도체의 가장 큰 특징은 다품종이라는 점이다. 메모리반도체가 아닌 모든 반도체를 지칭하니, 그 종류가 수도 없이 많을 수밖에 없다. 그러니 당연히 시장도 규모가 크다. 칩의 종류가 다양한 만큼 성능과 기술력의 편차도 제품의 종류마다 상당하며, 트랜지스터의 미세화 정도나 칩 사용 환경까지 닮은 점이 없을 정도로 상이하다. 다품종이기 때문에 비메모리반도체는 필연적으로 수많은 시장 참여자가 등장할 수밖에 없다. 이런 이유로 비메모리 칩을 만드는 반도체 기업은 세계 각국에 셀 수 없이 많다. 또한 칩마다 제조 공정이 상이하고, 일부 고성능 칩은 차세대 공정 기술이 빠르게 도입되기도, 저성능 칩은 차세대 공정이 불필요하기도 한다.

칩 종류가 워낙 많다 보니 칩 제조의 외주화도 활발히 이루어지고 있다. 무엇보다 칩이 너무 다양하다 보니 칩을 설계하는 기업과 제조하는 기업이 확연히 구분되는 경우가 일반적인데, 이들 사이의 수주 계약을 바탕으로 칩이 만들어지는 것도 특징적이다. 다양한 종류의 칩을 고루 다루는 기업은 이익 변동폭이 작다는 특징도 나타난다.

다품종에 기반한 비메모리반도체 시장에는 무려 1만 가지 이상의 칩을 판매하는 텍사스 인스트루먼트나 500가지 이상의 칩을 개발하는 어보브반도체 같은 기업도 있지만, 한두 가지 제품만 집중적으로 취급하는 기업도 있다. 칩을 집중적으로 만드는 기업이 있는 반면, 칩을 가공해 모듈만을 집중적으로 만드는 기업도 있다. 또한, 한번 판매하면 다년간 안정적으로 공급을 유지하는 제품과 짧은 기간 내 경쟁력을 잃어버리는 제품도 있다. 국내 상장사 아이티엠반도체는 배터리의 안전을 책임지는 보호 모듈 패키지(PMP, Protection Module Package)만 전문적으로 제조해 애플과 삼성전자를 비롯한 거대 고객사에 제품을 공급하고 있다. 배터리 보호 패키지라는 기존에 없던 영역에서 독보적인 위치를 형성한 사례다. 어보브반도체가 설계하는 가전제품 및 산업용 칩은 한번 제품을 공급하기 시작되면 5년 이상 안정적으로 제품을 납품할 수 있다.

상황이 이렇다 보니 비메모리반도체 사업을 영위하는 기업도 만들어내는 제품의 특징에 따라 영업 환경이 상이하게 마련이다. 특히 취급하는 제품이 단일 제품으로 한정되거나 매출처가 제한되거나 수명 주기가 짧은 제품을 주로 취급하는 경우, 장기 경쟁력을 충분히 고민해볼 필요가 있다. 독보적인 기술력으로 시장 지배력을 공고히 할 수 있는지, 아니면 매출처가 불안정하거나 단순 하청에 불과하지 않은지 자세히 살펴봐야 한다.

국내 1세대 팹리스인 아라리온은 핸드폰에 사용되는 멀티미디어 칩 설계를 주요 사업으로 영위했으나, 제품의 특성상 수명이 매우 짧아 지속적인 신제품 개발에 어려움을 겪어 결국 상장폐지 절차를 밟았다. 언론을 통해 비메모리 생태계 확대 문제가 언급되면 비메모리반도체 사업을 영위하는 기업들의 주가가 물불을 가리지 않고 요동친다. 수많은 비메모리반도체 기업들이 설립되고 사라지는 가운데, 이들 모두가 동일한 비즈니스 모델을 따르는 것은 아님을 기억해야 한다.

CPU의 시초

일상 속 가전제품의 핵심 반도체, MCU

뇌가 없으면 우리 몸이 움직일 수 없듯 전자제품에도 뇌 역할을 담당하는 연산장치가 필요하다. 밥솥을 예로 들어보자. 오래전 밥솥은 전기 코드를 꽂은 뒤 다이얼을 돌리면 밥이 지어졌다. 요즘 밥솥은 전면에 탑재된 디지털 화면으로 다양한 메뉴를 볼 수 있다. 버튼 몇 개로 밥이 자동으로 완성되며 기능도 다양하다. 보온은 물론 밥이 다 지어지면 안내 메시지도 나온다. 어떤 종류의 밥을 지을지 선택하면 그에 알맞은 밥을 만들어준다. 쌀의 익힘 정도는 물론 밥맛까지 조절할 수 있다. 이처럼 다양한 기능을 수행하기 위해서는 밥솥 내 연산장치가 정해진 기능을 척척 수행하고, 사용자가 입력한 조건을 처리해야 한다. 비단 밥솥뿐일까? 요즘에 나오는 냉장고는 온도 조절, 얼음 제조는 물론 달걀판에 달걀이 몇 개 남았는지, 보관한 지 오래된 음식이 있는지 알려줄 정도로 똑똑하다. 이러한 기능들 또한 연산장치의 연산 작용을 거쳐 수행된 것임을 짐작해볼 수 있다.

사용자가 조건을 입력했을 때 이를 처리해서 결과를 출력하기 위해서는 연산 칩이 필요하다. 그런데 이들 가전기기엔 컴퓨터에 사용되는 CPU와 사뭇 다른 연산 칩이 사용된다. 컴퓨터의 CPU는 1초에 수십억 번 이상 연산을 반복하며 다양한 기능의 연산을 수행한다. 이런 고사양 CPU를 이들 가전기기에 사용하는 것은 낭비다. 일반 가전기기에 사용되는 연산 칩은 1초에 수만 번에서 수십만 번 정도만 연산을 거듭해도 충분히 기기를 작동시킬 수 있기 때문이다. 동영상을 재생시키고 복잡한 엑셀 파일도 계산하는 CPU를 고작 밥솥에 쓸 이유가 없다. 그래서 일반 가전제품에는 대개 PC용 CPU보다 성능이 훨씬 낮은 MCU(Micro Controller Unit)가 사용된다.

MCU는 쉽게 생각하면 성능이 아주 낮은 CPU라고 볼 수 있으며, 초소형 컴퓨터라고 불리기도 한다. 입력 신호가 들어오면 정해진 절차에 따라 연산을 통해 신호를 처리한 뒤 그 결괏값을 전자기기에 출력하는데, 그 과정에서 컴퓨터와 비슷한 역할을 하기 때문이다. MCU는 입력 신호가 들어오면 어떤 명령을 수행할지 명령어가 미리 짜여 있는데, 명령어를 저장해두기 위해 비휘발성 메모리인 ROM이 탑재돼 있다. 주로 플래시메모리가 이용되는데, 비휘발성 메모리는 읽기 속도가 느리므로 RAM도 함께 탑재된다.

MCU는 연산 기능을 수행하는 CPU와 RAM, ROM으로 구성된다. CPU가 한번에 얼마나 많은 데이터를 처리할 수 있는가에 따라 MCU의 종류는 8비트, 16비트, 32비트 등으로 나뉜다. 숫자가 높을수록 한번에 처리할 수 있는 명령어의 길이가 길어진다. 더욱 복잡한 연산을 수행하기 위해서는 비트 수가 높은 MCU가 필요한데, 비트 수가 증가함에 따라 칩 설계 기술력과 함께 단가도 높아진다. 칩의 집적도도 함께 고도화된다. MCU 시장은 과거 4비트, 8비트가 중심이었으나 16비트, 32비트 MCU 사용이 꾸준히 늘고 있다.

MCU는 모든 전자제품에 폭넓게 사용되고 있다. TV용 MCU는 신호가 들어오면 영상을 녹화하도록 명령을 내리거나 채널을 바꿔주며, 리모컨용 MCU는 어떤 버튼을 누르면 어떤 신호를 송출할지 정해진 프로그램에 따라 신호를 출력한다. 시계에도 정밀한 시간 측정과 표시를 위해 MCU가 사용된다. MCU가 사용되지 않는 전자제품은 사실상 없다고 할 수 있다. 혈압계, 선풍기, 키보드와 마우스에도 사용되고, 온도계에도 사용된다. 기능이 복잡한 대형 가전에는 서로 다른 기능을 수행하는 MCU가 5~10개

정도 탑재되기도 한다. 특히 가전제품의 성능이 다양화됨에 따라 필요한 MCU 수는 더욱 늘어나고 있다.

세계 최초의 CPU는 곧 세계 최초의 MCU다

PC용 CPU는 MCU에서 출발했다. 일반적으로 성능이 높고 별도의 운영체제를 통해 다양한 기능을 수행하는 MCU를 구분해 CPU라 한다. 세계 최초의 CPU는 곧 세계 최초의 MCU다. MCU가 세계 최초로 판매된 시기는 1970년대로 거슬러 올라간다. 바로 인텔이 MCU를 탄생시킨 주인공이다. 인텔은 1971년 1월 '인텔 4004'라는 MCU를 개발했다. 개발 직후 계산기에 탑재하기 위해 일본 비지콤과 공급 계약을 체결했는데, 이는 세계 최초의 MCU 판매로 기록되어 있다.[11] 인텔 4004가 발표되기 1년 전 미군에 의해 개발된 F14 CADC 프로세서도 있으나, 개발 이력이 오랜 기간 대외 극비 사항으로 감추어져 있었기 때문에 세계 최초 판매라는 타이틀은 인텔 4004가 차지하게 됐다. 인텔 4004는 연산을 수행하기 위한 2300개의 트랜지스터로 구성돼 있으며, 클럭 스피드는 740kHz 수준이었다.[12] 현재 공정과 비교하면 10㎛ 공정을 이용해 제조됐다.

11. "Intel 4004 Fun Facts". Intel.com. Retrieved 2011-07-06.
12. http://www.munhwa.com/news/view.html?no=2017120701032427100001.

이후 더욱 많은 트랜지스터가 탑재된 후속 모델이 연이어 성공적으로 출시되면서 컴퓨터 혁명이 시작됐다. 더욱 작고 간소한 형태의 MCU를 개발하는 과정에서 트랜지스터 기술은 급격히 발전했으며, 이에 기반해 현재의 CPU에 이르게 됐다. 인텔은 2017년 이래 자사 CPU의 트랜지스터 수를 공개하지 않고 있으나, 최신 고사양 제품의 경우 최소 50억 개 이상의 트랜지스터가 탑재됐을 것으로 추정된다. 클럭 스피드도 50억Hz를 상회할 것으로 보인다. 인텔은 현재도 CPU뿐만 아니라 MCU 사업을 활발히 영위하고 있다.

[그림 4-1] '인텔 4004'는 최초의 CPU이자 최초의 MCU다.

인텔 4004가 출시됐을 당시에는 MCU에는 임시 데이터를 저장할 메모리가 탑재되어 있지 않았으며, MCU는 오직 연산 기능만 수행했다. 따라서 인텔 4004를 완제품에 탑재하기 위해서는 보조 메모리 칩이 추가로 필요했다. 이는 칩 시스템 원가를 상승시키는 요인이었다. 1974년 텍사스 인스트루먼트의 'TMS 1000'을 시작으로 메모리 및 입출력 기능이 모두 갖추어진 현재의 MCU 형태가 완성된다.

MCU가 수행하는 연산은 매우 단순하므로 제품마다 처리할 수 있는 명령이 제한적이다. MCU는 다양한 전자기기에 사용될 수 있는 범용 제품과 고객사의 요구에 맞추어 만들어지는 특수 목적 MCU로 나뉘는데, 전자제품의 다양화와 차량용 반도체의 확대, 사물인터넷 확대 등으로 인해 특수 목적 MCU 시장은 지속적으로 확대되고 있다. 고사양 CPU를 만드는 기업이라면 인텔과 AMD가 바로 떠오르는 것과 달리, MCU는 그 종류만큼 제조하는 기업도 다양하다. MCU 시장을 선도하는 기업으로는 네덜란드의 NXP, 일본의 르네사스, 미국의 마이크로칩, 스위스의 ST마이크로일렉트로닉스, 독일의 인피니온 테크놀로지가 있다. 이들 기업은 MCU에서만 막대한 매출이 발생하는 거대 기업이다. 이외에도 세계적으로 수백 개 이상의 MCU 기업들이 사업을 영위하고 있다.

삼성전자도 MCU를 제조한다. 그러나 거대 MCU 기업들이 인수합병을 통해 MCU 전문 기업으로 규모를 확대해온 것과 달리 삼성전자는 주로 자사 가전제품에 탑재될 MCU와 OEM 사업을 병행해왔다. 한편, LG전자는 가전제품을 제조하는 과정에서 수많은 MCU가 필요하나, 이의 공급을 도시바, 파나소닉 등 일본 기업들에 의존해왔다. 그러다 1999년 MCU의 국산화와 계열사의 자체 공급을 확대하기 위해 계열사 실리콘웍스(현 LX세미콘)가 MCU 시장에 진입했다. 비록 사업 초기이고 해외 제품의 가격 경쟁력을 무시할 수 없어 만만한 영역은 아니지만, LG그룹을 등에 업고 사양이 낮은 제품부터 차츰 공급을 확대하면 향후 고성능 MCU 시장도 노릴 수 있을 것으로 기대된다.

MCU는 사용처와 종류가 다양해 일일이 나열하기 어렵다. 이는 그만큼 다품종 맞춤 생산이 중요한 영역임을 의미한다. 따라서 MCU 메이커는 다양한 제품을 만들어 경쟁력을 갖추거나, 다른 기업들이 만들지 못하는 독보적인 MCU를 만들어 경쟁력을 갖추어야 한다. 대부분의 MCU 메이커는 제품을 다변화하며 경쟁력을 갖추어 왔다. 다양한 제품을 취급하는 MCU 전문 기업들은 고객사의 단가 인하 압력이 다른 전자 부품에 비해 적거나 전사 이익 변동성이 낮은 특징이 있다. 기업의 이익이 안정적으로 증가하는 구조를 가지고 있다보니 급격한 성장이 나타나기 어려워 성장주 투자자에게는 매력이 떨어져보일지 모르지만, 안정적인 장기 투자를 희망하는 투자자에게는 좋은 선택지가 된다. 상장사 어보브반도체도 이에 해당하는 사례다.

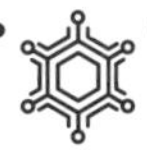

다양성이란 매력을 가진 MCU 전문 상장사 '어보브반도체'

MCU의 강자 어보브반도체, 다양성에 집중한다

어보브반도체는 MCU 설계 전문 기업이다. 어보브반도체의 역사는 LG반도체까지 거슬러 올라간다. 과거 LG반도체와 현대전자도 MCU 사업을 영위했다. 이후 합작사인 하이닉스반도체로 사업을 이관하면서 하이닉스반도체에서 매그나칩반도체가 분사하고, 이 중 MCU 사업이 분사해 어보브반도체가 됐다.

어보브반도체는 다양한 전자기기에 들어가는 다양한 종류의 MCU를 설계하므로 취급하는 제품 종류와 매출처가 매우 다양하다. 어보브반도체의 고객사는 무려 500개가 훌쩍 넘는다. 사실 반도체 산업 내에서 이처럼 매출처와 제품 종류가 다각화된 기업은 찾기가 쉽지 않다. 지속적인 매출처 확대와 고사양 제품의 출시, 제품군의 다양화를 통해 꾸준히 이익이 증가하는 특징이 나타나지만, 특정 매출처의 업황 변동에 휘둘리지 않아 이익 변동성이 낮기 때문에 따분할 정도로 이익 증가 속도가 느리다는 특징도 갖는다. 이런 이유로 성장형 또는 사이클형 기업보다 안정적인 기업을 좋아하는 투자자들이 선호하는 유형의 기업이다.

어보브반도체는 밥솥용 MCU, 리모컨용 MCU 시장에서 꾸준히 점유율을 확대하고 더욱 다양한 종류의 MCU를 개발하며 현재에 이르렀다. 현재 어보브반도체가 높은 점유율을 가진 영역은 국내 리모컨 시장인데, 무려 80%의 점유율을 차지하고 있다. 이 외에 국내 배터리 충전기 시장에서도 높은 점유율을 유지하고 있다. 일반 가전제품용 MCU 시장에서 세계 4위의 점유율을 유지하고 있으며, 점유율은 약 4% 수준으로 알려져 있다.

다양한 설계 노하우와 저렴한 가격으로 시장을 선점하다

어보브반도체의 장점은 다양한 설계 노하우를 가지고 있다는 점, 일부 MCU 제품을 경쟁사보다 저렴하게 납품할 수 있다는 점을 들 수 있다. MCU는 동일한 기능을 갖춘 제품이라도 매우 다양한 방법으로 설계할 수 있고, 오랜 경험을 통해 더욱 효율적으로 작동하는 칩을 구현할 수 있어 오랜 개발 이력과 노하우가 매

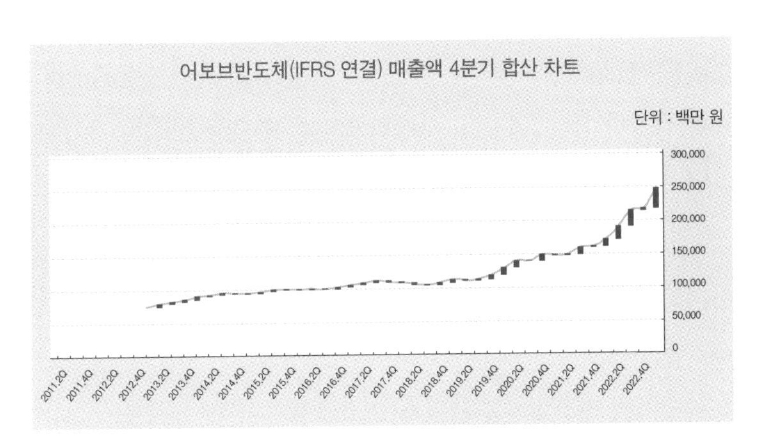

[그림 4-2] 다양한 종류의 제품을 공급하는 어보브반도체는 이익 변동성이 낮은 편이다.

우 중요하다.

특히 칩 설계를 마치고 칩 제조를 맡긴 뒤 칩 성능을 테스트해 보면 설계 시 기대했던 성능과 실제 작동하는 성능에 현저한 차이가 발생하는 경우가 있다. 이러한 오차는 미세한 크기의 반도체 칩이 다양한 물질들을 이용해 만들어지는 만큼 이론과 달리 전기적 특성이 변하기 때문에 빚어진다. 아무리 완벽하게 시뮬레이션을 구현하더라도 실제와 이론의 차이는 현저할 수밖에 없다. 이러한 차이를 최소화해서 실제로 칩을 구현했을 때 나타날 결과를 최대한 정확하게 예측하고, 이를 설계에 추가적으로 반영해 칩을 완성하는 것이 칩 설계 노하우다. 어보브반도체는 칩 연산능력과 메모리까지 폭넓은 설계 노하우를 갖추고 있다.

MCU 설계 업체는 그 수가 매우 많은데도 각자 경쟁력을 갖고 꾸준히 살아남은 이유는 MCU의 종류가 그만큼 다양하고, 기업마다 특정한 MCU를 더욱 저렴하게 만들 수 있는 강점을 갖기 때문이다. 어보브반도체는 주력 제품군의 미세화를 통해 원가를 절감해왔으며, 가격 경쟁력을 바탕으로 점유율을 확대해왔다. 경쟁사보다 칩을 저렴하게 만들 수 있는 것 또한 고유의 노하우를 바탕으로 가능해진다.

가전이나 산업용 MCU는 일반적으로 제품의 생명주기가 긴 편이다. 게다가 제품이 한번 채택되면 꾸준히 장기 공급되는 경우가 많다. 따라서 경쟁사보다 먼저 제품을 공급해 시장을 선점하는 것이 매우 중요하다. 이를 위해 다년간 축적한 노하우와 경험을 기반으로 고객사가 필요로 할 것 같은 제품을 앞서 개발하려는 노력을 기울여야 한다. 이에 반해 스마트폰 같은 모바일 기기 시장은 주로 1년 단위로 신제품이 출시되면서 기술이 빠르게 변하므로 MCU의 대규모 공급이 가능하지만, 수명이 짧다는 특징이 있다.

어보브반도체의 주요 매출처는 삼성전자를 비롯한 가전업체들이며, 중국 매출 비중이 40%를 웃돈다. 중국에서 가장 규모가 큰 소비자 가전 기업인 미디어와 하이얼도 어보브반도체의 주요 고객사다.

반도체 업체는 경쟁력을 꾸준히 확보하기 위해 설계 인력을 지속적으로 발굴하고 채용하는 것이 중요한데, 어보브반도체는 전체 직원의 절반 이상이 연구개발을 담당하고 있다. 이들 연구개발 인력은 아무 칩이나 개발하는 것이 아니라 가전 시장이나 사물인터넷 시장의 변화에 맞춰 고객사들이 필요로 할 칩을 예측하고 미리 개발해야 한다. 이를 위해 시장의 동향을 끊임없이 추적하고 고객사들과의 긴밀한 접촉을 통해 꾸준히 변화를 파악하는 것이 중요하다. 특히 칩 설계부터 제품 개발을 완료하기까지 수개월 이상의 시간이 소요되며, 고객사의 주요 가전제품 개발이 시작될 즈음까지 칩의 성능과 안정성이 파악되어야 하므로 고객사의 제품 출시보다 2~3년 앞선 선개발이 필요한 영역이다. 이러한 제품 개발 능력 또한 노하우라고 볼 수 있다.

모바일 기기 시장을 뛰어넘으며 성장하는 'AP'

2010년 이전까지만 해도 핸드폰 시장의 주류는 피처폰이었다. 피처폰의 핵심 기능은 전화 통화, 문자 메시지 송수신이었다. 물론 음악 재생, 사진 촬영 등의 부가 기능이 있었지만, 어디까지나 전화 통화가 가장 중요한 기능이었다. 사실 피처폰은 집에서 사용하는 전화기와 비교해서 '밖에서도 통화할 수 있는 전자기기' 정도로 인식됐을 뿐, 1876년 벨이 발명한 전화기와 비교할 때 기본 기능은 그리 다르지 않았다. 그러나 애플의 아이폰으로 시작된 스마트폰 시대는 기존 통신의 개념을 완전히 바꾸어버렸다. 이제는 손바닥만한 기기로 소비, 업무, 엔터테인먼트가 모두 한번에 이루어지는 시대다. 피처폰 시절만 해도 사람들이 온종일 핸드폰을 붙잡고 살지는 않았다. 주로 컴퓨터를 사용했으며, TV를 시청했고,

금융 업무를 보려면 은행을 직접 방문했다.

지금은 어떤가? 스마트폰을 손에서 놓지 못하는 시대가 되어버렸다. 과거에는 넓은 집에 얼마나 큰 TV를 놓을까 고민했다면, 이제는 1평짜리 공간에서도 TV 없이 TV를 가진 사람들과 동시에 방송을 시청할 수 있다. 스마트폰 시대가 열린 것이다.

이러한 스마트폰 시대에는 새로운 비메모리반도체 칩이 요구된다. 그런데 기존 PC에 사용되던 반도체와 달리 스마트폰용 반도체를 구현하기 위해서는 많은 변화가 필요했다. PC 못지않은 기능을 한정적인 제품 공간에서 극도로 낮은 소비 전력으로 운영해야 한다는 점은 스마트폰용 반도체를 만드는 과정에서 큰 걸림돌로 작용했다.

컴퓨터 본체의 뚜껑을 열어보라. 컴퓨터를 구동하기 위한 필수적인 부품들이 한가득 설치되어 있는 것이 보일 것이다. 하드디스크, SSD, 램, CPU, 그래픽카드 같은 핵심 부품은 물론이고 전원 공급 장치, DVD 재생기를 비롯해 다양한 부품들이 있다. 컴퓨터의 메인보드를 자세히 살펴보면 인터넷 통신 칩, USB 처리장치, 사운드카드 등이 복잡하게 부착돼 있다. 그런데 스마트폰은 PC와 달리 물리적 공간이 제한되므로 이러한 부품들을 모두 따로 담아낼 수 없다. 이런 이유로 제조사들은 하나의 칩에 이 같은 기능을 모두 담되, 최대한 작게 만들기 위해 SoC(system on chip)에 집중했다. SoC는 복잡한 시스템을 단 하나의 칩에 모두 구성하는 개념이다. 스마트폰의 머리 역할을 하는 AP(application processor)가 SoC의 대표적인 사례다. 스마트폰은 공간 절약과 전력 소비 절감을 위해 CPU, GPU, 통신칩, 사운드칩 등 별개의 칩들이 AP라 불리는 칩에 모두 한번에 구현되어 하나의 칩으로 탑재된다.

모바일 기기를 넘어 컴퓨터까지, CPU 대신 AP에 주목하라

SoC는 1974년 해밀턴 펄의 손목시계를 시작으로 등장했으나, 제품이 본격적으로 확대된 것은 노트북 등 PC의 소형화가 실현되고 핸드폰이 등장한 1990년대에 들어서고 나서다. 초기 SoC는 설계 경험이 풍부한 주문형 반도체(ASIC)를 전문적으로 취급하는 업체들에 의해 주도됐다. 이 과정에서 기존에 가지고 있던 칩 설계 능력 외에도 칩을 원활히 구동하기 위한 응용 프로그램 개발을 병행해야만 했다. SoC의 최종 완성은 이러한 설계 업체들의 역할과 함께 칩 제조업체들의 미세공정 발달에 의존해 이루어져왔다.

기존 피처폰과 달리 고성능이 중시되는 스마트폰의 등장으로 SoC 시장은 스마트폰 시대를 맞아 폭발적인 성장을 거듭했다. 이 과정에서 AP는 SoC 시장의 중심으로 자리 잡으며 SoC 시장을 주도했다. AP는 인텔이 주름 잡던 기존 PC용 CPU와 비교할 때 설계와 아키텍처(architecture, 컴퓨터 시스템 전체의 설계 방식)가 상이하다. 따라서 CPU 시장에서는 존재감이 없지만 모바일 기기용 설계에 강점을 가진 새로운 설계업체와 새로운 설계 자산을 보유한 업체가 AP 성장의 수혜자로 부상했다. 미국의 퀄컴과 영국 ARM이 대표적이다. 인텔은 자체 보유한 설계 자산을 바탕으로 직접 CPU를 설계하고 제조까지 도맡는 데 반해, ARM은 모바일 기기에 최적화된 설계 자산을 집중적으로 다루고, 퀄컴은 모바일 칩 설계를 집중적으로 다루며 모바일 시대의 새로운 공룡으로 떠올랐다.

이들의 설계 자산과 설계도는 저전력 칩을 구동하는 데 최적화되어 있었다. 전력 소비를 낮추기 위해서는 어느 정도 성능이 희생될 수밖에 없었다. 다행히 초기 스마트폰은 PC만큼 사양이 높을 필요가 없었다. AP는 성능보다 전력 소비를 낮추는 데 집중했다. 그러다 보니 CPU는 PC용으로, AP는 모바일 기기용으로 명확히 구분됐다. 그러나 AP는 예상보다 빨리 발전했다. 설계 기술과 집적화의 발달로 AP는 저전력을 유지하면서도 고성능을 실현할 수 있게 되었다. 그러는 와중, 태블릿 PC라 불리는, 노트북을 흉내 내는 제품이 탄생했다. 이 같은 외부 변수에 힘입어 AP의 성장세는 멈추지 않았다. 결국 이제는 태블릿을 넘어 노트북과 컴퓨터에까지 AP를 탑재하는 시대가 됐다. 삼성전자가 2019년 출시한 갤럭시 북 S 퀄컴(Qualcomm)이 대표적인 사례다.

기존에는 컴퓨터를 살 때 CPU나 그래픽카드의 성능을 중점적으로 살펴봤지만, 이제는 CPU 대신 AP가 탑재된 제품은 어떤지 함께 살펴봐야 하는 시대가 되었다. AP가 CPU의 영역을 넘보기에는 여전히 성능의 격차가 존재하지만, AP는 저전력이라는 장점과 성능 향상을 바탕으로 PC 시장의 전유물을 대체하기 위해 지속적으로 도전할 것이다. 이에 반해 CPU 또한 우수한 성능을 내세우며 더욱 앞서가고자 노력할 것이다.

인공지능 시대, 차세대 반도체의 등장

인간의 뇌를 닮은 뉴로모픽 컴퓨팅을 구현하라

컴퓨팅 기술은 지난 수십 년간 놀라운 속도로 발전했으나 여전히 도전적인 영역이 남아 있다. 바로 인간 뇌의 모방이다. 뇌는 신경세포체인 뉴런과 뉴런들을 연결하는 시냅스로 이뤄진다. 인간의 뇌는 평균적으로 1000억 개의 뉴런과 100조 개 이상의 시냅스로 구성돼 있다.[13] (개는 평균적으로 5억 3000만 개, 고양이는 2억 5000만 개의 뉴런을 갖고 있다!) 인간의 뇌는 연산, 기억, 학습, 논리 기능을 담당하는데 그 효율성이 극도로 뛰어나다. 놀라운 점은 뇌의 부피는 1리터 수준에 불과하며, 15와트의 소비 전력으로 온갖 기능을

13. http://www.munhwa.com/news/view.html?no=2017120701032427100001.

동시에 수행한다는 것이다. 15와트면 LED 램프 하나를 켜는 수준의 전력이다.

기존 컴퓨터는 연산장치에 메모리가 덧붙어 작동하는(앞서 이야기했듯 CPU와 D램, CPU와 S램이 함께 붙어 작동하는 방식이 대표적이다!) 폰 노이만 방식에 기반한다. 지금이야 연산장치가 끊임없이 메모리에 데이터를 임시로 저장하고 불러내 연산하는 방식이 당연하게 받아들여지고 있지만, 1940년대에 이러한 방식은 혁신 그 자체였다. 이후 컴퓨터와 관련해서는 폰 노이만 방식이 당연시됐는데, 특히 단순 연산 시 뛰어난 성능을 발휘했다. 그런데 폰 노이만 방식은 연산을 담당하는 구역과 기억을 담당하는 구역이 분리되어 있어서 구역 사이에 신호를 전달할 때 신호 전달 지연이 발생하며, 이 과정에서 필연적으로 전력 소실이 발생한다는 한계를 갖는다. 이로 인해 단순 연산이 아닌 복합적인 병렬 연산을 할 때는 효율성이 떨어진다.

인간의 뇌는 정보 처리와 기억 기능을 동시에 수행한다. 폰 노이만의 컴퓨팅 시스템은 단순 연산에 능한 데 반해 뇌처럼 병렬 정보를 처리하는 데는 효과적인 대안이 되지 못한다. 이는 인공지능 컴퓨팅을 구현하기 어렵게 만드는 장애물이다. 이에 따라 과학자들은 기존 폰 노이만 구조에서 탈피해 인간의 뇌를 닮은 신경연산장치인 NPU(Neural Processing Unit)를 이용해 두뇌 수준의 뉴로모픽(Neuromorphic) 컴퓨팅을 구현하려고 시도하고 있다. 뉴로

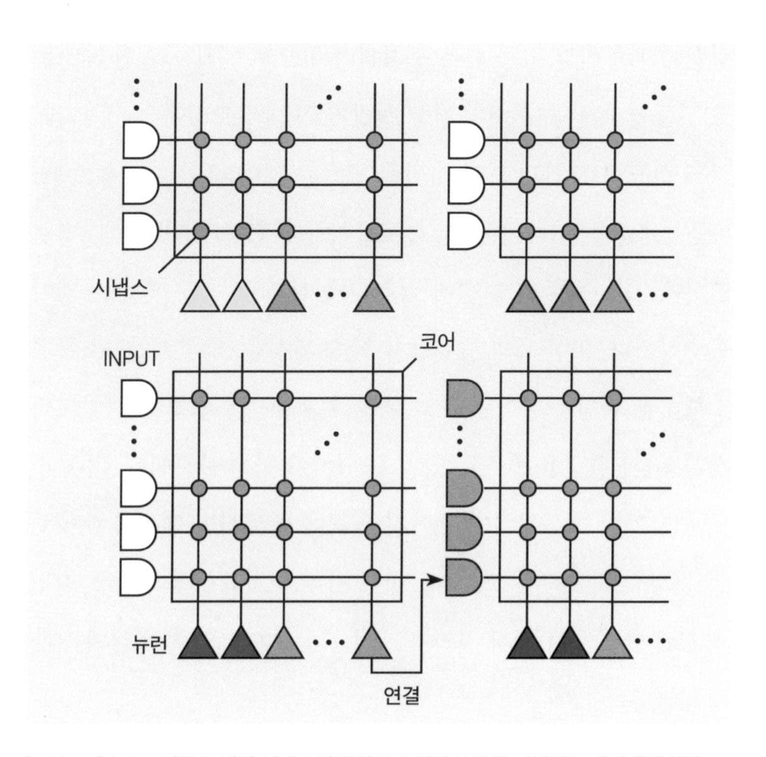

[그림 4-3] 뉴로모픽은 뉴런과 시냅스의 복잡한 유기적 구조를 이해하는 데서 출발한다.

모픽은 1980년대 후반 캘리포니아 공대의 카버 미드(Carver Mead) 교수가 제안한 개념이다. 폰 노이만 구조 내에서 어설프게 뇌의 연산 알고리즘만 모방하던 기존 연구에서 탈피해 알고리즘을 수행하는 연산장치의 구조 자체를 뇌를 모사한 형태로 만들 필요성이 제시된 것이다.

고성능 NPU를 구현하기 위해서는 아키텍처를 처음부터 새롭게 구상해야 한다. 인간의 뇌를 모사하는 데 초점을 두지만 대량 생산에 적합한 공정을 함께 고려해야 하므로 뇌와 동일한 모양으로 만들어지지는 않는다. 기술 개발이 자연의 모방에서 시작되더라도 반드시 자연과 똑같이 만들 필요는 없다(비행기는 새를 모방했지만, 날개를 펄럭이지 않는다!). 뉴로모픽을 구현하기 위해서는 병렬 연산에 기반해 주변 환경에 적응 가능한 NPU를 개발하는 것이 필수적이다. 또한 뇌의 뉴런들이 학습 과정을 거치고 의사소통을 수행하는 과정을 본떠 스스로 학습하는 과정을 수행할 수 있어야 한다. 의사 결정을 스스로 해낼 수 있어야 함은 물론이다. 기존 폰 노이만 기반 연산장치가 주어진 입력에 대해서만 연산을 수행하는 것과 달리, 뉴로모픽은 칩 출고 시 프로그래밍되지 않은 영역에 대해서도 직접 의사 결정을 해서 지능적으로 다양한 결과를 출력해낸다.

NPU 시장은 소리 없는 전쟁터

NPU 기술은 아직 초기 단계에 불과하다. 게다가 현존하는 모바일 기기가 완벽한 뉴로모픽 컴퓨팅을 구현하기도 어려운 상황이다. 공간과 소비 전력의 한계가 명확하기 때문이다. 이에 따라 거대 기업들은 클라우드의 힘을 빌리고 있다. 스마트폰 등의 기기에서는 여전히 성능이 부족한 NPU를 이용해 간단한 학습만을 거치고, 데이터를 모두 중앙 서버로 모아 대규모 학습과 주요 의

사 결정은 중앙 서버의 고성능 컴퓨터를 이용하는 것이다. 그 초기 모델로 갤럭시에 탑재된 '빅스비(Bixby)'와 아이폰에 탑재된 '시리(Siri)'를 들 수 있다. 고사양 스마트폰은 AP 공간의 일부를 할애해 NPU를 탑재한다. 그러나 자율주행 같은 영역에서는 이러한 클라우드 기반 인공지능을 구현하기가 어렵다. 중앙 서버에서 끊김 없이 고성능 연산을 처리해 결과물을 바로바로 전달해주어야 하는데, 차량을 운행하다가 잠시라도 통신이 끊기면 중앙 서버가 보내는 결과물을 받지 못해 커다란 사고로 이어질 수도 있기 때문이다. 따라서 클라우드에 대한 의존 없이 자체 의사 결정이 가능한 NPU 개발이 필수적이다.

NPU는 아키텍처, 설계, 칩 구조는 물론 칩 제조에 사용되는 소재의 변화까지도 요구한다. 이에 한 발 앞서 대응하는 공급자가 새로운 변화의 수혜를 누리게 될 것임은 분명하다. AP 시대에 ARM과 퀄컴이 커다란 수혜를 보는 과정에서 기술 격차를 실감해야 했던 삼성전자로선 NPU라는 새로운 아이템이 충분히 매력적으로 보였을 것이다. 삼성전자는 2019년까지 자체적으로 꾸려오던 CPU 사업에서 손을 떼며 오스틴의 연관 부서를 해체했다. 언뜻 보면 2030년 시스템반도체 1위라는 포부와 배치되는 결정으로 보일 법도 하다. 그러나 이 같은 결정에는 NPU와 뉴로모픽 컴퓨팅과 비메모리반도체와 메모리반도체를 하나의 칩으로 합하여 메모리반도체가 연산 기능까지 수행하는 PIM(프로세스 인 메모리, Process In Memory)에 베팅하겠다는 속내가 담겨 있다.

NPU 시장과 함께 성장할 PIM 시장

아직까지 NPU 시장의 성장이 초기에 불과하고 NPU의 성능 또한 제한적인 상황이다. 그러다보니 스마트폰 내 일부 인공지능 기능을 담당하는 수준으로 AP를 보조하는 역할 정도로 사용되고 있다. 비록 기술 초기단계란 점은 아쉬울지 모르나, 그만큼 앞으로 NPU 시장이 무궁무진하게 성장할 수 있음을 의미하기도 한다.

NPU 시장은 아직 여러 기업들이 달려 들어 이것저것 새로운 칩을 개발하는 단계에 있다. 또한 뚜렷한 주도권을 가진 업체가 등장했다고 보기는 어렵다. 다만, 기존의 연산장치에서 시장을 지배해온 엔비디아, 인텔 뿐만 아니라, 삼성전자, 퀄컴은 물론 애플, IBM, 중국의 하이실리콘 등까지도 뛰어들어 시장 선점을 노리고 있다. 그러나 아직은 기술도 초기이지만, NPU의 쓰임새 또한 제한되어 추후 인공지능 시장이나 사물인터넷 시장, 로봇 시장 등이 성장하며 차츰 빛을 발할 예정이다.

또 한가지 주목할 점은 PIM이라 불리는 칩의 등장이다. 삼성전자와 SK하이닉스는 전통적으로 메모리반도체 제조에 강점을 가지고 있다. 그러나 고성능 연산장치에서의 사업 경험은 매우 미비하다. 그래서 NPU 시장이 성장하는 가운데 이들 기업이 내놓은 대안은 기존의 메모리반도체에 연산 기능을 추가하겠다는 것이다. 즉, 메모리반도체를 중심으로 메모리반도체와 비메모리반도체의 경계를 허물겠다는 것이다.

추후 반도체 산업은 칩의 종류가 더욱 세분화되고, 고성능 칩을 여러 기능으로 쪼개어 만드는 방식이 확대될 예정이다. 이에 따라 쓰임새에 따라 더욱 특화된 칩이 확대될 예정이다. 그렇기에 NPU와 PIM이 꼭 경쟁관계라 보기는 어려우며, 다만 인공지능 시대에 맞추어 각각 강점을 갖는 형태로 발전할 것으로 보인다. 또한, NPU와 PIM이 융합된 형태의 새로운 칩도 등장할 예정이다.

특히, PIM은 기능의 다양화보다는 전력소모 절감 등 성능의 비약적인 발전에 강점이 있다. 따라서 하이퍼스케일 서버나 인공지능 서버와 같이 대용량 데이터 저장이 필요하고 또 고성능 연산이 함께 필요한 영역에서 먼저 사용이 확대될 것으로 예상된다. 현재 기술 수준에서의 PIM은 고성능 연산을 수행하기 어려우며, 또한 CPU나 GPU처럼 범용 제품으로 사용되기 어려운 한계점을 갖는다. 이에 따라 당분간은 연산 기능의 확대보다는 기존 메모리반도체의 성능을 극대화하는 방식으로 발전할 예정이다. 특히 이 과정에서는 기존 D램 칩의 성능 향상도 필수적이겠지만, 완성된 D램을 최종 칩으로 완성하는 과정에서 또 한번 성능을 끌어 올려주는 과정이 필수적이다. 즉, 후공정 기술에 변화가 수반되며 PIM의 성능 향상이 이루어짐을 의미한다. 특히, 여러 개의 D램 칩이 수직으로 적층되는 공정과, 이들 D램 칩을 다른 종류의 반도체 칩들과 고성능 기판에 한번에 잘 이어 붙이는 공정이 더욱 중요해진다.

궁극적으로는 인공지능 반도체가 뉴로모픽 환경을 구현하기 위하여 하나의 셀에서 데이터의 연산과 저장이 모두 이루어지는 방향으로 발전할 예정이다. 그러나 현재에는 이러한 기술을 구현할 소재, 제조 공정, 제조 단가 등이 모두 만족스럽지 못한 관계로, 우선은 NPU가 연산 기능에 초점을 맞추어 기존의 GPU와 CPU를 모방해 더욱 인공지능에 특화된 기능을 구현하며 성능을 끌어올리는 방식으로 발전할 예정이며, PIM은 전력 소모와 데이터 처리 속도를 줄이는 방향으로 발전할 예정이다.

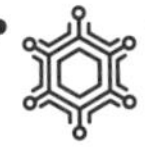

이런 비메모리 기업도 있다! 한 우물을 파야 하는 동운아나텍

드라이버 IC, 스마트폰 시대를 이끌다

비메모리반도체의 특징은 다품종으로, 한 권의 책에서 모든 종류의 칩을 살펴보기는 어렵다. 이와 관련, 한 가지 사례를 소개하고자 한다. 앞선 어보브반도체는 다양한 종류의 MCU를 설계하므로, 특정한 고객사나 특정한 제품에 휘둘리지 않는 특징이 나타난다. 이에 따라 실적의 변동성이 매우 낮은 편이다. 이와 달리 소품종에 집중하는 사례를 살펴보자. 기업의 경쟁력이 1) 취급하는 제품이 얼마나 많은지에 따라, 2) 제품이 주로 어느 영역에 쓰이는지에 따라 달라질 수 있음을 추론하면서 읽어보시기 바란다.

피처폰부터 현재의 스마트폰에 이르기까지 핸드폰은 그 역할이 크게 확대되면서 새로운 기능이 꾸준히 추가되고 있다. 스마트폰이 등장하기 전인 2008년, 삼성전자는 햅틱폰을 출시하면서 애니콜의 인지도를 높이는 전략을 펼쳤다. 햅틱폰은 터치스크린이 보편화되는 과정에서 등장한 제품으로, 손가락으로 화면을 터치할 때마다 고유의 진동이 발생해 감성과 재미를 극대화했다. 또한 전면 스크린을 탑재하고 터치해서 사진을 넘길 수 있는 등 현재의 스마트폰과 유사한 모양을 갖추었다.

이러한 독특한 터치 기능을 수행하기 위해서는 사용자가 화면을 터치할 때마다 관련 부품을 구동하는 드라이버 IC(driver IC. Integrated Circuit, 쉽게 풀어 쓰면 구동칩이라 할 수 있겠다)가 필요했다. 터치 신호를 수신한 드라이버 IC는 진동과 소리를 발생시키는 모터, 액추에이터, 스피커로 전기 신호를 전달해 사용자의 터치감을 극대화했으며, 전압의 크기에 따라 진동의 강도가 달라졌다.

스마트폰 시대에 들어서면서 소비자가 가장 중시하는 기능은 카메라다. 스마트폰 시장 초기에는 AP, 방수 기능, 배터리 소모량 등 성능이 제품의 핵심 경쟁력으로 꼽혔으나, 사양이 평준화되면서 소비자가 가장 크게 차이를 느끼는 기능이 카메라이기 때문이다. 피처폰과 스마트폰 초기에 도입된 카메라는 이미지 센서 성능과 보정 기술의 한계로 화질이 떨어졌을 뿐만 아니라, 조도가 낮은 환경에서는 사진을 찍을 때 핸드폰이 조금만 흔들려도 사진이 흐릿하게 찍히는 문제가 발생했다. 이러한 문제를 근본적으로 해결한 기술이 OIS(Optical Image Stabilizer)라 불리는 손떨림 방지 기술이다.

OIS는 카메라 센서에 액추에이터가 결합해 손떨림에 의한 움직임을 최소화한다. 핸드폰이 미세한 떨림을 감지하면 액추에이터가 이러한 움직임에 반하는 방향으로 카메라를 움직여 카메라가 최대한 제자리를 유지하도록 해주는 것이다. 액추에이터를 구동하기 위해서도 역시나 신호를 전달하는 드라이버 IC가 필요하다.

동운아나텍, 국내 드라이버 IC 시장의 강자

동운아나텍은 핸드폰의 각종 기능을 동작시키는 데 필수적인 스마트폰용 드라이버 IC를 전문적으로 설계하는 회사다. 주력 사업은 카메라에 사용되는 AF(Auto Focus) 및 OIS용 드라이버 IC며, 이외에도 디스플레이의 전력을 제어하는 IC, 햅틱 IC 등을 설계해 스마트폰 제조사를 중심으로 제품을 공급하고 있다. 동운아나텍은 이들 칩의 설계를 담당하며, 삼성전자나 매그나칩반도체 같은 파운드리나 네패스, JECT 같은 후공정 업체에 제조를 의뢰한다.

동운아나텍은 현재 스마트폰에 평준화되어 있는 기능을 구현하기 위한 제품을 공급하고 있어서 비교적 광범위한 종류의 스마트폰을 대상으로 시장이 형성돼 있다. 주로 삼성전자 및 중국을 중심으로 제품을 공급하고 있으며, 제품의 수명 주기가 상대적으로 짧은 편이다. 겉으로 보기에는 모든 스마트폰이 동일한 OIS 기능을 탑재한 것 같지만 스마트폰의 제품 종류와 출시 시기에 따라 액추에이터의 구동 기술도 오픈 루프(Open Loop), 클로즈 루프(Closed Loop), 폴디드 줌(Folded Zoom) 등으로 점차 변하기 때문이다. 이러한 기술 변화에 따라 새로운 드라이버 IC가 필요해진다. 동운아나텍은 이 같은 변화에 맞춰 고객사가 요구할 것으로 예상되는 드라이버 IC를 한 발 앞서 개발해내야 한다. 기술 변화가 비교적 빠르게 일어나므로 지속적인 신제품 개발력이 곧 장기 성과와 직결될 가능성이 크다. 만약 개발에 실패할 경우 소수 제품군에서 상당수의 매출이 나오는 만큼 기업의 존재가 위태로울 수 있다. 앞서 어보브반도체가 다양한 제품을 고루 오래 파는 것과 상당히 대조적이다. 투자자는 이처럼 똑같이 팹리스라 불리는 기업들이라도, 기업들의 상세 비즈니스 모델이 전혀 다름을 이해해야 한다.

동운아나텍은 지속적인 제품 개발 레퍼런스(reference, 납품 경험 혹은 납품 기록)를 바탕으로 국내 AF 및 OIS 드라이버 IC 1위 업체라는 명성을 차지하고 있으며, 미국의 ON 세미컨덕터와 일본의 아사히 카세이 같은 세계적 기업들과 경쟁 구도를 형성하고 있다.

이처럼 동운아나텍은 소수 제품에 의존하는 경향이 강하고, 제품이 스마트폰에 주로 쓰이는 만큼 기업의 실적 또한 스마트폰 시장에 민감한 구조를 가질 수밖에 없다. 이는 때로는 동운아나텍의 장점이 될 수도 있지만, 단점이 될 수도 있다. 특히 기술 경쟁에서 밀리거나 스마트폰 시장이 부진할 경우 이에 해당한다. 그렇기에 동운아나텍도 계속해서 신제품 개발에 열을 쏟되, 스마트폰용이 아닌 다른 산업에 쓰일 반도체 칩을 개발하는 데에 역량을 집중할 수밖에 없다. 실제로 동운아나텍은 근래 차량용 드라이버 IC 사업을 지속 확대하며 기존 사업구조를 더욱 다양화하는데에 집중하고 있다. 특히 동운아나텍은 기존 스마트폰용 칩을 설계하던 강점을 살려 차량용 칩 개발도 확대해 왔는데, 차량 내 설치된 디스플레이 패널을 터치할 때 터치 진동을 일으키는 드라이버 IC와 같은 제품을 지속 출시하며 전방 시장을 다각화하고 있다.

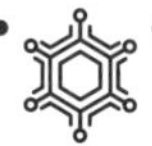

비메모리반도체 LED의 성장은 아직도 끝나지 않았다

LED의 낮은 기술 장벽, 경쟁자 난립을 초래하다

엄밀히 말하면 LED도 비메모리반도체의 일종이지만, LED 산업은 종종 비메모리반도체 산업과 구분해서 이야기된다. 바로 신호 처리 기능을 담당하지 않는다는 점, 발광소자 시장이 나름의 특징을 가진다는 점에 기인한 시각이다.

LED는 자유전자가 다수 존재하는 n형 반도체와 전자가 결핍된 p형 반도체를 접합해서 만든다. 이러한 구조를 다이오드(diode)라 부르기 때문에 빛을 발광하는 다이오드라는 의미에서 라이트 이미팅 다이오드(light emitting diode)라 부른다. 구성 소재가 무기물인가 유기물인가에 따라 LED와 OLED(Organic Light Emitting

Diode)로 또 한 번 구분된다. LED는 이러한 단순한 구조에 전압을 가하면 작동한다.

LED는 구조가 매우 단순해 제조가 수월하다. 반도체가 고층 빌딩 건설이라면 LED는 소형 단독주택 건축에 빗댈 수 있다. 제조 기술 장벽이 다른 반도체에 비해 매우 낮다 보니 수많은 업체가 난립하게 됐고, 2010년대 이후 꾸준히 구조조정이 이뤄져왔다. LED 사업을 활발히 추진한 LG이노텍은 대량 생산을 통한 비용 절감이라는 이점에도 불구하고 LED 사업에서 지속적으로 적자를 기록하자 자외선 LED 등 특수 시장을 중심으로 수익성을 재편하고자 했으나 결국 2019년 LED 사업부를 철수하기에 이르렀다(현재 기타 사업 부문을 통해 일부 영위하고 있다).

LED 시장에선 조명 시장이 가장 큰 규모를 차지한다. 뒤이어 광원과 융합 시장 등이 큰 몫을 점한다. 조명용 LED는 일반적으로 제품 크기가 크고 성능 편차가 크지 않아 기업들이 쉽게 시장에 진입할 수 있는 분야로 꼽힌다. 이런 이유로 현재 수많은 기업이 시장에 난립해 있는 상황이다.

명암비를 개선한 미니-LED, 수익성 향상을 노리다

LED가 활발히 사용되는 또 다른 분야는 디스플레이다. LCD는 가장 뒷면에 단색 백라이트(backlight) 광원이 설치된다. 광원이

액정과 컬러 필터 등을 거치며 다양한 화면으로 변환되는데, 주로 흰색 또는 파란색 LED가 광원 역할을 한다. LCD 기술의 평준화가 상당한 수준으로 이루어지면서 디스플레이용 LED도 기술적 편차가 크지 않은 영역이 됐다.

2018년을 전후해 미니(mini)-LED라 불리는 새로운 백라이트에 기반한 LCD가 본격적으로 출시됐다. LCD는 화면 전체의 밝기가 몇 개의 LED 광원에 의존하므로 디스플레이가 구동 중인 환경에서는 LED가 꺼질 수 없다. 이 과정에서 광원이 픽셀 사이로 미세하게 새어 나와 완벽한 검은색을 구현하는 게 불가능했다. 이러한 이유로 픽셀 단위의 점멸이 가능해 완벽한 검은색을 구현하는 OELD는 명암비가 LCD보다 매우 뛰어나 어두운 색조의 영화나 공포 스릴러물을 즐기기에 최적이다.

LCD를 중심으로 사업을 영위하는 대만 및 중국 패널 업체들은 OLED로 빠르게 전환하는 국내 업체들을 견제할 필요가 있었고, 이를 위해 미니-LED를 주도적으로 개발했다. 미니-LED는 LCD의 광원으로 몇 개의 LED를 사용하는 게 아니라, 수천에서 수만 개의 LED를 광원으로 사용한다. 광원의 수를 크게 늘리면 어두운 장면을 표출할 때 일부 어두운 영역의 LED만 끄거나 어둡게 만들 수 있다. 이를 통해 명암비를 크게 개선해 OLED와 버금가는 수준의 디스플레이를 선보일 수 있다. 실제로 미니-LED는 W-OLED를 내세우는 LG디스플레이와 QD-OLED를 내세우는 삼성디스플레이에 맞서 경쟁 구도를 형성하며 일부 리스크 요인으로 작용한다. OLED는 매우 비싸지만 미니-LED에 기반한 LCD와 성능 차이가 적어 가격 경쟁력에서 불리하기 때문이다.

미니-LED 시장은 LED 제조사에 성장의 기회를 마련해주었다. 디스플레이에 탑재되는 LED의 크기가 급격히 작아지면서 제조 기술이 이전보다 까다로워졌고, 많은 수의 LED가 탑재되어야 하므로 수량이 증가하는 것과 함께 수익성도 대폭 증가했다. 아무쪼록 고가 OLED 패널에 투자한 국내 디스플레이 업체들은 보다 저렴한 제품과의 경쟁을 지속할 것으로 보인다.

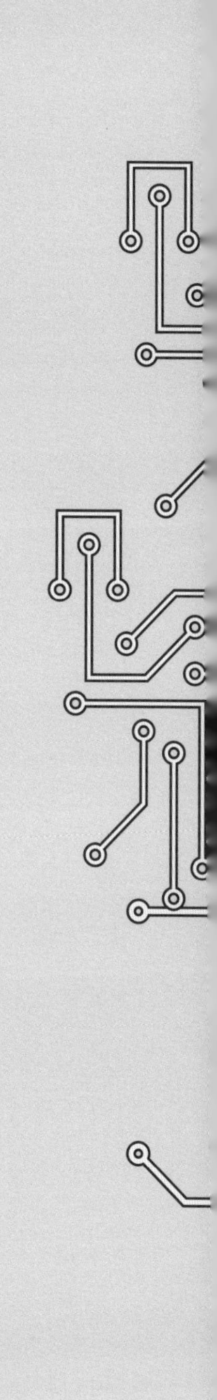

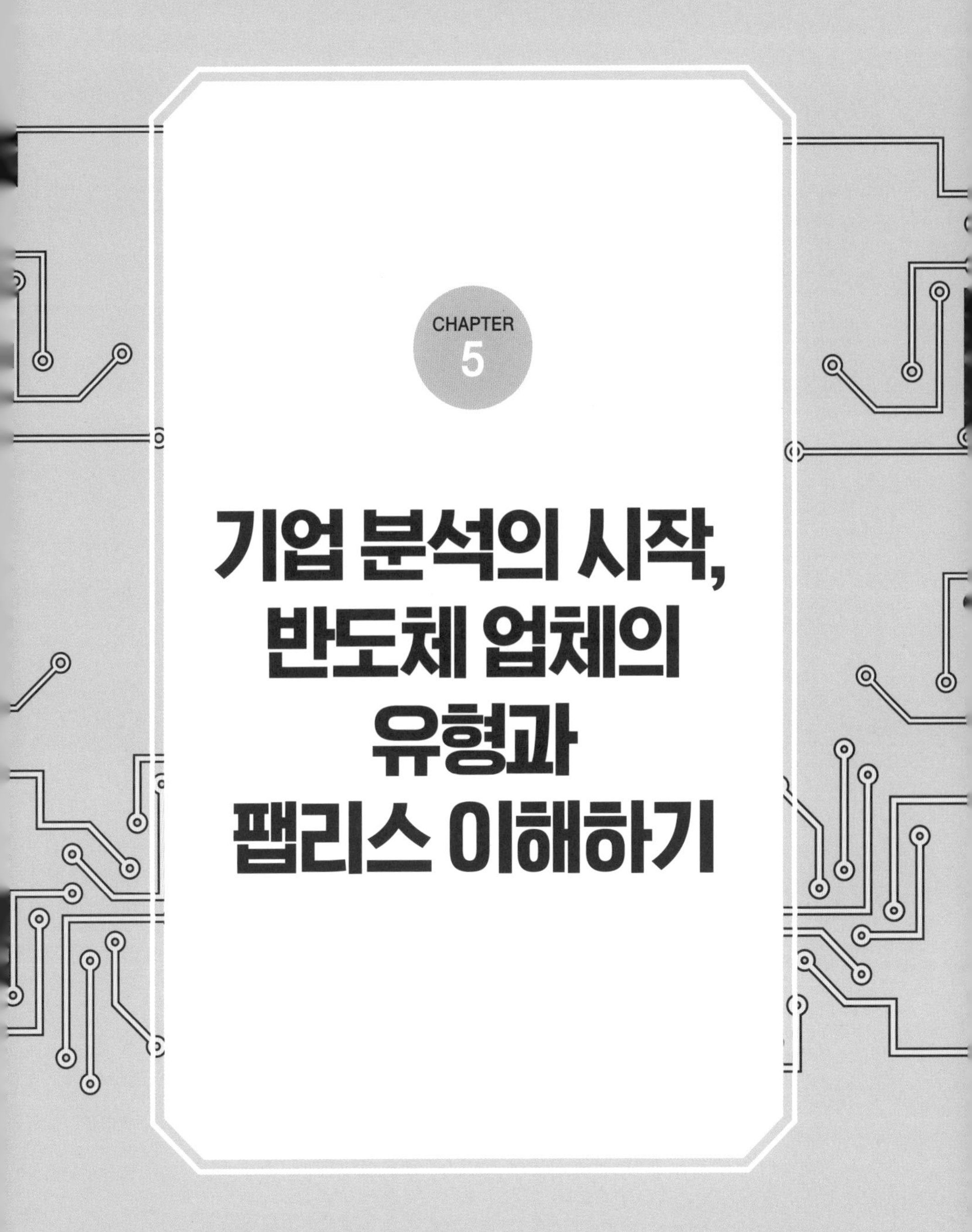

CHAPTER 5

기업 분석의 시작, 반도체 업체의 유형과 팹리스 이해하기

Investment in semiconductors

분업화:
투자할 기업을 이해하는
첫걸음

설계·제조 분리, 반도체의 독특한 산업 구조를 이해하라

반도체 기업에 투자하려고 마음먹고 이것저것 찾아보는데 잘 납득되지 않는 부분이 있다. 기업의 사업보고서를 살펴보니 자사가 직접 개발한 칩을 시장에 내다파는 기업이라고 소개되어 있는데, 정작 기업에 대해 조금 깊이 조사해보니 직접 칩을 만들지 않는다고 한다. 또 어떤 기업은 칩을 제조하는 기업이라고 하는데 정작 자사가 출시하는 반도체 제품은 전혀 없다고 한다. 대체 이게 무슨 뚱딴지같은 소리일까? 또 어떤 기업은 사업보고서에 당당하게 "팹리스입니다"라며 자기소개를 대신한다. '팹리스'란 단어가 얼마나 대중적인 용어이길래 사업보고서를 이처럼 불친절하게 만든 것일까?

투자하기에 앞서 반도체 기업이 어떤 칩을 만드는지 파악하는 것도 중요하지만, 만든 칩이 어떤 구조로 판매되고 어떻게 매출이 발생하는지 파악하는 것도 매우 중요하다. 일반적인 제조업체들이 제품 개발부터 생산, 품질 관리까지 일괄적으로 진행하는 것과 달리, 반도체 산업은 칩 개발과 제조가 명확히 분리된 독특한 구조를 갖기 때문이다.

반도체 기업의 세 형태, 팹리스 · 파운드리 · IDM

메모리와 비메모리를 통틀어 반도체 종류는 셀 수 없을 만큼 다양하다. 우리 주변의 가전기기만 살펴봐도 그 안에는 생각보다 많은 종류의 반도체 칩이 들어가 있다. 냉장고의 온도 조절 기능, 얼음 제조 기능, 기타 관리 기능은 모두 연산 반도체와 설정·저장을 위한 메모리반도체를 필요로 한다. 앞으로 전기차와 자율주행차가 상용화되고 기존에는 반도체를 '적게 사용하던 산업'도 많은 종류의 반도체를 사용하면서 반도체의 중요성은 더욱 커질 것이다. 차량용 반도체만 해도 다양한 센서와 연산장치는 물론 운전 보조용 및 통신용 칩, 사용자의 편의를 위한 엔터테인먼트용 미디어 칩까지 그 종류만 수백 가지를 웃돈다. 반도체 칩의 종류가 다양하면 당연히 반도체를 만드는 업체도 다양해질 수밖에 없다. 잘 나가는 반도체 회사로 인텔, 삼성전자, SK하이닉스 등이 있다고 하는데, 이들 업체가 이 많은 종류의 반도체를 모두 다 직접 만들 수 있을까? 그렇지 않다. 제품 종류가 다양할수록 단일 기업이 많은 제품을 모두 만들어내기란 어려운 법이다.

반도체 칩 생산은 크게 설계와 제조 두 과정으로 이루어진다. 그런데 설계와 제조는 각각 전혀 별개의 기술과 인력, 자원을 필요로 한다. 그러다 보니 두 영역이 완전히 분리되어 반도체 기업들은 나름의 고충을 겪게 된다. 반도체 산업 초기에는 한 기업이 설계와 제조를 모두 해내기에 버거울 정도는 아니었다. 칩의 종류가 그리 다양하지 않은 데다 반도체가 어떻게 발전해야 하는지에 대한 지향점도 어느 정도 일치했기 때문이다. 그러나 제조 공정이 점점 복잡해지고 시장이 다양한 종류의 반도체를 요구함에 따라 한 기업이 설계와 제조를 모두 진행하기가 버거워졌다.

무엇보다 설계 영역에서의 어려운 점과 제조 영역에서의 어려운 점에 따라 별개의 기술이 발전하면서 각 영역은 전문화됐다. 시장에서 필요로 하는 칩의 종류는 더욱 다양해지는데, 소수의 거대 기업이 이들 칩을 모두 설계하기도 어려워졌다. 새로운 칩을 전문적으로 설계할 역량을 갖췄으나 자본력이 부족해 제조까지 수행하기 어려운 기업들도 나타났다. 여기에 더해 반도체 제조에 필요한 설비 투자 비용이 수천억 원 규모가 되면서 웬만한 반도체 업체들은 새로운 설비 구입에 투자하는 것 자체가 어려워졌다. 제품 판매가 이루어지기 전에 대규모 투자를 해야 한다는 것 자체가 상당한 리스크로 작용한 것이다. 제품이 잘 판매되지 않으면 사업을 접어야 하는 위기로 이어질 수도 있기 때문이다.

이에 따라 반도체 산업은 설계 영역과 제조 영역이 점차 분리되기 시작했다. 점차 설계를 전문으로 하는 업체, 제조를 전문으로 하는 업체가 나타나면서 분업화가 활발히 이루어졌다. 기존에 설계와 제조를 겸하던 IBM이나 AMD도 제조를 접고 설계만 담당하는 방식으로 나아가기 시작했다.

이런 움직임이 반영된 결과, 반도체 기업은 설계만 전문적으로 영위하는 팹리스(fab이 없다는 뜻), 팹리스가 설계하면 이를 이어받아 제조를 담당하는 파운드리, 그리고 이들 사업을 모두 병행하는 종합반도체(IDM, Integrated Device Manufacturer)로 나뉘게 되었다. 따라서 반도체 산업에 투자하는 데 있어 자신이 투자할 기업이 어떤 유형의 기업인지 파악하는 것은 매우 중요하다. 팹리스, 파운드리, IDM 등 각각의 유형이 갖고 있는 경쟁력이나 매출을 발생시키는 방식, 원가 요소, 리스크 요인 등이 모두 다르기 때문이다.

반도체 산업에 대한 이해는 팹리스와 파운드리에 대한 이해에서 출발한다. 이러한 구분이 반도체 산업에서만 목격되는 것은 아니다. 이처럼 설계와 제조가 분리된 산업으로 건설 산업이 있다. 건설 산업은 빌딩을 어떻게 만들지 설계와 디자인을 전문적으로 담당하는 기업, 건설 프로젝트를 전반적으로 기획하고 관리하는 시행사, 건물을 직접 올리는 시공사와 여러 하청 기업들로 나뉘어 있다. 반도체 산업도 이와 비슷한 구조로 구성되어 있다.

팹리스의 태동

칩의 전문화, 팹리스 시장이 태동하다

1960년대부터 1970년대까지는 반도체 제조가 수직 계열화를 바탕으로 이루어졌기 때문에 설계와 제조의 분업화가 이루어지지 않았고, 팹리스나 파운드리의 개념도 거의 없다시피 했다. 칩 개발사들은 자체적인 생산 설비를 가지고 있었으며, 자체 제조 공정에 많은 예산을 투입했다. 그러나 기술 집약적인 산업의 특성상 반도체 산업의 기술 장벽은 빠르게 높아졌고, 시장에서 요구하는 반도체 칩의 종류는 더욱 다양해졌다. 1960년대에는 여러 전자장치에 탑재될 수 있는 범용 제품 중심으로 반도체 칩 개발이 이루어졌으나, 이후 점차 칩의 기능이 전문화되고 사용 영역이 제한되면서 범용성을 잃게 됐다.

그런데 적은 수의 반도체 제조사들이 이러한 시장의 요구를 모두 수용하기에는 무리가 있었다. 아이러니하게도 칩 생산 능력은 시장의 수요 이상이었는데 말이다. 이는 자연스럽게 칩의 설계라는 비즈니스 모델과 칩의 외주 생산이라는 비즈니스 모델 확대로 이어졌다. 특정 고객이 요구하는 특정 제품을 설계하는 ASIC(Application Specific Integrated Circuit) 시장과 적용 분야가 비슷한 다수의 고객을 대상으로 제품을 설계하는 ASSP(Application Specific Standard Product) 시장도 본격적으로 성장하기 시작했다. 최초의 팹리스는 1969년에 설립된 LSI컴퓨터시스템으로 알려져 있다. 팹리스 시장이 본격적으로 성장하기 시작한 것은 1970~1980년대다.

팹리스, 칩 설계라는 무형의 자산

팹리스는 설비 투자를 위한 막대한 자본 투입이 필요하지 않다. 대신 설비 투자에 필요한 자산을 핵심 인력 확보와 새로운 칩 개발에 쏟는다. 팹리스가 개발하는 제품은 유형의 제품이 아니라 무형의 설계 자산인데, 이러한 자산을 가리켜 IP(intellectual property)라고 한다. IP는 지적 재산권이라는 의미 외에도 기존 설계된 자산을 바탕으로 향후 재사용될 수 있는 설계 자산이란 의미가 있다.

IP는 최종적으로 완성된 하나의 칩 설계도가 될 수도 있지만, 일반적으로 칩 내부를 나눈 기능 블록으로 구성되거나, 특정 하드웨어 외에 전자 부품 라이브러리나 소프트웨어가 포함된 기능 등으로 구성된 것이 일반적이다. 실제로 IP는 다양한 종류의 설계 블록을 재사용하기 위해 활발히 도입됐고, 이 과정에서 설계의 일부분에 대한 표준화가 이루어지기도 했다. 팹리스 기업들은 이러한 기능 블록 형태의 IP를 새롭게 만들어내기도 하지만, 기존의 IP를 대거 채용하며 최종적으로 칩을 완성한다.

IP: 반도체 산업을 키우는 원동력

분업화가 이루어진 주요한 배경은 막대한 자본 투입의 필요성, 다양한 칩에 대한 시장의 요구 때문이다. 전자의 이유로 칩 제조는 자본 집약적인 소수의 기업이 도맡게 되었으며, 후자의 이유로 칩 설계는 고유의 인력과 능력을 보유한 여러 기업이 담당하게 되었다. 칩의 종류가 달라도 제조 공정은 일정한 규칙을 가지므로 소수 기업이 수행할 수 있으나, 설계는 칩의 종류가 다양한 만큼 다양한 경험과 노하우가 필요해서 다수의 기업이 시장에 참가할 수밖에 없다. 이렇듯 팹리스는 칩의 다양함만큼이나 기업 수도 다양하므로 팹리스 기업을 살펴볼 때는 단순히 하나의 기준으로 기업을 평가할 것이 아니라, 어떤 제품을 취급하는지 명확히 구분할 수 있어야 한다.

흔히 우리나라는 비메모리반도체 경쟁력이 약하다고들 한다. 이렇게 이야기하는 배경에는 인텔, 엔비디아 같은 거대 반도체 기업이 만드는 고사양 비메모리 칩을 만들지 못한다는 현실적인 문제도 있으나, 다양한 종류의 칩 개발을 담당할 중소 및 중견 팹리스의 수와 역량이 부족하다는 점도 주요 원인으로 꼽힌다. 비메모리반도체는 다품종이다. 따라서 비메모리반도체 시장에서 점유율을 확대하기 위해서는 다양한 색채를 갖는 팹리스들이 모인 생태계가 만들어져야 한다. 중국은 정부가 정책적으로 공격적인 지원에 나선 결과, 현재 1000개 이상의 팹리스 기업들이 사업을 영위하고 있다.

팹리스라고 하면 하나의 칩을 처음부터 끝까지 설계한다고 생각할 수도 있으나, 실상은 그렇지 않다. 칩의 완성은 IP를 이용해 설계 블록을 재사용해서 이뤄지는 것이 일반적이다. 따라서 팹리스가 타사의 IP를 적극적으로 활용하는 것은 중요한 능력이다. 팹리스는 최대한 빨리 차세대 제품을 개발하는 것은 곧 경쟁력인데, 칩의 모든 블록을 처음부터 끝까지 설계하다 보면 오랜 시간이 소요될 수밖에 없다. 게다가 타사의 IP를 피해 칩을 개발하다 보면 호환성 문제가 발생하기도 한다. 이런 이유로 이미 개발된 설계 블록을 최대한 끌어와 칩을 설계하는데, 문제는 타사의 IP를 사용할 때마다 비용이 발생한다는 점이다.

실제로 규모가 작은 중소 팹리스는 투자 재원이 한정적이므로 거대한 팹리스만큼 IP를 적극적으로 사용하기 어렵다. 이는 기업 간 경쟁력 차이로 귀결되는데, 이러한 경쟁력이 모이면 국가의 산업 경쟁력이 된다. 탄탄한 팹리스 생태계를 구축하기 위해서는 자본력이 낮은 팹리스도 적극적으로 IP를 활용할 수 있는 환경이 마련되어야 한다. 정부의 주도하에 이들 팹리스를 위한 IP 플랫폼 구축과 IP 사용료 할인, 대기업과의 IP 공유 및 공동 개발 지원 같은 직간접적인 지원이 이뤄져야만 하는 이유다. 근래 우리나라에서도 이러한 지원 사업이 확대되고 있으나, 비메모리반도체 도약이라는 꿈과 비교해 그 규모가 제한적인 게 사실이다.

IP, 칩 개발 비용과 시간을 절약한다

IP가 본격적으로 도입되기 시작한 것은 1990년대 중반부터다. 반도체 공정의 미세화가 계속되면서 트랜지스터의 크기는 0.35㎛, 0.25㎛ 등 해마다 빠르게 작아졌고, 그 결과 2000년대 들어서는 하나의 칩에 1000만 개 이상의 트랜지스터를 구현할 수 있게 됐다.[14] 칩의 집적화는 제조 공정을 어렵게 만들 뿐만 아니라 설계도 까다롭게 만든다. 이전에 사용된 방식으로는 당연히 1000만 개나 되는 트랜지스터를 설계도에 모두 그려내기 어려웠다. 이에 따라 칩은 점차 블록화됐고, 기업마다 특정 블록에 전문성을

14. The Magazine of the IEEE 25(5), 1998.5, p.436.

갖추게 됐다.

이런 분위기 속에서 어떤 팹리스는 타사의 IP를 채용해 하나의 최종적인 칩을 설계하는 사업에 주력하는 데 반해, 완성된 칩을 설계하지 않고 IP만 집중적으로 개발해서 IP 라이선스 판매를 주요 사업으로 영위하는 기업들이 나타나기 시작했다. 대표적인 기업이 영국의 ARM과 미국의 시놉시스다. 애플, 퀄컴, 브로드컴 같은 기업들은 이들 기업이 개발하는 IP를 적극적으로 채용해 최종적인 칩을 완성한다. 더욱 다양한 칩을 만들수록 더욱 많은 IP를 이용해야 하고, 이는 곧 ARM이나 시놉시스의 라이선스 판매 증가로 이어진다.

얼핏 보면 ARM이나 시놉시스는 제품을 만들지도 않고 앉아서 특허료만 먹는 기업처럼 보일지도 모른다. 그러나 이는 무형 자산에 대한 개념이 없어서 만들어진 잘못된 생각이다. ARM과 시놉시스는 IP 개발을 위해 끊임없이 막대한 투자를 하고 있다. 이들 기업이 존재하지 않는다면 전 세계 팹리스들의 칩 개발 속도는 현저히 느려져 기술 발전이 정체될 것이다. 게다가 이런 기업들이 존재하지 않는다면 팹리스가 칩을 처음부터 끝까지 모두 설계해야 하므로 막대한 비용 및 시간 투자가 필요해 반도체 칩 가격은 폭등할 것이다. 칩 개발에 오랜 시간이 걸려 인류 문명의 발달 속도도 지연될 것이다. 그만큼 IP 전문 기업의 역할과 산업 기여도는 막대하다.

ARM의 IP는 현재 출시된 대부분 스마트폰에 사용될 정도로 전 세계적으로 사용 빈도가 높다. 이에 비해 규모는 작더라도 전문적인 영역에서 IP 경쟁력을 갖고 있는 기업들도 있다. 국내 상장사 칩스앤미디어는 팹리스로 분류되지만, 완성된 칩을 설계하지 않고 IP 라이선스 판매 사업에 주력한다. 그렇다면 어떤 종류의 IP 개발에 강점을 가지고 있을까? 바로 칩스앤미디어의 주력 사업 영역은 비디오 영상 처리다. 셋톱박스나 TV는 물론, 차량이나 보안카메라 등은 고화질 영상을 지속적으로 변환하는 영상 처리 과정을 끊임없이 반복한다. 이때 칩스앤미디어는 이 과정에서 사용되는 영상 처리 IP를 집중적으로 개발해왔다. 영상을 처리하는 과정에서 연산장치는 복잡한 연산을 수행하고 소프트웨어가 추가로 보정 작업을 진행하는데, 칩스앤미디어는 두 영역 모두에 걸쳐 효율적인 영상 처리를 가능하게 해주는 IP를 개발해온 것이다. 따라서 영상 처리가 필요한 시장이 성장하면 칩스앤미디어도 함께 수혜를 볼 수 있게 된다. 근래에는 구글과 같은 서버 기업들이 다양한 서버용 연산 칩을 자체 개발하는 분위기이고, 이 과정에서 영상 처리 IP가 필수적으로 사용되기 때문에 글로벌 IT 기업들의 칩 자체 개발 트렌드 또한 칩스앤미디어에게 수혜가 될 수 있다.

세계적인 차량용 반도체 기업인 NXP와 같은 전방 고객사가 칩스앤미디어의 IP를 채용하고, 이를 통해 자체 반도체 칩 제품 개발을 마치게 되면, 칩스앤미디어는 로열티 매출이 추가로 발생하는 구조이다. 그러면 NXP와 같은 기업들이 자체적으로 만든 반도체 칩을 더욱 많이 팔수록 칩스앤미디어는 로열티 매출이 확대되며 수익을 챙기게 된다.

ARM이 50조 원 이상의 가치를 가질 수 있을까?

ARM, 저전력 시대의 최대 수혜자

1978년 영국 케임브리지에서 설립된 컴퓨터 전문 기업 아콘은 혁신적인 디자인과 컴퓨터 판매 성공담으로 영국의 애플이라 불렸다. 아콘은 BBC가 주도하는 프로젝트의 하나로 1982년 BBC 마이크로컴퓨터를 출시하는데, 교육용 PC 시장에서 큰 성공을 거두며 영국 시장에서 선두 지위를 차지하게 되었다. 아콘의 엔지니어들은 BBC 마이크로컴퓨터에 탑재된 6502 프로세서의 후속 제품을 개발하는 과정에서 자사 프로세서가 상업성이 현저히 떨어진다는 사실을 깨달았다. 아콘의 규모상 대규모 투자를 집행하기는 어려웠으므로 새로운 프로세서를 통째로 개발하는 것은 무리였다. 최소한의 투자로 최대 성과를 낼 방법을 찾아야 했다. 이에 따라 IP 설계를 고려했다.[15] 때마침 버클리에서 수행된 RISC I 프로젝트는 아콘에 큰 영감을 주었다. 대학원생 몇 명이 채 5년도 안 되는 기간에 경쟁력이 뛰어난 프로세서를 개발한 것이다. 아콘의 엔지니어들은 RISC I의 설계 요소를 채용해 ARM(Acorn Risc Machine) 아키텍처를 탄생시켰다. 아키텍처는 쉽게 말해 컴퓨터를 작동시키기 위한 가장 기초적인 명령어 세트라 볼 수 있다. 이러한 ARM 아키텍처를 기반으로 아콘과 애플, VLSI 테크놀로지의 조인트벤처는 영국 최대 반도체 업체로 성장할 ARM의 전신이 된다.

스마트폰 시대에 들어서면서 컴퓨팅 패러다임은 급격히 변했다. ARM 아키텍처는 전력 소모가 상당히 낮다는 강점을 가졌는데, 전력 소모가 중요한 스마트폰 시대에 ARM 아키텍처가 급격히 확대 도입되자 기존 CPU 시장의 최강자인 인텔과 AMD는 이러한 변화에 대응하지 못하고 우왕좌왕했다. 그사이에 ARM은 스마트폰에 사용되는 아키텍처와 여기에서 파생된 IP 시장을 지배하기 시작했다. 이제 모바일 기기 시장에서 ARM의 아키텍처가 사용되지 않은 기기를 찾는 게 어려울 지경이다. 애플, 퀄컴, 삼성전자 모두 자사 제품에 ARM의 아키텍처와 IP를 채용하고 있

15. Chisnall, David (23 August 2010). "Understanding ARM Architectures". Archived from the original on 3 July 2013. Retrieved 26 May 2013.

다. ARM은 2010년 스마트폰 AP용 아키텍처 시장에서 95%의 점유율을 기록한 이래 10년 이상 스마트폰 90%, 태블릿 85%, 웨어러블 기기 90%의 점유율을 유지해왔다.[16] ARM은 저전력이 가장 중요한 모바일 기기 시대의 최대 수혜자다. 비록 폭발적인 성장세였던 모바일 기기 시장은 스마트폰 시장 성장 둔화와 궤를 같이하지만 ARM의 장점은 모바일 기기 시장에만 머무르지 않는다. ARM의 다음 목표는 PC 시장과 사물인터넷 시장이다. 그리고 한 발 더 나아가 서버 시장을 노리고 있다.

서버 시장은 CPU 업체들이 기를 쓰고 선점하려고 시도하는 영역이다. 서버의 호텔이라 불리는 데이터센터는 2020년을 전후해 전 세계 전력의 불과 3% 수준만을 사용하고 있으나, 10년 뒤에는 그 수준이 무려 10% 이상으로 늘어날 것으로 예측된다.[17] 이는 서버 시장이 폭발적인 성장세를 나타낼 것이라는 의미이기도 하지만, 전력 소모가 과도해질 것임을 짐작하게 해준다. 전력 소모는 곧 비용이고 발열이다. 데이터센터를 냉각해야 하는 서버업체들의 고충도 커질 것이다. 다양한 종류의 크고 작은 서버들이 등장하면서 비용 절감은 더욱 중요한 쟁점이 될 것이다. 이에 따라 미래 시장은 비싼 프로세서에만 의지하지 않을 가능성이 크다. 반도

16. 조선비즈, 2020, https://biz.chosun.com/site/data/html_dir/2020/08/11/2020081101406.html.
17. 이데일리, 2015, https://www.edaily.co.kr/news/read?newsId=01928646609595568&9mediaCodeNo=257.

체와 서버업체들은 CPU의 전력 소모를 더욱 낮춰 효율적인 구동과 고밀도 구축을 실현하기 위해 노력 중이다.

ARM은 2010년부터 서버용 아키텍처를 출시했으나 시장에서의 존재감은 미미했다. 서버 시장이 고성능 CPU를 우선하다 보니 저전력보다 성능에 강점을 둔 인텔의 x86 아키텍처가 승승장구했다. 실제로 ARM은 2020년이 저물어갈 때까지 서버 시장 점유율이 0%대일 정도로, 부끄러운 수치를 기록해왔다. 그런데도 ARM의 서버 시장 내 지위가 확대될 것이라는 전망이 제시되면서 경쟁사들은 두려움을 감추지 못하고 있다. 서버 시장은 매우 보수적이어서 아키텍처 변화를 받아들이는 데 소극적인 모습을 나타내는데도 말이다.

이 같은 배경에는 ARM IP의 성능이 꾸준히 향상되고 있으며 전력 효율성이 뛰어나다는 막강한 장점이 큰 영향을 미쳤다. ARM의 서버 시장 침투는 모바일 기기 시장에서 쌓은 노하우를 바탕으로 한다. 와트당 더욱 많은 연산을 제공한다는 것은 곧 가성비가 뛰어남을 의미한다. 실제로 고성능에 집중하고 있는 현재의 서버는 점차 가성비를 향해 움직일 것으로 전망된다. 2020년대 들어 세계 최대의 클라우드 업체인 아마존과 마이크로소프트는 전력 소모가 큰 인텔의 CPU에서 벗어나 ARM의 IP에 기반한 자체 저전력 연산장치를 개발하겠다고 발표했는데, 마이크로소프트는 서버용에서 한 발 더 나아가 가정용 PC 시장까지 염두에

둔 ARM 기반 프로세서 개발 전략을 발표하기도 했다.

이러한 변화의 조짐은 x86 의존성이 큰 AMD에서도 나타난 바 있다. AMD는 가정용 PC는 여전히 x86에 의존하는 반면, 서버 시장의 경우 x86과 ARM으로 이원화를 시도하며 ARM 플랫폼 시장에 진출했다. 2016년 최초의 ARM 아키텍처를 채용한 옵테론 A1100 시리즈가 그 시초다. 더욱이 애플이 2020년 출시한 칩 M1는 비록 고성능 서버가 아닌 PC 시장에 한해 사용되었지만, ARM 기반 제품이 저전력 외에 성능에서도 강점을 보여준 사례다.

2020년 엔비디아가 ARM을 400억 달러(약 47조 4000억 원)에 인수한다고 발표한 배경에는 단순히 서버 시장에서 발휘할 기존 제품과의 시너지 효과에 대한 기대만 있었던 것은 아니다. 향후 세상을 지배할 인공지능과 슈퍼컴퓨팅에서는 저전력이 핵심이라고 판단했기 때문이다. 실제로 엔비디아는 "인텔 x86 아키텍처는 콘센트에 코드를 꽂는 것만 염두에 뒀을 뿐, 전력의 한계에 대해서는 고민하지 않았다"라고 언급한 바 있다.

엔비디아는 이미 자체 프로세서에 ARM을 탑재한 경험도 있다. 엔비디아의 ARM 인수는 ARM의 현재 점유율이 아니라 미래 점유율을 기대했기 때문임을 엿볼 수 있는 대목이다. 비록 현재 서버 시장에서 ARM의 입지는 제한적이며, ARM의 시세 확장에는 여전히 비판적인 시각이 존재하는 것도 사실이다. 하지만 서버 시장에 눈독을 들이는 기업들은 점차 ARM을 서버용 설계도로 고려하면서, 서버용 제품의 다양화를 추구하고, 기존 제품과의 시너지를 고민 중이다. 이 과정에서 x86은 성능이라는 본연의 무기로 눈에 띄는 차별화를 구현해야만 현재 시장에서 차지하고 있는 지위를 유지할 수 있을 것이다.

반도체 산업 패권을 쥔 기업은 따로 있다?!

흔히 설계라고 하면 자와 컴퍼스, 연필을 이용해 넓은 종이에 무언가 복잡한 그림을 그리는 모습이나 복잡한 선이 가득 얽혀 있는 설계도면이 연상될 것이다. 그러나 반도체 칩 설계는 이러한 과정과 다소 상이하게 이루어진다. 수십억 개의 트랜지스터로 구성된 칩은 알고리즘을 설계하기도 까다롭지만, 설계도면을 그리기조차 어렵다(기다란 자를 대고 손으로 일일이 60억 개의 배선을 그린다면 고작 선을 긋는 데만 최소 200년이 소요될 것이다!). 이런 이유로 설계도를 그려 나가는 과정에는 EDA(Electronic Design Automation)라 불리는 설계 자동화 툴이 필수적으로 사용된다.

반도체 산업 초기인 1960년대만 해도 칩 설계를 담당하는 엔지니어는 칩의 블록을 나누고 연필과 지우개를 이용해 수작업

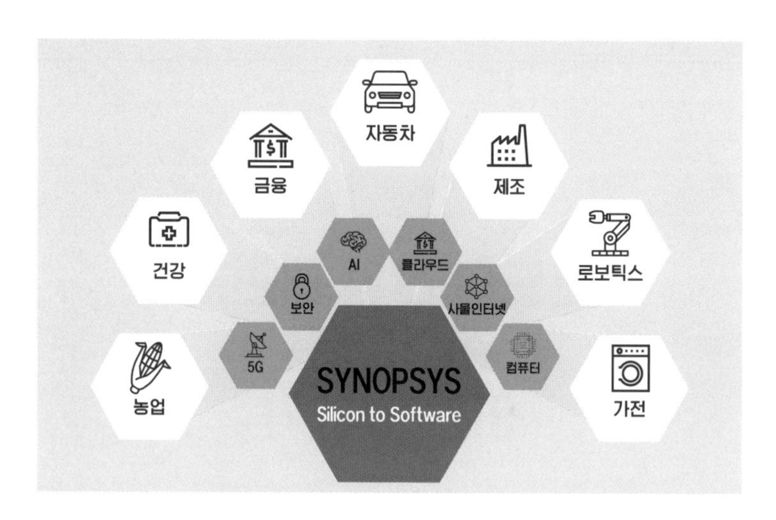

[그림 5-1] 칩 설계 자동화 산업은 반도체 전체 산업 규모와 비교해서 한 자릿수에 불과하지만, 시놉시스는 IT 산업 전체에 걸쳐 4000개 이상의 전방 고객에게 과점적으로 제품을 공급하고 있다.

으로 칩의 설계도면을 그렸다. 그러나 불과 10년도 안 되어 집적도가 높아지며 이런 방식으로 작업하는 것이 불가능해졌다. 이에 따라 1970년대 개발된 CAD(Computer Aided Design)를 바탕으로 칩 설계 자동화 툴이 활발히 도입되기 시작했으며, 이후 CAE(Computer Aided Engineering)의 발전을 따라 EDA 툴이 등장하기에 이르렀다. 자동화 툴이 도입된 초기에는 IBM 등 많은 반도체 기업이 자체적인 설계 툴을 개발해 자체 칩 설계에 한정적으로 사용했지만, 점차 여러 반도체 업체가 공용으로 사용할 수 있는 툴이 개발됐다. 이런 분위기 속에서 1990년대 들어 EDA 시장은

본격적으로 성장하기 시작했다.[18]

EDA 툴은 설계 자동화라는 이점 외에도 칩 설계 단계에서 칩의 동작과 성능을 예측할 수 있다는 장점이 있다. 수작업을 통해 설계하던 시절에는 설계가 너무 복잡하고 변수가 너무 많아 칩의 동작을 예측하기가 어려웠다. 실제로 칩이 오동작하는 일도 빈번하게 발생했다. 이는 칩 개발 과정에서 투자 비용을 낭비하고 개발 기간이 늘어나는 변수가 됐다. EDA 툴의 등장은 칩 개발에 드는 비용을 대폭 절감시켰을 뿐만 아니라, EDA 툴 성능 발달이 곧 반도체 업체의 설계 경쟁력으로 이어지는 결과를 낳았다.

EDA 시장의 미국 독주, 더욱 공고해지는 장벽

EDA는 반도체 칩 설계뿐만 전자회로와 전자기기 설계에도 널리 사용된다. 이들 제품은 다양한 방식으로 설계될 수 있으며, 전자파 차폐 설계 등 특수목적 설계도 빈번히 이루어지므로 EDA 툴은 그 종류가 다양하고, 전 세계적으로 여러 기업에서 개발되고 있다. 그러나 반도체 칩 설계만큼은 시놉시스와 케이던스, 멘토(독일 지멘스가 인수)의 툴 없이는 이루어지기 어렵다. 이들 기업은 오랜 기간에 걸쳐 반도체 칩의 설계도면 제작부터 작동 검증과 생

18. Kahng, Andrew B., et al. VLSI physical design: from graph partitioning to timing closure. Springer Science & Business Media, 2011.

산까지 도맡아 자동화 가능한 EDA 툴을 독보적으로 개발해왔으며, 다른 설계 자동화 업체를 적극적으로 인수·합병하며 규모를 키워 진입 장벽을 더욱 공고히 해왔다. 오랜 기간 광범위한 설계 노하우를 축적하고 구성 요소를 발전시키면서 이들 기업의 제품은 대체하기 어려운 수준에 이르렀다. 전 세계적으로 90% 이상의 칩 업체들이 이들 기업의 제품을 기본적으로 사용하고 있는 이유다.

2019년 5월, 미국과 중국의 신경전이 한창인 가운데, 미국의 제재로 반도체 사업을 적극 확대하던 중국의 화웨이와 하이실리콘이 사업 중단 위기를 맞아 혼란에 빠진 이유도 바로 여기에 있다. 시놉시스, 케이던스, 멘토는 모두 미국에 본사를 두고 있으므로 반도체 설계는 사실상 미국의 기술 없이는 이루어질 수 없다. 아무리 장인은 도구 탓을 하지 않는다지만, 능력이 뛰어난 장인도 도구가 없으면 아무것도 할 수 없는 법이다. 자동화 툴 개발은 오랜 기간에 걸쳐 축적한 풍부한 노하우와 레퍼런스, 대규모 전문 인력을 요구하며, 대체재를 개발하는 데도 매우 오랜 시간이 필요하다. 대체재를 개발하는 동안 칩의 성능은 더욱 발달하고 선두 업체의 EDA 툴 성능도 지속적으로 향상될 것은 당연한 결과다.

EDA 시장의 성장 동력, 칩의 다품종화

IT 산업 발달은 반도체의 고사양화와 칩 종류의 다양화를 통해 이루어진다. 인공지능, 엣지 컴퓨팅, 자율주행, 클라우드 같은 새로운 IT 산업은 하나같이 새로운 칩의 설계를 요구한다. 앞서 살펴본 저전력 트렌드도 마찬가지다. 칩의 구조가 복잡해지고 종류가 다양해질수록 팹리스의 진입 장벽은 높아지며, 이들 기업이 설계 과정에서 겪을 어려움은 커질 수밖에 없다.

이 같은 어려움은 EDA 툴 개발 업체들이 함께 해결해 나가야 한다. 그 과정에서 전방 산업 성장의 수혜를 함께 누릴 수 있다. 이뿐만이 아니다. 인텔과 AMD가 주도하던 CPU 시장에 아마존과 애플 같은 새로운 사업자가 참여해 자체 CPU를 개발하기 시작하면 EDA 툴의 수요는 자연스레 증가할 것이다. 새로운 경쟁자의 진입은 기존 사업자는 물론 기존 사업자와 파트너 관계에 있는 관련 사업자에게까지 부정적인 영향을 미친다. 가령, 인텔에 제품을 공급하는 장비 및 소재사나 AMD의 칩 제조를 대행하는 파운드리도 모두 점유율이 감소할 수 있다. 그러나 EDA 툴 공급사는 예외다. 신규 사업자가 CPU 시장에 진입한다고 해서 기존 사업자의 설계가 멈추거나 줄어들지 않기 때문이다. 되레 신규 사업자의 등장은 EDA 툴 업체의 판매량 증가로 이어질 뿐이다.

향후 더욱 다양한 산업이 더욱 다양한 반도체 칩을 요구할 것은 자명하다. 누군가 새로운 칩을 요구하고 이에 따라 누군가 새로운 칩을 개발하면서 시장 지배력이 높은 소수 EDA 툴 업체의 함박웃음은 더욱 커질 가능성이 높다.

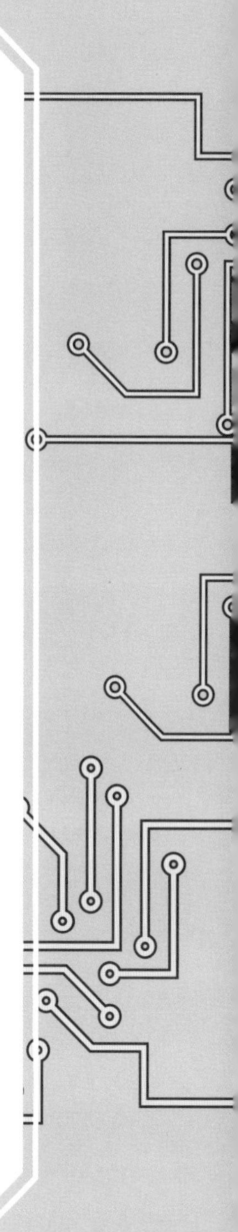

CHAPTER 6

또 다른 유형의 반도체 기업들, 파운드리와 IDM

Investment in semiconductors

파운드리를
하청이라 부르는 순간
투자 기회는 사라진다

반도체 시장의 슈퍼 을, 파운드리

팹리스가 칩을 설계하는 기업이라면 누군가는 칩의 제조를 맡아주어야 한다. 1980년 들어 팹리스가 확대되자 이에 발맞춰 파운드리 비즈니스 모델이 등장했다. 1987년, 모리스 창은 대만 산업기술연구회의 출자 지원을 바탕으로 TSMC를 설립했다. 이는 제조가 IDM을 중심으로 돌아가던 기존 비즈니스 모델에서 탈피한 새로운 시도였다. 막대한 설비 투자에 부담감을 가져 이를 기피해온 팹리스와 달리 막대한 투자를 전문적으로 집행하는 기업이 탄생한 것이다.

불과 수년 전까지만 해도 반도체 제조라고 하면 무시의 시선이 쏠렸던 것이 사실이다. 국내에서도 반도체는 만드는 것보다 설계가 진짜라는 이야기를 심심치 않게 들을 수 있었으며, 해외에서도 제조는 저렴한 아시아 중심으로 이루어진다는 이야기를 간혹 접할 수 있었다. 세계 3대 파운드리 기업인 미국의 글로벌 파운드리에는 황당한 이야기일지도 모르겠으나 말이다.

그러나 2000년대 들어 전 세계적으로 필요한 반도체의 종류는 기하급수적으로 폭증하고 수많은 칩의 개발을 더욱 많은 팹리스가 담당하고 있는 상황에서 설비 투자에 대한 막대한 비용 부담과 기술력 격차로 반도체를 제조할 수 있는 기업이 매우 제한될 수밖에 없음은 불 보듯 뻔한 상황이었다.

2000년대에서 점점 멀어질수록 독주하다시피 하며 시장의 과반을 차지하고 TSMC가 슈퍼 을의 지위를 누리다 보니 수많은 글로벌 팹리스들은 울며 겨자 먹기 식으로 협상에 임해야 했고, TSMC에 대항할 강력한 파운드리가 탄생하기만을 바랐다. 실제로 2010년대 중반부터 파운드리 업황에 호황이 불어닥쳤고 불과 5년도 지나지 않아 파운드리 업황은 유례없는 상승세를 보이며 팹리스가 웃돈을 내지 않으면 칩을 만들 수 없는 시대가 됐다. 제조라고 하면 하청에 불과하다는 인식이 팽배하지만, 슈퍼 을도 아닌 갑이나 다름없는 하청인 셈이다(필자는 파운드리에 하청이란 표현이 적합하지 않다고 생각한다).

2021년, 이미 파운드리 사업에서 철수한 바 있던 인텔이 미국의 환호 속에서 3년 만에 파운드리 사업을 재개한 이유도 여기에 있다. 그동안 갑으로 행세해온 파운드리가 대부분 아시아에 몰려 있어서 미국으로선 위기감을 느낄 수밖에 없었다. 실제로 미국은 세계 반도체 매출의 절반을 차지하고 있음에도 불구하고 자국 내 반도체 생산량이 12%에 불과해 아시아 파운드리 기업에 생산을 절대적으로 의존해왔다.[19] 2022년 기준으로 이미 TSMC, 삼성전자, UMC가 세계 파운드리 시장 점유율 80%를 차지할 정도니 그럴 법도 하다. 조 바이든 대통령이 당선 직후 반도체 산업의 공급망을 점검하고 자체 공급을 확대하기 위한 정부의 지원에 최선을 다하라는 행정 명령을 내린 것도 이런 배경에서였다.[20]

미국의 반도체 산업 점유율

51%	65%	10%	40%	~15%
전 세계 IDM 시장	전 세계 팹리스 시장	전 세계 파운드리 시장	전 세계 장비 시장	전 세계 제조 및 테스트 시장

[그림 6-1] 미국은 세계 반도체 설계(팹리스, 65%), 장비(40%) 등에서 절반을 넘나드는 점유율을 자랑해왔지만 파운드리 생산 비중은 10% 초반에 불과해 자체 공급망 확보가 시급한 상황이다.

19. Semiconductor Industry Association, "2020 STATE OF THE U.S. SEMICONDUCTOR INDUSTRY", 2021.
20. Engineering And Technology, "Biden lays out amibition to establish China-free tech supply chains", 2021.2.25.

반도체 설계에도 막대한 노하우가 필요하지만, 제조에도 상당한 노하우가 필요하다. 여기에 더해 제조는 자금력까지 필요하다. 20년 이상 현장에서 뛰면서 방대한 양의 참신한 레시피를 터득한 호텔 셰프를 막 이제 요리를 시작한 주방장이 어떻게 이길 수 있겠는가? 하청이 하청일 뿐이라는 의견은 이러한 노하우와 자금력에 대한 고찰이 없기 때문에 할 수 있는 주장일 뿐이다. 하청도 하청 나름이다. ASML의 노광 장비(빛을 이용해 웨이퍼에 회로를 그려넣는 장비)는 모두가 최첨단 독점 기술이라며 높이 평가하는 반면, 파운드리는 시원찮은 시선으로 바라보는 모습을 최근까지도 어렵지 않게 찾아볼 수 있다. 그런데 파운드리는 독점적인 ASML 장비를 이용해 독점에 가까운 수준으로 제품을 제조하는 기업들이 아닌가? 파운드리는 갑에게 막강한 영향력을 행사할 수 있는 슈퍼 을이다.

칩 수요의 다양화, 파운드리 시장의 호황을 이끌다

국내의 대표적인 파운드리 상장사인 동부하이텍(현 DB하이텍)은 오랜 적자 행진 끝에 2014년 흑자로 돌아섰다. 하지만 지속적으로 누적된 회생의 후유증과 그룹의 어려움으로 인해 모아둔 현금이 충분하지 않았고, 이는 신규 설비 투자의 어려움으로 이어졌다. 그런 가운데 파운드리 시장의 호황이 불어닥쳤다. 기존에는 모바일 기기 시장이 프리미엄 라인을 중심으로 형성되어 제품에 들어가는 고성능 칩을 세계 일류 반도체 기업들이 싹쓸이하듯 제조했지만, 이제는 중저가 시장이 확대되면서 중저가 제품들이 치열하게 성능 향상 경쟁을 펼치고 있다. 중국의 신규 스마트폰 브랜드는 물론 삼성전자와 애플까지도 중저가 시장을 적극적으로 공략해왔다. 그 결과, 스마트폰 시장에서 필요로 하는 칩의 종류가 급증했다. 고사양 칩처럼 많은 양을 필요로 하는 것도 아니다 보니 무작정 대량 생산할 수도 없었다. 게다가 가격 경쟁력도 중요한 변수로 떠올랐다. 호황의 물결은 전력용 칩이나 디스플레이용 칩 등 다품종 소량 생산에 특화된 DB하이텍에도 불어닥쳤다. 주문이 쏟아지기 시작했다. 생산 설비는 유지보수를 제외하면 쉬지 않고 돌아갔다. 그런데도 쏟아지는 주문을 미처 소화해내지 못할 정도였다.

하지만 DB하이텍은 오랫동안의 적자 행진과 자본 소모로 생산 라인에 신규 투자할 여건이 되지 않았다. DB하이텍 경영진은 시설 투자를 하고 싶어도 함부로 할 수 없는 상황에서 수십 번 고민했을 것이다. 그 과정에서 DB하이텍에는 증설이 어려운 기업, 생산 물량이 늘어나기 어려운 기업이라는 꼬리표가 달라붙었고, 간혹 "DB하이텍 증설 결정"이라는 링크를 클릭하면 "낚시였습니다"라는 문구가 뜨는 글이 돌아다니기도 했다. 이런 분위기 속에서 DB하이텍은 만성 저평가 기업이라는 인식도 생겨났다. 반도체를 더 만들고 싶어도 만들지 못하니 성장할 수 없을 것이란 꼬리표가 붙은 것이다. 실제로 DB하이텍은 제조 공정의 효율화를 위해 끊임없이 노력했지만, 이따금 한 자릿수 수준의 생산 물량 증대가 이뤄졌다는 소식이 들려왔을 뿐이다.

그러다 놀라운 일이 생겼다. 생산 물량이 늘어나지 않았는데도 이익이 급증한 것이다. 세계적으로 파운드리 공급 부족 기조가 심각해짐에 따라 팹리스가 DB하이텍에 물량을 의뢰하기 위해 웃돈을 지급해야 하는 처지에 이른 것이다. 2020년 말, DB하이텍은 주요 제품의 생산 단가를 인상하겠다는 결정을 내렸다. 제품에 따라 10~20% 정도 가격을 인상하겠다는 공지를 고객사에 통보했다. 아무것도 하지 않고 가만히 앉아서 종전보다 많은 이익을 벌어들일 수 있게 된 것이다. 어찌 보면 배짱 영업이다. 그러나 이는 투자자에게는 너무나 매력적인 영업 방식이다. 고전적인 가치투자 서적에선 이런 비즈니스 모델이 코카콜라 같은 기업이나 가능할 것이라고 설명해왔다. 그러나 파운드리는 수년간 코카콜라도 할 수 없는 수준의 제품 가격 인상을 실현시켜 왔다. 비록 2022년이 지날수록 세계적인 반도체 칩 수요가 점차 둔화되는 구간으로 들어감에 따라 파운드리 기업들의 공급 부족 기조는 일부 해소되었다. 그러나 추후 반도체 칩의 종류 다양화와 수요 증가는 확연할 것으로 예측되는 데에 반하여, 파운드리 공급사는 변함없이 제한적이므로, 공급 부족 기조는 주기적으로 발생할

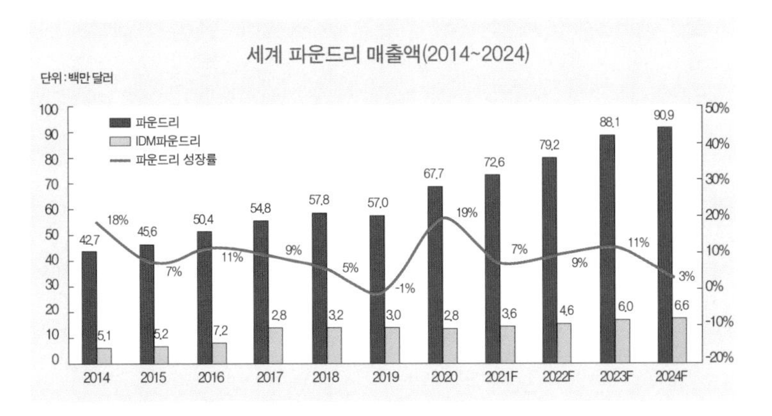

[그림 6-2] 파운드리 시장의 성장세가 명확한 가운데, 그 수혜를 누릴 수 있는 기업은 오직 몇 개로 제한된다.[21]

것으로 예상된다.

한편 20*nm* 이하의 공정 기술에서는 TSMC, 삼성전자, 글로벌파운드리 등 선두 주자들이 치열한 경쟁을 벌이고 있으나 7*nm* 공정에서의 경쟁 구도는 TSMC와 삼성전자로 압축된다. 향후 진입할 수 있는 잠재적 경쟁사도 소수로 제한된다. 7*nm* 공정은 공정 난이도가 상승함에 따라 이전 공정 세대 대비 설비 투자 비용이 50% 가까이 증가한다. 공정 개발에 부담을 느낀 파운드리들은 7*nm* 진입에 포기하겠다고 선언했지만, TSMC와 삼성전자는 오히려 더욱 공격적인 투자를 감행했다. 첨단 공정을 먼저 개발한 업체는 시장에서 최고 성능의 칩을 제조할 수 있으며, 이런 제

21. IC Insight, Pure-Play Foundry Market On Pace For Strongest Growth Since 2014, 2020.

품이라면 높은 가격을 불러 수익을 극대화할 수 있기 때문이다.

국내 투자자들에게 파운드리 시장은 대규모 수주 계약을 TSMC가 딸 것인지 삼성전자가 딸 것인지가 주요 관전 포인트였다. 이는 전 세계 팹리스 기업에도 중요한 문제다. 만약 TSMC가 애플과 새로운 대규모 수주 계약을 체결한다면 기존에 TSMC에 생산을 의뢰하던 팹리스 기업들의 시름은 깊어질 수밖에 없다. TSMC는 보다 규모가 큰 고객을 상대하는 데 집중할 것이므로 상대적으로 중요성이 떨어지는 다른 계약은 우선순위에서 밀리게 되고, 이렇게 밀려난 팹리스는 향후 계약 시 더욱 불리할 위치에 놓일 것이 분명하기 때문이다.

대만에서는 TSMC가 언급되면 반드시 이와 함께 언급되는 기업이 있다. 바로 UMC다. UMC는 TSMC보다 앞선 1980년에 설립된 대만 최초의 반도체 업체다. 또한 1985년 대만 주식시장에 상장한, 대만 최초의 반도체 상장사다. 미국 NYSE에도 상장되어 있어서 주식 거래가 가능하다. UMC는 1995년 사업부 분사를 통해 파운드리 기업으로 전환했다. UMC에서 분리된 사업부는 전문적인 설계 역량을 바탕으로 성장해서 현재 대만의 팹리스 산업을 대표하는 미디어텍, 노바텍, 패러데이 테크놀로지가 됐다. UMC는 주력 제조 공정을 대만 신주시에 보유하고 있으며, 중국과 싱가포르, 일본에도 300㎜ 웨이퍼 생산 시설을 갖추고 있다. UMC는 국내 팹리스 기업들을 분석할 때면 사업보고서 등에서 어렵지 않게 마주할 수 있는 기업이다. 일부 기업이 UMC에 제조를 의뢰하며 장기 공급 계약을 바탕으로 안정적으로 칩을 조달받기 때문이다.

둘 다 잘하면 진짜 돈을 더 잘 벌까? 'IDM'

IDM의 대명사 인텔, 그 영광과 몰락?

팹리스가 수행하는 칩 설계와 파운드리가 영위하는 제조 사업을 일괄 수행하는 기업을 종합반도체업체, 즉 IDM이라고 한다. 반도체 기업의 유형 중 가장 오래된 비즈니스 모델이다. 주로 자체적으로 설계한 반도체 칩의 제조를 통해 칩을 판매하는 것이 일반적인 비즈니스 모델이지만, 필요에 따라 다른 팹리스를 대상으로 파운드리 사업을 병행하기도 한다.

설계와 제조를 병행한다니 가장 대단한 기업처럼 보일 수도 있다. 그러나 IDM은 나름의 고충을 안고 사업을 영위한다. 무려 25년간 세계 반도체 산업 1위의 왕좌를 지켜온 인텔은 2020년 전후

주주들의 거센 반발을 감수해야 했다. 2010년대 들어 CPU 시장에서 완벽한 승기를 잡은 인텔은 이후 사물인터넷과 GPU 등 새로운 먹거리를 찾아 사업을 확대하면서 CPU 기술 개발을 소홀히 했다. 인텔의 CEO와 CTO는 '부자는 망해도 3대는 간다'라는 생각을 했을 것이다. 인텔은 2014년 FinFET(트랜지스터의 일종) 기반 14nm CPU를 출시하고 나서 다음 해 공정 개선과 아키텍처 변경을 1년마다 번갈아 실시하는 틱톡 전략을 기반으로 스카이레이크(Skylake)를 출시했다.

차세대 공정인 10nm의 벽은 높았지만, 인텔은 여전히 시장의 유일무이한 강자였다. 10nm 공정 확보가 생각보다 쉽지 않음에 따라 또 1년이 지난 뒤, 인텔은 틱톡 전략을 포기하면서 10nm 공정 도입을 미루고 14nm 공정을 또 한 번 이용한다. 다만, 공정 최적화가 이루어졌으므로 14+nm란 이름 아래 차세대 제품을 출시했다. 그러나 공정의 미세화가 이루어지지 않아 우려먹기라는 비판을 감수해야만 했다.

그런데 10nm 공정의 벽은 예상보다 높았다. 10nm 공정은 FinFET 제조와 배선 밀도를 향상시켜야 하는 등 어려움이 크다. 한껏 여유를 부리던 인텔은 또다시 10nm 공정 확보에 어려움을 겪으며 기존 공정을 더욱 최적화한 14++nm에 이어 14+++nm 공정까지 출시하며 무려 4년을 버티며 차세대 CPU를 출시했다. 계획대로였다면 10nm 공정을 지나 7nm에 진출했다는 소식이 들려

왔어야 할 시점이었으나 여전히 14nm 공정에 머물러 있었던 것이다. 만약 인텔의 경쟁사가 없었다면 '10nm 공정은 정말 어려운 것인가보다'라며 비난의 목소리는 크지 않았을 것이다. 비록 CPU 성능의 비약적인 향상이 있었던 것은 아니지만, 공정이 일부 개선되면서 성능이 어느 정도 향상되었기 때문이다.

문제는 AMD의 부활이었다. CPU 시장에서 쓰라린 패배를 경험한 AMD는 인텔이 신기술 개발에 어려움을 겪는 사이 10nm 공정을 건너뛰고 7nm 공정 기반의 라이젠(Ryzen) 3세대를 출시했다. 이는 인텔에게도 충격적인 소식이었지만, 인텔의 차세대 CPU를 기다리던 이들에게도 놀라운 발표였다. 인텔과의 경쟁에서 도태되었던 AMD는 어떻게 인텔보다 뛰어난 가성비의 CPU로 시장에 다시 화려하게 등장할 수 있었을까? 이는 AMD가 제조를 모두 파운드리에 의뢰하는 팹리스였기 때문에 가능했다.

AMD는 TSMC의 차세대 공정을 적극적으로 활용했다. 이에 반해 자체 차세대 제조 기술을 개발하는 데 막대한 비용을 투자한 인텔은 차세대 공정을 확보하는 데 어려움을 겪으면서 자체 제조도 그렇다고 해서 못하고 외주를 맡기지도 못하는 신세가 됐다. 하지만 그동안의 설비 투자와 공정 개발에 들인 노력을 물거품이 되도록 내버려둘 수도 없었다. 더욱 충격적인 사실은 AMD가 2020년에 투입한 연구개발비가 20억 달러(약 2조 7천억 원)에 불과하다는 점이다. 같은 기간 인텔은 137억 달러(약 18조 원)를 투입했다. 이들 기업이 CPU 사업만 영위한 것은 아니지만 CPU 개발에 인텔이 AMD보다 몇 배나 많은 자금을 투자했는데도 선행 기술을 확보하지 못한 것이다. 이는 IDM의 한계를 여실히 보여준다.

비메모리 시장, IDM에는 불리함도 안고 가야 하는 경쟁

IDM이 독점적인 시장에서 자유롭게 칩을 출시할 수 있다면 소비자의 원성을 듣는 한이 있더라도 원하는 대로 설계하고 원하는 대로 만드는 비즈니스가 가능할 것이다. 그러나 IDM이 팹리스와 경쟁하게 되면 이야기가 달라진다. CPU와 달리, D램 시장의 절대 강자인 삼성전자, SK하이닉스, 마이크론은 모두 IDM이다. 3사가 모두 설계와 제조 기술을 확보해야 하는 공평한 게임이 펼쳐지므로 팹리스와 경쟁이 빚어질 우려가 없다. 게다가 이들의 칩을 대신 만들어줄 파운드리도 존재하지 않는다(필요에 따라 3사 서로가 파운드리가 될 수는 있다!). D램과 낸드 플래시는 셀을 형성하는 과정에서 비메모리반도체와 별개로 고유의 제조 공정을 요구하므로 TSMC 같은 기업이 제조하기 어렵다.

비메모리반도체 시장은 다르다. 팹리스는 오직 설계 역량에 집중하므로 같은 비용으로 다양한 성능의 칩을 개발할 수 있다. 파운드리는 다양한 고객사의 수주를 통해 첨단 제조 공정을 빠르게 확보한다. 이는 둘 모두를 수행해야 하는 IDM에 상당한 경쟁 요인이 된다.

인텔의 선단 공정의 도입 지연은 결국 연이은 악재로 이어졌다. 인텔의 대형 고객사인 애플은 인텔로부터의 기술 독립을 선언하며 자체 CPU 사업에 뛰어들었고, 실리콘이란 이름의 CPU 칩을 출시했다. 마이크로소프트도 독자적인 CPU 개발에 뛰어들었다. 이는 경쟁 구도의 변화가 둔하게 이루어지던 PC 시장에 충격적인 소식이었다.

물론 인텔의 몰락도 쉽지 않을 것이다. 몇 차례의 부침에도 불구하고 지금껏 확보한 공정 기술력은 여전히 TSMC와 대적할 만하고, 인텔 역시 공정 개발에 어려움을 겪으면 AMD처럼 적극적으로 TSMC의 문을 두드리고 차세대 칩 제조를 의뢰하기 때문이다. 또한, AMD가 반기를 들었던 PC 시장에서와 달리 더욱 고사양 칩이 요구되는 서버 시장에서의 경쟁력은 꾸준히 강력하다.

TSMC 같은 파운드리는 수많은 팹리스로부터 제조 물량이 끊임없이 밀려 들어온다. 제품을 만든 후 판매가 만족스러운 수준에 이르지 못하더라도 제조 비용을 모두 팹리스에 전가할 수 있으므로 손실이 제한적이다. 그러나 IDM은 자체 제품을 제조하는 데 막대한 비용을 쏟아붓기 때문에 제품 판매에 실패할 경우 제조 비용을 고스란히 손실로 떠안아야 한다.

인텔은 차세대 공정 개발이 지연되면서 브랜드 인지도에 상당한 타격을 입었다. 그나마 다행스러운 점은 그동안 브랜드 입지를 다져온 덕분에 제품 판매가 꾸준히 이루어져서 단박에 망하지 않았다는 점이다. 추후에도 인텔은 공정 개발에 막대한 연구개발비를 쏟아부으며 경쟁력을 확보해 나갈 것이다. 특히, 지난 시절 공정 개발에 밀렸던 악몽을 되풀이하지 않기 위하여, 추후 2㎚ 이하급 차세대 반도체 개발에 반드시 필요한 첨단 제조 장비를 여타 반도체 기업들보다 앞서 주문하는 등 부활을 위한 노력을 기울이고 있다.

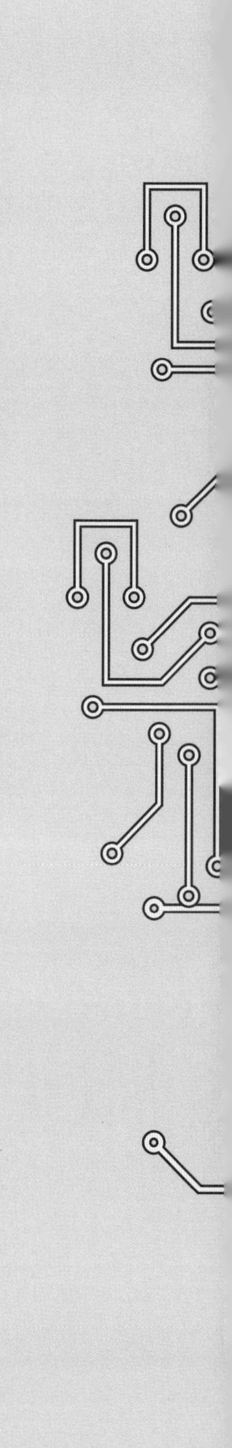

CHAPTER 7

팹리스와 파운드리를 오가며 돈을 버는 디자인하우스

Investment in semiconductors

설계도로 돈을 버는 기업들

팹리스와 파운드리의 연결고리, 디자인하우스

높은 빌딩을 짓고 있는 공사 현장을 지날 때면 현장 입구에 설치된 조감도를 볼 수 있다. 조감도에는 빌딩이 어떠한 형태로 지어질지 가상의 그림이 그려져 있다. 그런데 빌딩을 지으려면 조감도에 막연히 표현된 빌딩의 외형과는 전혀 다른, 매우 구체적인 설계도면이 필요하다. 정확히 어떤 위치에 어떤 부자재를 설치할지, 주요 자재 사이의 거리는 어떻게 되는지, 자재들의 주요 성분이나 구성비는 어떻게 되는지, 실내장식은 어떻게 할지, 하다못해 유리창의 종류만 해도 수천 가지에 달하는데 그중 어떤 유리를 사용할지 등등 매우 구체적 설계가 갖춰져야 한다. 이는 매우 복잡한 작업으로, 건축 사무소가 합심해 여러 차례 설계를 거듭하며 완성된다. 일반적으로 현장 조사를 바탕으로 기획 설계가 먼저 실시되고, 이후 상세한 설계 과정인 계획 설계, 기본 설계, 실시 설계를 통해 구체적인 도안과 인테리어, 부재 종류, 소재 종류 등이 정해진다. 반도체 칩도 제조하기에 앞서 매우 상세한 설계도면이 필요하다. 부품과 회로 위치는 물론, 칩 내부 형상과 주요 구조물 사이의 거리, 소재의 종류까지 상세한 설계가 갖춰져야 한다. 그런데 이런 설계는 누가 담당할까?

팹리스는 칩을 설계하지만, 보통은 칩의 알고리즘을 설계하는 작업이 주를 이룬다. 이러한 설계도면은 제조 공정에 대한 사항을 거의 포함하지 않는다. 따라서 칩을 제조하기 전, 제조 공정용 설계도로 다시금 제작하는 과정이 필요하다. 그런데 파운드리에 제조를 의뢰하는 팹리스와 칩의 종류가 매우 다양해서 이들이 가져오는 모든 설계도면을 파운드리가 제조 공정에 맞춰 재설계하는 것은 불가능하다. 파운드리는 인텔, 퀄컴, 엔비디아 같은 초대형 고객의 물량에 대해 한정적으로 직접 재설계 작업을 수행한다. 그렇다고 해서 팹리스가 모든 제조 공정용 설계를 도맡을 수도 없다. 팹리스는 끊임없이 새로운 칩을 구상하며 변화에 대응해야 하고, 전문성의 한계로 제조 공정을 상세히 알기 어려우므로 제조용 설계도면을 만들 능력도 부재하다. 따라서 파운드리와 팹리스는 이러한 재설계 작업을 디자인하우스라 불리는 기업들에 의뢰한다.

디자인하우스는 새로운 칩을 개발하는 여타 팹리스들과 달리, 다른 팹리스의 설계도면을 제조공정용 설계도로 재설계하는 역할을 맡는다. 풍부한 디자인 경험과 폭넓은 설계 노하우를 보유한 디자인하우스를 거치면 제조를 의뢰받은 이후 양산에 실패할 가능성을 최소화할 수 있다. 또한 대규모 디자인을 전문적으로 담당하므로 재설계 과정에서 필요한 IP 비용을 보다 효율적으로 집행할 수도 있다. 디자인하우스는 여러 설계도면을 통합하는 작업을 시작으로 설계 검증 작업을 대행하며, 칩 제조에 필요한 마스크 제작 작업도 함께 수행한다. 또한, 칩이 완성되면 칩 성능 테스트를 어떤 방식으로 수행할지에 관한 알고리즘도 마련해준다.

칩의 재설계를 위해서는 제조 공정에 대한 정보가 일정 부분 파운드리와 공유되어야 한다. 이러한 정보가 모든 팹리스에 노출된다면 파운드리에 리스크가 될 수도 있다. 그러나 디자인하우스가 디자인 작업을 전문적으로 담당하면 이런 사항을 다른 팹리스 기업들과 공유할 필요가 없다. 이런 이유로 파운드리와 디자인하우스 사이에는 깊은 신뢰 관계가 필수적이다. 디자인하우스는 자연스럽게 특정한 파운드리와 깊은 관계를 맺다 보니, 해당 파운드리에 대한 전문적인 역량을 갖추게 된다. 이런 이유로 팹리스는 파운드리에 제조를 맡기는 과정에서 파운드리가 지정하는 특정 디자인하우스를 거치는 것이 일반적이다.

다른 회사의 칩 재설계에 집중하는 디자인하우스에도 나름의 고충이 있다. 오랫동안 함께 일하던 직장 동료가 어느 날 퇴사한 후 자기만의 사업에 성공한다면 과거 동료로서 축하해야 할 일이기는 하지만 한편으로는 배가 아플 수도 있다. 디자인하우스는 팹리스의 의뢰로 사업을 영위하다 보니 다른 업체의 칩 개발에 의존적이며, 자체 팹리스 사업을 다각화할 수 없다는 한계점을 갖는다. GUC처럼 거대한 디자인하우스라면 팹리스의 칩 개발을 보조하는 역할만으로도 충분하겠지만, 비메모리반도체 시장이 급격히 확대되는 현재와 같은 상황에서는 자체 설계를 마음껏 수행하는 팹리스가 부러울 수도 있다.

실제로 상장사 아이에이는 한때 디자인하우스였으나, 팹리스로 전환해 DMB 칩을 거쳐 차량용 반도체 설계로 사업을 확장했고, 이후 자동차용 모듈 사업까지 진출했다. 그러나 디자인하우스가 팹리스로의 사업 다각화에 나서는 것은 고객의 영역으로 사업을 확장하는 것이기 때문에 어려운 부분이 있다. 고객사로선 디자인하우스가 설계 기술을 훔쳐갈지도 모른다고 우려할 수 있어서 기존 고객을 잃을 가능성도 있다. 이런 이유로 일부 디자인하우스는 잘 알려지지 않은 자회사를 통해 조용히 팹리스 신사업에 진출하기도 한다.

디자인하우스의 성장, 파운드리의 경쟁력을 좌우한다

반도체 산업 초기에는 디자인하우스가 전혀 필요하지 않았다. 아니, 디자인하우스에 대한 개념 자체가 없었다. 반도체 제조 기술력이 낮았던 1970~1980년대까지만 해도 팹리스가 제조까지 가능한 수준으로 설계도면을 직접 제작하는 것이 일반적이었다. 그러나 반도체 공정이 발전하고 칩의 종류가 늘어나면서 디자인을 전문적으로 담당하는 기업들이 생겨났다. 디자인하우스의 역할은 칩의 재설계에서 벗어나 꾸준히 확대됐는데, 많은 디자인하우스가 칩의 제조 후 유통 과정까지 책임지고 있다. 팹리스는 설계에만 특화되어 유통에 문외한인 경우가 많다. 게다가 새로운 유통망을 하나하나 뚫는 것은 극히 비효율적이다. 이런 이유로 디자인하우스가 이러한 역할을 대행하고 판매 수수료를 취하는 비즈니스 구조가 만들어졌다.

디자인하우스가 칩의 기획부터 유통까지 도맡아 진행하는 서비스를 턴키 서비스라 부른다. 그런데 이러한 사업 모델에는 리스크가 수반된다. 새로운 칩을 개발한 뒤 제품 판매에 실패하면 디자인하우스로선 수익 창출 기회를 날릴 수밖에 없다.

이처럼 디자인하우스의 역할이 크다 보니 팹리스와 파운드리는 고민이 많을 수밖에 없다. 팹리스가 칩 제조를 의뢰할 때 파운드리의 제조 역량 외에 디자인하우스의 영업 능력이 얼마나 뛰어난지 함께 고민할 필요가 생긴 것이다. 제품을 엇비슷하게 잘 만들어주는 두 파운드리가 있다면 아무 업체에 제조를 맡겨도 상관없지만, 각각의 파운드리에 종속된 디자인하우스의 역량에 차이가 있다면 역량이 우수한 쪽을 선택하는 것이 당연지사다. 이에 따라 디자인하우스의 역량이 곧 파운드리의 영업 성과로 이어지는 구조가 형성됐다. 팹리스를 대상으로 하는 영업도 디자인하우스가 함께 담당한다. 파운드리의 제조 능력을 홍보하는 것 못지않게 디자인하우스의 역량을 홍보하는 것도 효과적이기 때문이다. 이로 인해 파운드리는 디자인하우스를 더욱 공격적으로 관리하게 됐다. 우수한 디자인하우스를 갖춘 파운드리가 곧 경쟁력이 높은 파운드리라는 공식이 만들어진 것이다.

TSMC는 세계에서 가장 뛰어난 반도체 제조 기술을 가진 기업이면서 가장 뛰어난 디자인하우스 역량을 갖춘 기업이다. TSMC는 대만의 GUC, 알칩 같은 글로벌 디자인하우스 전문 업체 8곳과 긴밀한 관계를 구축해서 VCA(Value Chain Aggregator)를 형성해왔다. GUC는 연간 매출액 5000억 원, 시가총액 1조 원을 상회하는 거대한 디자인하우스다. 통신용 비메모리반도체와 가전제품용 칩 등을 재설계하는 역할을 담당하는데, 세계에서 가장 빠른 칩 출시 역량과 고품질 칩 생산 노하우를 보유한 것으로 유명하다. TSMC가 2000년대 초반 GUC의 최대 주주로 오른 이유다.

삼성전자는 디자인하우스 역량이 상대적으로 미비하다는 점이 파운드리 사업 확대의 걸림돌로 작용해왔다. 이에 따라 이미 확보

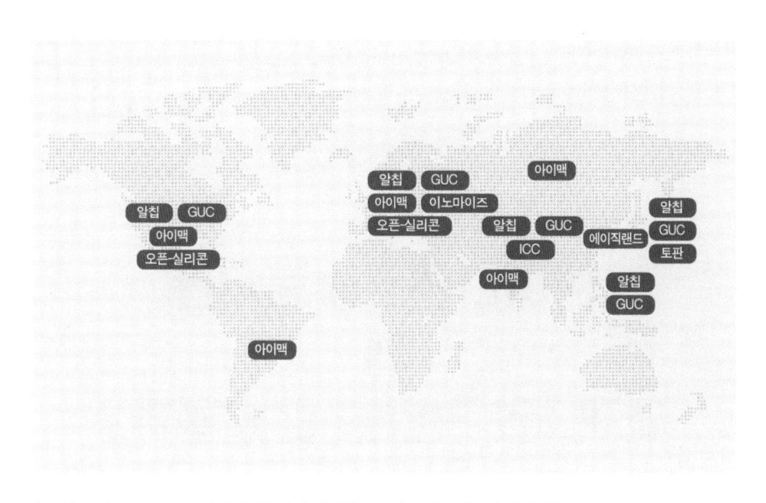

[그림 7-1] TSMC는 세계적인 디자인하우스 밸류체인을 자랑한다.

된 대형 고객사를 바탕으로 파운드리 경쟁력을 지속적으로 향상시키되, 장기적으로 디자인하우스 생태계를 확대해 고객사 다변화와 파운드리 점유율 향상을 도모할 필요가 제기돼왔다. 삼성전자는 자체 비메모리반도체 설계 사업을 병행하고 있으므로 삼성전자 파운드리에 제조를 의뢰하는 팹리스는 기술 유출에 대한 우려를 껴안게 된다. 실제로 삼성전자는 이러한 우려를 불식시키기 위해 파운드리를 사업부로 승격시키고 시스템LSI와 분리하기도 했다. 이러한 노력 외에도 삼성전자의 디자인하우스 경쟁력이 향상된다면 팹리스들은 이러한 우려에도 불구하고 더욱 자주 삼성전자의 문을 두들길 것이다. 국내 파운드리 생태계는 파운드리와 디자인하우스가 함께 발전하며 시너지가 극대화될 것으로 기대된다.

에이디테크놀로지는 왜 세계 1위 기업을 떠났을까?

TSMC 계약 해지에도 에이디테크놀로지 주가는 폭등

상장사 에이디테크놀로지는 2019년까지만 해도 TSMC의 8대 VCA에 속했다. 그런데 2019년 12월, TSMC와 VCA 계약을 해지한다는 공시를 발표했다. 계약 해지 사유는 "국내 파운드리와 협력 파트너 관계 협의"를 맺기 위함이었다. 세계 최대의 파운드리를 등에 업고 성장하면 될 텐데, TSMC와 계약을 해지한다고? 의문이 들 법했으나, 정작 주가는 폭등을 거듭했다. 향후 삼성전자의 디자인하우스를 담당하며 삼성전자 파운드리 사업 확대의 수혜를 누릴 것이란 이유에서였다.

에이디테크놀로지는 TSMC의 VCA에 속했지만, 대상 품목이 매우 제한적이었다. GUC 같은 거대 디자인하우스는 미국, 유럽, 아시아 전역에 걸쳐 TSMC가 수주하는 다양한 비메모리 칩의 디자인을 수행했지만, 에이디테크놀로지는 SK하이닉스가 TSMC에 발주하는 낸드 플래시와 SSD에 함께 사용하기 위한 컨트롤러라 불리는 IC 물량만 담당했다. SK하이닉스는 자사 설계 역량을 바탕으로 컨트롤러 IC를 설계해 TSMC에 일부 제조를 의뢰해왔는데, 그 디자인을 에이디테크놀로지가 수행한 것이다. 컨트롤러 IC는 낸드 플래시를 보조하는 핵심 부품으로, SSD 및 모바일 메모리 업황에 의존적인 경향을 보인다.

그런데 메모리반도체는 업황의 변동이 큰 사이클을 나타내므로 에이디테크놀로지의 이익 추이는 메모리 업황에 휘둘리는 경향이 있었다. TSMC의 VCA라는 타이틀에도 불구하고 TSMC의 물량이 8개 디자인하우스에 골고루 나뉘는 구조가 아니고 제한된 제품만 담당하고 있어서 에이디테크놀로지는 용의 꼬리라는 아쉬움이 컸다. 에이디테크놀로지로선 TSMC와의 관계를 끝내는데 따른 손해를 감수하더라도 새롭게 성장하는 삼성전자 파운드리 생태계에서 앞서 나가는 것이 유리하다고 판단했을 것이다.

실제로 에이디테크놀로지는 2020년대 이후 꾸준히 삼성전자에 대한 개발 매출이 꾸준히 증가했다. 팹리스의 제품이 출하된 이후 인식되는 양산 매출과 달리, 개발 매출은 칩을 개발하는 과정에서 주로 발생하므로 향후 사업 방향을 예측할 수 있는 근거가 된다. 7㎚ 이하급 디자인 역량이 현저히 부족한 국내 환경에서 고객사 전환으로 시작된 새로운 삼성전자의 첨단 공정 개발과 발맞추어 지속 확대될 예정이다. 실제로 에이디테크놀로지는 삼성전자와 5㎚ 공정 개발, 4㎚ 공정 개발 과정에서 많은 협업을 이룬 것으로 알려져 있으며, 추후 3㎚ 및 이하급 공정 개발에도 주축으로 참여할 가능성이 매우 높다. 비록 TSMC와의 관계 단절로 인해 2022년부터는 TSMC향 매출이 종료되며 실적이 대폭 꺾이는 모습이 나타날 수밖에 없겠지만, 이는 미래 성장을 위한 과도기임을 기억해둘 필요가 있겠다. 비록 실적 악화는 주식시장에서 좋게 볼 만한 이슈는 아니겠지만, 실적 악화 이유가 단순히 악재에 의한 것이 아님을 감안하면 주가 하락은 되려 투자의 기회가 될 수도 있을 것이다. TSMC에 제한적으로 묶여 있던 과거 실적에 대한 아쉬움을 달래줄 것으로 보인다.

CHAPTER 8

반도체는 어떻게 만들어질까?

Investment in semiconductors

반도체는 얼마나 작을까?

눈으로 볼 수 없는 나노미터의 세상

제품을 만드는 공장을 떠올려보라. 각종 기계장치가 돌아가고 볼트와 나사를 조이고 용접하는 모습이 생각날 것이다. 하지만 반도체는 이러한 생각을 완전히 뒤집어야 칩 제조 과정을 짐작할 수 있다. 반도체의 가장 큰 특징은 극도로 미세한 영역에서 만들어진다는 점이다. 볼트와 너트는 우리 눈에 쉽게 보이는 밀리미터(mm) 이상의 영역에서 만들어진다. 그러나 반도체는 밀리미터보다 1000배 작은 마이크로미터(μm)보다도 1000배 작은 나노미터(nm)의 영역에서 만들어진다. 밀리미터와 나노미터는 고작 100만 배 차이라고 생각할지 모르나, 이 차이는 천국과 지옥만큼 전혀 다른 영역이다. 기존 밀리미터의 세계에서 사용되는 제조 공정은 나노미터의 세계에선 아예 쓸 수 없다. 너무나도 미세하기 때문이다.

건축물은 철근과 시멘트를 쌓아 올려 만들지만, 반도체는 원자를 하나하나 쌓아 올려 만든다. 사람의 힘으로 작업이 불가능한 영역이다. 중고등학교 화학 시간에 이 세상에 있는 물질을 쪼개고 또 쪼개면 '원자'가 나오고, 이걸 더 쪼개면 원자핵과 전자가 나온다고 배웠을 것이다. 하지만 이 원자가 도대체 얼마나 작은지, 원자의 세계에서 무슨 일이 일어나는지는 알려주지 않았을 것이다. 앞서 가장 많이 사용되는 반도체는 원소기호 14번인 실리콘(Si)이라고 했다. Si 원자의 크기는 대략 0.2*nm* 정도다.[22] 눈으로는 아예 관찰할 수 없을 뿐만 아니라 물리 시간에 절대적인 법칙이라 배운 뉴턴의 법칙조차 통하지 않는 영역이다. 그래서 양자역학이라 불린다. 더욱 나아가 원자보다 10만 배가량 작은 전자의 세계에선 우리가 살아가는 세계와 시간이 다르게 흐를 정도로 새로운 물리적 현상이 나타난다. 이러한 미시적인 영역을 사람이 제어한다는 것 자체가 불가능한 이야기다. 그러나 인간은 현대 물리학이 탄생한 지 불과 100년 만에 이런 일들을 이뤄냈다.

22. Quarts, Electronics are about to reach their limit in processing power—but there's a solution, "https://qz.com/852770/theres-a-limit-to-how-small-we-can-make-transistors-but-the-solution-is-photonic-chips".

반도체 공정, 초미세·초고순도·초정밀

반도체는 보이지도 않고 제어할 수도 없는 영역에서 만들어진다. 기계 설비 공장에서 볼트와 너트를 조이거나 조선소에서 용접을 하거나 생명공학 연구소에서 미세한 바늘로 세포를 제어하는 방식으로는 반도체를 제조할 수 없다. 반도체를 만들 때는 아주 특수한 방법을 이용한다. 기계, 물리적인 방법이 아니라 화학 물질을 섞어 새로운 약을 만들듯 물질을 차곡차곡 합성하는 방법으로 만든다. 약품 제조와 차이가 있다면, 반도체는 불순물을 전혀 허용하지 않기 때문에 고진공 상태에서 만들어진다는 점이다. 보다 구체적으로 초고진공 장비 안에서 극도로 순수한 여러 종류의 물질과 가스를 반복 주입해서 화학 반응을 일으켜 새로운 물질을 형성하거나, 특수한 빛을 이용해 물질의 일부 영역만 화학적 성질을 바꾸어주거나, 형성된 물질을 원자 단위로 정밀하게 깎아내는 공정이 반복적으로 수행된다.

이 과정에서 사용되는 소재는 우리가 일상에서는 구경할 일이 없는 것들이 대부분이다. 또한 원치 않는 원자가 몇 개만 들어가도 반도체의 성질이 바뀌어버리므로 극도로 순수한 물질을 필요로 한다. 그나마 우리가 주변에서 볼 법한 가정용 가스통이나 특수소재는 순도가 99% 또는 99.9% 정도인데, 반도체 공정에 사용되는 소재는 순도가 99.999%에서 99.9999999999% 수준으로 9

가 5~12개는 붙는다. 이런 고순도인데도 적은 확률이나마 불량을 일으킨다는 점은 놀랍기만 하다. 문제는 이 정도 순도의 소재를 만들어낼 수 있는 기업이 세계적으로 굉장히 드물고, 소재 종류에 따른 경쟁력도 천차만별인 데다가, 소재를 이해하기 위해서는 기초과학과 이를 연구하는 인력이 함께 발달해야 하므로 국가 간 경쟁력 차이가 두드러지게 나타난다는 것이다. 많은 국가가 반도체 소재 기술을 첨단 기술로 지정해 지원을 아끼지 않고 산업 기밀로 다루는 것은 바로 이런 이유에서다.

반도체는 공정에 따라 적용되는 기술과 과학적 원리가 전혀 다른 경우가 많아 공정별 전문화가 철저히 이루어진다. 공정마다 사용되는 장비나 소재의 종류가 달라지는 것은 물론이다. 공정별 기술 장벽에 크고 작은 편차가 존재하며, 이로 인해 세부 공정에 사용되는 장비와 소재의 경쟁 강도도 달라진다. 반도체 관련 기업을 분석할 때 사업의 내용이나 기술에 대한 이해 없이 회계 지식만으로 동일한 선상에서 비교하기 어려운 이유다.

보이지 않는 영역 너머를 보다

바이러스보다 작은 반도체, 어떻게 보나?

원자의 세계는 눈으로 볼 수 없으므로 반도체가 만들어지는 과정을 눈으로 관찰하는 것은 불가능한 일이다. 오직 커다란 장비가 가동되는 모습을 밖에서 지켜볼 수 있을 뿐이다. 그런데 완성된 칩마저 눈으로 볼 수 없다면 좀 억울하지 않을까? 내가 만든 제품이 어떻게 생겼는지도 알 수 없으니 말이다. 그나마 반도체가 완성되면 특수한 방법으로 반도체의 단면 등을 관찰할 수 있다. 이 과정에는 전자현미경이 빈번히 동원된다.

보통 현미경이라고 하면 학창 시절 생물 시간에 실험실에서 봤던 현미경이 떠오를 것이다. 두 눈을 상단 렌즈에 가져다 대고 하단의 렌즈를 돌려가며 배율을 바꾸는 현미경 말이다. 이런 현미경은 광학현미경이라고 부르는데, 렌즈를 이용해 사물의 상을 그대로 확대해준다. 그러나 렌즈를 이용한 확대는 분해능(resolving power, 分解能)의 한계로 1000~1500배 이상 확대할 수 없다. 나노미터 영역은 눈으로 직접 관찰할 수 없는 것이다. 분해능의 한계 이상으로 확대해 물체를 관찰하면 서로 다른 두 지점이 중첩되어 보이는 현상이 발생해 물체를 정확히 관찰할 수 없다(실제로 저렴한 광학 현미경은 100배만 확대해도 사물이 흐릿하게 보인다).

더욱 미세한 영역을 관찰하기 위해서는 새로운 방법을 고안해야 한다. 과학자들이 찾은 방법은 전자를 이용하는 것이다. 앞서 원자가 얼마나 작은지 나노미터와 관련지어 설명했는데, 전자는 이보다도 10만 분의 1 정도로 작다. 전자현미경이라는 이름에서 보듯, 전자를 사용해서 사물을 관찰하는 이유는 더욱 작은 무언가를 이용하면 보다 큰 무언가를 관찰할 수 있기 때문이다.

전자를 이용해 나노미터의 세계를 관찰하는 첫 번째 방법은 물체에 전자를 끊임없이 쏘아대는 것이다. 광학현미경이 유리 렌즈를 이용해 빛을 굴절시켜 배율을 확대한다면, 전자현미경은 전자석을 이용해 전자의 진행 경로를 바꾸어 배율을 확대한다. 전자현미경에 수만V를 가해 물체에 전자를 가속해 주사하면 물체는 에너지를 흡수하면서 동시에 또 다른 전자를 방출한다. 방출된 전자는 현미경 내 센서로 끌려가고, 센서는 이를 읽어 소프트웨어를 통해 물체의 형상을 그려낸다. 이러한 방식의 전자현미경을 주사 전자현미경(Scanning Electrone Microscope, SEM)이라고 부른다. 주사 전자현미경은 성능에 따라 배율이 10만~100만에 이르러 나노미터의 영역도 관찰할 수 있다. 그러나 원자는 이보다 훨씬 작아서 원자 세계를 관찰하기에는 한계가 있다.

더욱 미세한 영역을 관찰하기 위해서는 투과전자현미경(Transmission Electron Microscopy, TEM)이 이용된다. 관찰하려는 시료를 수십 나노미터 두께로 얇게 깎아낸 뒤 전자를 강하게 쏘아 시료에 투과시킨다. 이러한 방법으로 시료의 표면을 관찰하면 표면이 그대로 보이지 않는다. 다만 원자들이 배열된 구조에 따라 2차원의 격자 구조가 관찰돼, 다양한 분석 기법을 통해 시료의 표면 또는 내부의 구조를 유추할 수 있게 해준다. 투과전자현미경 또한 나노미터 단위를 관찰하는 것이 일반적이나, 미국과 일본의 일부 프로젝트는 특수한 현미경을 이용해 피코미터(pm) 수준에서 리튬과 산소의 원자가 결합된 모양까지 관찰한 사례가 있다.[23]

반도체 단면의 사진을 찾아보면 모두 흑백 사진이라는 공통점이 있다. 전자현미경은 표면을 그대로 확대해 보여주는 게 아니라 전자를 읽어 신호를 형성한 뒤 이를 이미지화하는 것이므로 상세한 색상이 존재할 수 없다(첨단 기술로 빨강, 초록 등 일부 단일 색상은 구

23. Journal of Electron Microscopy, 60, S239(2011). Erni, Rolf, et al. "Atomic-resolution imaging with a sub-50-pm electron probe." Physical review letters 102.9 (2009): 096101.

현할 수 있다!). 소프트웨어 기술을 통해 자체적으로 색상을 입히기도 하지만 말 그대로 유아 시절 추억을 가다듬는 색칠 놀이에 불과할 뿐, 실제 색상은 아니다. 전자현미경은 미세한 양의 전자를 매우 빠르게 가속해 물체에 주사하므로 전자가 주사되는 과정에 방해물이 없어야 한다. 이런 이유로 전자현미경은 반드시 진공 상태에서 측정이 진행되어야 하며, 진공 상태를 만들어주기 위한 진공 펌프가 함께 사용된다. 현미경의 크기도 자연스럽게 커질 수밖에 없는데, 보통은 좁은 방 한 칸을 차지할 정도다. 흔히 떠올리는 현미경과는 사뭇 다른 모습이다.

전자현미경, 반도체 소재 결함을 잡아낸다

전자현미경은 연구개발 단계에서 활발히 쓰인다. 새로운 공정을 개발할 때마다 특정한 소재가 정확한 두께만큼 형성됐는지, 표면의 균일도나 고르기에 문제가 없는지 분석하기 위해 전자현미경이 동원된다. 제조 공정에선 사실 현미경을 들여볼 일이 흔치 않은데, 일부 전자현미경은 생산 중인 제품의 이상 유무를 실시간으로 확인하기 위해 인라인 형태로 도입된다. 공정에 변화가 발생하지는 않는지, 양품이 꾸준히 생산되고 있는지 확인하기 위한 것이다.

전자현미경은 원자 세계를 관찰하는 만큼 취급하기가 매우 까다로워 시료를 주입하고 단면의 초점을 맞춰 관찰하기까지 수십 분 이상 소요되는 경우도 있다. 이런 이유로 전자현미경을 전문적으로 취급하는 전문 인력이 기업이나 연구기관에 상주하는 것이 일반적이다. 전자현미경을 최초로 개발한 유럽과 일본이 여전히 이 분야에서 기술 우위를 주도하고 있으며 일본의 JEOL, 히타치, 독일의 칼 자이스가 시장 선두 지위를 유지하고 있다.

맛이 조금씩 다른 소보로빵은 똑같이 팔리지만, 반도체는 다르다

원자 단위에서 빚어지는 제조 공정의 차이, 불량을 막아라

반도체는 극도로 미세한 영역에서 만들어지므로 많은 예상치 못한 변수가 제품의 성능에 영향을 미친다. 때로는 똑같은 종류의 장비에서 똑같은 소재와 똑같은 공정을 이용해 반도체를 생산했는데도 결과물이 전혀 다르게 나오는 경우가 있다.

빵집으로 예를 들어보자. 같은 종류의 오븐 두 개에서 동일한 재료와 제조 방법으로 소보로빵을 만들었는데, 한 개의 오븐에서는 정상적인 소보로빵이 나오지만 다른 오븐에서는 다소 생뚱맞은 빵이 나온다면 어떨까? 실제 빵집에서는 이런 일이 벌어질 리 없지만 반도체 생산 라인에서는 이런 일이 빈번하게 벌어진다. 사람의 눈에는 같은 설비로 보이지만 원자의 세계에서는 미세하게 다를 수도 있기 때문이다. 아무리 정밀한 장비와 소재를 동원해도 원자 단위에서는 편차가 존재할 수밖에 없다. 첫 번째 라인에서 A라는 레시피를 이용해 공정을 확보했다면 동일한 장비를 사용하는 두 번째 라인에서는 두 번째 라인에 맞는 최적의 레시피를 찾아야 한다. 라인을 재가동할 때마다 공정 엔지니어들의 야근이 늘어나는 이유다.

비슷한 빵은 같은 값에 팔리지만 반도체는 등급이 달라진다

이번에는 하나의 오븐을 이용해 똑같은 소보로빵을 한번에 100개 구워냈다고 하자. 막상 완성된 빵을 살펴보면 정상적으로 나온 빵은 80개에 불과하다. 10개는 팔 수 없을 정도로 상태가 좋지 않으며, 나머지 10개는 형용할 수 없을 만큼 매우 맛있게 만들어졌다. 실제 빵집에서는 소보로빵을 100개 굽는다면 거의 균일하게 나올 것이다. 그러나 반도체 공장이라면 오븐을 아무리 잘 만들더라도 100개의 밀가루 반죽을 넣으면 굽는 과정에서 반드시 편차가 크게 발생한다.

이런 이유로 반도체 업체들은 제품을 판매할 때 갈등을 겪게 된다. 분명히 동일한 공정과 동일한 재료로 100개의 빵을 만들었는데, 일부 다른 결과물이 나오기 때문이다. 빵집이라면 판매할 수 없을 만큼 상태가 좋지 않은 빵 10개는 폐기하고 나머지 90개는 동일한 가격에 판매할 것이다. 그러나 반도체 기업은 이런 판매 전략을 쓸 수 없다. 반도체 기업은 정상적으로 나온 빵 80개는 프랜차이즈로 넘겨 저렴하게 판매하고, 맛있게 나온 빵 10개는 별도의 이름으로 특별히 포장해 호텔 제과점에서 비싸게 판매한다. 그리고 상태가 좋지 않은 나머지 10개는 폐기하거나 싸게 팔아넘길 수 있는 시장으로 넘겨버린다.

웨이퍼상에 낸드 플래시를 만들면 수백 개 이상의 칩이 만들어진다. 테스트 공정을 통해 이들 칩의 성능을 평가해 등급을 지정한 뒤 가장 우수한 A 등급 제품은 가장 비싼 값을 매겨 SSD 같은 고사양 시장에 판매하고, B 등급 제품은 SSD보다 낮은 SD 메모리 카드 같은 중간 사양 시장으로 판매한다. 성능이 가장 낮은 C 등급 제품은 가장 저렴한 USB용 제품으로 팔아넘긴다. SSD는 컴퓨터의 핵심 부품으로 5~10년 정도 수명이 보장되어야 하지만, USB는 1~2년만 사용해도 금방 읽기 오류가 발생하며 제품의 수명이 빠르게 닳는다. 그런데 알고 보면 이들은 동일한 웨이퍼상에 만들어진 제품이다. D램과 비메모리반도체도 대개 이러한 과정을 거쳐 성능에 따라 제품명이 달라지거나 주요 고객사가 바뀐다.

CHAPTER 9

전공정의 시작, 웨이퍼 공정과 산화 공정

Investment in semiconductors

소수 과점이 지속되는 영역, 실리콘 웨이퍼

웨이퍼, 반도체를 만드는 도화지

건축물은 땅 위에서, 배는 도크 안에서, 화학 제품은 거대한 설비 안에서 만들어지는 것과 달리 반도체는 웨이퍼라 불리는 동그란 원판에서 제조가 시작된다. 웨이퍼를 생산 라인에 투입하면 적게는 수십 개부터 많게는 1000개 이상의 반도체 칩이 웨이퍼상에 만들어진다. 어떠한 공정과 마스크 패턴을 거쳤는가에 따라 CPU나 낸드 플래시가 될 수도 있고, D램이 되기도 한다.

그렇다면 웨이퍼는 구체적으로 무엇일까? 웨이퍼는 앞서 살펴본 반도체 물질로 구성된다. Si, Ge, SiC 등이 주인공이다. 이들 원자가 화학적 결합을 이루며 규칙적인 구조로 배열되어 있는 게 웨이퍼다. 이런 웨이퍼상에 다양한 구조물을 형성해서 칩이 완성되는데, 가장 밑단의 웨이퍼는 제조 공정 중 기판 역할을 하는 동시에 스위치 기능을 구현한다.

웨이퍼, 보다 균일하게 보다 크게

반도체 산업의 발전은 웨이퍼 품질의 발전과 함께 이뤄졌다고 해도 과언이 아니다. 웨이퍼는 칩의 성능 균일화를 위해 원자들이 규칙적으로 배열되어야 하며, 불순물이 없고, 표면과 가장자리(edge)가 극도로 평평해야 한다. 웨이퍼의 품질이 낮으면 트랜지스터를 형성하거나 트랜지스터를 격리하는 공정에서 불량이 나타난다. 웨이퍼 또한 원자 단위에서 만들어지는 제품이므로 고품질 웨이퍼를 제조하는 것은 극도로 어려운 일이다. 이러한 기술적 어려움을 극복하며 상업용 웨이퍼를 제조해 납품하는 기업은 세계적으로 드물어 일본의 신에츠, 섬코, 대만의 글로벌 웨이퍼스가 실리콘 웨이퍼 시장을 지배해왔다. 이들 기업은 뛰어난 기술력을 바탕으로 웨이퍼 수주를 선점하는 역량을 갖추었다.

웨이퍼의 면적은 곧 생산성이다. 웨이퍼가 클수록 한 번에 만드는 칩 수가 늘어난다. 이런 이유로 반도체 산업에서 웨이퍼의 크기는 꾸준히 중요한 이슈였다. 과거에는 손바닥만 한 크기의 웨이퍼가 사용됐는데, 이를 통해 한번에 고작 몇 개의 칩만 제조할 수

[그림 9-1] 웨이퍼 크기는 칩 생산 능력과 비례한다.[24]

있었다.

웨이퍼 기술이 발달함에 따라 크기가 더욱 큰 웨이퍼가 개발됐으며, 근래에는 300㎜ 웨이퍼상에 무려 1000개 이상의 반도체 칩이 만들어지고 있다. 과거 150㎜ 웨이퍼에서 200㎜ 웨이퍼로, 이후 300㎜ 웨이퍼로 발전하는 과정에서 반도체 업체들은 20~30% 수준의 비용 절감을 이룰 수 있었다.[25]

반도체 산업이 Si를 중심으로 발전해옴에 따라 웨이퍼 기술 또한 Si를 중심으로 발달했다. 현재의 Si 웨이퍼 기술은 450㎜ 공정에도 대응할 수 있으며, 이 이상의 크기도 어렵지 않게 제조 가능한 것으로 보인다. 이에 반해 화합물 반도체 웨이퍼는 여전히 대부분 손바닥만 한 크기에 머물러 있다.

24. Unsplash, Laura Ockel.
25. JEITA Nanotopography Experiments.

신흥강자에 주목하라! 화합물 웨이퍼

Si에서 SiC·GaN으로, 반도체는 진화한다

실리콘이 지닌 물성의 한계를 극복할 와이드 밴드갭 반도체의 도입이 점차 빠르게 이루어지고 있으나, 웨이퍼 기술이 미비해 산업 확장에 걸림돌로 작용하는 것도 사실이다. 실리콘은 300㎜ 웨이퍼가 보편화되고 450㎜까지 양산성 연구가 진행된 데 반해, 일부 화합물 반도체는 100㎜ 웨이퍼 제조도 쉽지 않은 게 현실이다. 실리콘 웨이퍼는 오랜 연구개발 끝에 초크랄스키 공법(Czochralski process)이라 불리는 대량 생산 공법이 갖추어졌으나, GaN 등 다른 물질은 대기압의 수만 배에 달하는 압력과 2500℃ 이상의 고

온 조건이 필요하므로 이 같은 방식을 이용할 수 없기 때문이다.[26]

웨이퍼 제조에서 가장 어려운 것은 웨이퍼를 구성하는 원자들을 빈틈없이 규칙적으로 재배열하는 것이다. 눈에 보이지 않을 정도로 작은 원자들을 재배열하는 것이 쉬울 리 없다. 특히 실리콘을 대체할 소재는 최소한 2가지 이상의 원소로 구성되어 있어서 서로 다른 원자를 교차배열해야 하므로 더욱 어렵다. 이에 따라 화합물 웨이퍼는 일반적으로 에피택시(epitaxy)라 불리는 어려운 결정 형성 기술을 요구하는데, 이는 실리콘 웨이퍼 기술과 상이하므로 기존 웨이퍼 시장의 강자들도 백지 상태부터 새롭게 연구개발을 시작해야 한다. 이는 새로운 시장 지배자가 등장할 가능성이 현저히 크다는 의미도 된다.

실제로 미국의 조명 소자 전문 기업이었던 크리(Cree, 현 울프스피드(Wolf Speed)) SiC 원천 기술을 바탕으로 1989년 고순도 웨이퍼 제조를 위한 에피택시 기술을 보고한 이래 SiC 웨이퍼 시장을 주도해왔으며, 일본 교토대는 스텝-컨트롤드 에피택시(step-controlled epitaxy) 기법에 대한 활발한 연구를 바탕으로 4인치 SiC 웨이퍼 제조 기술의 기반을 마련했다.[27] 또한, 에피택시 장비를 공

26. Christian-Albrechts-Universitat zu Kiel, Semiconductor Technology, "4.2 Other Semiconductor Crystal Growth Technologies".
27. Gu, Sang-Mo. "실리콘 카바이드 웨이퍼 및 소자 기술". 전기의 세계 59.2 (2010): 14~17. Ueda, Tetsuzo, Hironori Nishino, and Hiroyuki Matsunami. "Crystal growth of SiC by step-controlled epitaxy." Journal of crystal growth 104.3 (1990): pp.695~700. 티씨케이가 SiC 식각 링 시장을 평정하는 동안 기존 식각 링 시장의 강자였던 하나머티리얼즈가 제품 개발의 어려움을 겪었던 이유도 제조 공법의 차이에 기인한다.

급하는 어플라이드 머티리얼즈, TEL 같은 장비업체는 웨이퍼 제조 장비를 확대 공급하며 수혜를 입었다. 화합물 웨이퍼 기술은 주로 미국과 유럽을 중심으로 발달했는데, 화합물 반도체의 수요처가 주로 이들 대륙에 위치해왔고, 웨이퍼 제조가 어렵다는 점이 일찍이 파악한 EU와 미국 정부가 적극적으로 주도적인 적극적인 연구개발 지원에 나선 게 큰 영향을 미쳤다.[28]

화합물 반도체 시장에 새로운 강자가 등장하다

반도체 제조의 시작이자 기반인 웨이퍼를 해외에 의존해야 하는 점은 국내 반도체 산업의 영향력을 생각할 때 아쉬운 대목이다. 실리콘 웨이퍼는 일본과 대만에 의존하며, 차세대 웨이퍼 기술도 유럽과 미국이 주도하고 있다. SK그룹이 2017년 LG그룹이 소유했던 LG실트론을 인수하고, 2019년에는 듀폰의 SiC 웨이퍼 사업을 인수한 배경에는 반도체 원재료를 국산화하겠다는 의지가 담겨 있다.

실리콘 웨이퍼는 품종이 다양하지 않고 대량 생산과 안정적인 공급이 매우 중요한 만큼 규모의 경제가 필수적인 영역이다. 실리콘 웨이퍼를 소수의 기업이 과점하고 있는 이유다. 이에 반해 화

28. Mun, Jae-Gyeong, et al. "GaN 전자소자 기술 연구개발 동향: 미국과 유럽을 중심으로", Proceedings of the Korean Vacuum Society Conference. The Korean Vacuum Society, 2010.

합물 반도체는 시장 초기 단계로 울프스피드(구 크리), 투식스, 롬(Rhom), 쇼와덴코 등 다수의 글로벌 기업들이 진출했고, 진입을 시도하고 있는 기업도 여럿이다.

화합물 웨이퍼도 기본적으로는 규모의 경제를 요구한다. 향후 과점적 지배력을 구축할 기업이 누가 될지 웨이퍼 시장의 관심이 모이고 있다. 화합물 웨이퍼는 또한 다품종이 요구된다. 일부 화합물은 소재의 구성비 변화를 필요로 하며, 2가지 이상 소재의 적층 구조를 필요로 하는 경우도 있다. 따라서 일부 웨이퍼는 다품종 소량 생산에 기반한 비즈니스 모델을 따라야 한다. 이에 따라 실리콘 웨이퍼보다 더욱 많은 시장 참여자들이 나름의 지위를 구축할 가능성이 크다.

웨이퍼 표면을 보호하는 산화 공정

산화 실리콘, 웨이퍼의 절연막이자 보호막

우리가 흔히 보는 전자기기에는 전원 코드와 전선들이 달려 있다. 전원 코드와 전선은 두꺼운 플라스틱 피복으로 둘러싸여 있는데, 피복은 전류가 흐르지 못하는 부도체다. 만약 피복이 부도체 역할을 하지 못한다면 전선 내 전류가 밖으로 빠져나와 감전을 일으키거나 누설로 인해 전자기기가 올바르게 작동할 수 없을 것이다.

반도체를 제조할 때 부도체 소재를 선택하는 것은 매우 중요한 과정이다. 전선 피복에서 볼 수 있듯, 부도체는 전류가 흐르지 못하게 막아주는 역할을 한다. 그런데 어떤 부도체도 전류의 흐름을 100% 막는 것은 불가능하다. 극도로 미세하게나마 부도체를 통해 누설전류가 흐르기 때문이다. 따라서 부도체는 누설전류를 얼마나 막아주느냐가 성능을 결정 짓는 변수다. 그런데 수많은 부도체 중에서 산화실리콘(SiO_2)은 절연 성능이 매우 뛰어나기로 손꼽힌다. 이는 반도체 산업에 매우 고무적인 사실이다. 웨이퍼가 대부분 실리콘으로 이루어져 있으므로 표면의 산화를 통해 비교적 수월하게 산화 실리콘을 만들어낼 수 있기 때문이다.

얇고 느리게 만드는 건식 산화, 빠르고 두껍게 만드는 습식 산화

일상생활에서 산화는 때때로 불편함을 안겨준다. 산화는 흔히 부식이라고도 표현하는데, 전자기기에 녹이 슬어 정상적으로 작동하지 못하게 만들거나 금속 제품의 변형을 일으켜 외형을 망가뜨리기도 한다. 미국 뉴욕을 상징하는 자유의 여신상은 구리 재질로 만들어졌는데, 프랑스가 처음 선물로 건넬 때만 해도 전체적으로 구릿빛이 감돌았다. 그런데 시간이 지날수록 구리가 산화되면서 현재와 같이 빛바랜 초록색이 되었다.

반도체 공정에서는 이러한 산화를 인위적으로 잘 일으키는 것이 매우 중요하다. 반도체는 끊임없이 새로운 소재들을 기판에 형성해서 만들어지는데, 산화를 통해 새로운 소재를 형성하는 방법이 매우 광범위하게 이용되기 때문이다.

생산 라인에 투입된 웨이퍼는 먼저 산화 공정을 거친다. 표면의

[그림 9-2] 산화 공정을 거친 웨이퍼는 산화 실리콘이 형성되어 표면이 보랏빛을 띤다.

실리콘이 산소 성분과 만나면서 수십 나노미터 두께의 얇은 산화 실리콘이 만들어진다. 웨이퍼 표면을 산화시키는 방법은 크게 건식 산화와 습식 산화 두 가지가 있다. 이 2가지 산화는 모두 웨이퍼를 진공 장비에 투입한 뒤 800~1200℃에 달하는 고온 환경에서 순수한 수증기 또는 산소 기체를 불어 넣는 방식으로 이루어진다. 이 공정을 거치면 수 밀리미터 두께의 웨이퍼 중 맨 위 표면의 수십~수백*nm*가 정도가 산화실리콘으로 변한다. 이렇게 형성된 산화막은 트랜지스터를 만들기 위한 후속 공정에서 웨이퍼의 일부 영역을 보호하는 보호막 역할과 일정 구역에 전기가 흐르지 못하도록 막는 절연막 역할을 동시에 담당한다. 안타깝게도 반도체 산업에서 산화 공정은 크게 중요하지 않다. 산화 공정에 필요한 장비와 소재를 공급하는 상장사가 있지만 산화 공정용 제품의 매출이 너무 낮기 때문이다.

절대 강자만이 생존하는 영역, 포토 공정

Investment in semiconductors

빛으로 패턴을 인쇄하다!

포토 공정, 웨이퍼에 회로를 그려넣는다

자동차, 비행기, 전화기, 건축물 등이 고유의 모양을 갖듯, 반도체 역시 고유의 모양을 갖는다. 겉으로 보이는 칩은 손톱만한 크기의 네모난 모양일지 모르지만, 반도체 칩 내부는 아주 복잡한 구조로 이루어져 있다. 반도체 칩 내부 구조는 복잡한 고층 빌딩과 비슷하다. 반도체는 고유의 구조에 따라 각기 다른 기능이 구현되며, 수많은 전기 신호들이 끊임없이 형성된 배선을 따라 이동하며 작동한다.

산화막이 씌워진 웨이퍼에는 본격적으로 다양한 구조물이 형성되어 최종적으로 반도체 제품이 완성되는데, 이 과정에서 수백 개 이상의 다양한 공정을 거쳐야 한다. 1000개가 넘는 공정을 거쳐야 하는 반도체도 있다. 이러한 공정 중에서도 칩을 구성하는 구조물을 특정한 모양으로 만들어내는 것은 매우 중요한 공정으로 꼽힌다. 수백 미터에 달하는 고층 빌딩을 건설할 때 수 센티미터의 오차도 허용하지 않는 것처럼, 반도체 역시 나노미터 단위의 오차조차 허용되지 않는다. 이를 위한 정밀한 패터닝(기판에 원하는 회로나 모양을 식각하는 행위) 기술은 반도체 제조에 있어서 생명 끈과도 같다.

과거 필름 카메라 시절, 카메라는 찰칵 소리와 함께 조리개가 열리는 찰나 다량의 빛이 카메라 내부로 들어가 필름에 상이 맺히며 필름에 원하는 장면을 담았다. 촬영한 필름을 사진관에 맡기고 현상 작업을 거쳐야 우리 눈으로 사진을 볼 수 있었다. 사진이 인화되기 전에 실수로 카메라 뚜껑을 열리면 모든 것이 망쳐졌다. 필름에는 빛에 반응하는 감광제가 발라져 있는데, 조리개가 열리는 순간 감광제가 빛에 반응하며 의도치 않는 화학 반응이 일어나기 때문이다. 필름에 상이 맺히고 나서도 필름 외관에는 큰 차이가 느껴지지 않는다. 하지만 현상액과 고정제를 이용해 필름에 추가적인 반응을 일으키면 사진 찍은 모습이 필름에 뚜렷하게 나타나고, 필름에 빛을 쬐어 필름의 상을 그대로 인화지에 투영하면 최종적으로 사진이 완성된다.

반도체 구조물도 이와 유사하게 노광과 현상을 거치는 포토 공정을 통해 형상이 만들어진다. 다른 점이 있다면 보다 정교한 패턴을 형성하기 위해 스핀 코팅 공정이나 열처리 공정, 검사 공정 같은 많은 부속 공정들이 활발히 적용된다는 점이다. 미세한 패턴 형성과 뒤이어 식각 및 증착 공정을 수행하기 위해 첨단 소재들이 총동원되는 것도 또 다른 특징이다. 반도체 칩 제조 과정은 이러한 현상 공정의 연속이라고 할 수 있다.

포토 공정은 패턴을 형성할 때 빛을 쬐어주는 노광 과정에서 사용하는 광원의 종류에 따라 광(optical) 리소그래피, 이온빔(focused ion bean) 리소그래피, 전자빔(e-beam) 리소그래피, 엑스레이(x-ray) 리소그래피 등으로 구분된다. 반도체 생산 공정은 광 리소그래피 기술에 절대적으로 의존해왔다. 광원으로는 강한 에너지로 손쉽게 물질의 화학적 결합에 변형을 일으키는 자외선이 이용됐다. 이에 반해 이온빔 및 전자빔 리소그래피는 광 리소그래피와 비교하면 뛰어난 분해능을 가지므로 매우 미세한 패턴을 만들기에 유리하나 웨이퍼상에 균일한 빔을 대량 쏘아주는 것이 어려워 대량 생산에 부적합하다. 이로 인해 주로 연구소와 학교 기관을 중심으로 연구개발 단계에서 이용되고 있다.

포토 공정의 발달을 바탕으로 미세한 반도체를 구현할 수 있게 되었다. 파동의 회절(파동이 장애물 뒤쪽으로 돌아 들어가는 현상) 현상으로 인해 광원의 종류에 따라 미세화 정도가 결정되며, 더욱 미세한 패턴을 형성하기 위해 EUV(Extreme Ultraviolet)와 엑스레이를 이용한 리소그래피 기술이 꾸준히 연구개발되어왔다. 1970년대부터 연구된 엑스레이 리소그래피 기술은 여전히 상용화되지 않았지만, 차세대 리소그래피 기술로 여전히 언급되기도 한다. 엑스레이는 파장이 0.01~10nm인 빛을 가리키는데 현재의 EUV 리소그래피 기술은 13.5nm를 중심으로 발달했지만, 6.7nm대 및 그 이하의 광원을 도입할 계획이 비욘드 EUV(beyond EUV)라 불리며 종종 논의되어 온 것이다. 그러나 엑스레이 리소그래피를 구현하는 데 있어 가장 큰 어려움은 장비와 소재 기술의 한계에서 비롯된다. 광원 형성 기술은 물론 빛에 반응할 감광 소재, 빛의 진행 경로를 유도할 렌즈용 소재, 마스크용 소재 등이 모두 기술적 장벽에 가로막혀 있기 때문이다.

고작 빛이 하나 바뀌는 것만으로도 산업계에 사용되는 소재와 부품이 싹 바뀌어야 하니 이로 인한 비용 발생이 상당할 것임을 유추해볼 수 있다. ASML은 이러한 차세대 기술에도 많은 연구개발을 쏟아붓고 있지만, 기존 EUV를 더욱 발전시키는 데 꾸준히 집중하고 있다. 어떠한 선택을 하든 불가능의 영역에서 가능성을 찾는 어려운 도전이 되지만, 그나마 승산이 높다고 판단했기 때문일 것이다. 이 과정을 거치며 EUV 장비의 성능은 날로 발전할 예정이고, 여전히 자외선을 이용해 더욱 미세한 패턴을 형성할 수 있는 기술을 꾸준히 새롭게 선보인다.

ASML은 어떻게 EUV 시대를 지배하게 되었을까?

ASML의 선택과 집중, 전 세계 노광기 시장을 삼키다

포토 공정은 광학 기술, 소재 기술, 기계공학 기술, 미세가공 기술, 정밀제어 기술, 소프트웨어 기술 등 첨단 기술이 집약된 공정이다. 포토 공정을 빛을 쬐어 웨이퍼상에 형상을 만드는 과정이라고 간단히 설명하지만, 1초도 되지 않는 짧은 시간에 감광제의 화학 반응이 극대화되도록 첨단 과학기술이 총동원되는 과정은 과학자들의 혀를 내두르게 한다. NASA가 우주선을 쏘아 올리고 일론 머스크(Elon Musk)가 화성에 사람을 보낸다고 하면 많은 사람이 TV로 그 장면을 지켜보면서 환호하고 놀라움을 금치 못하는데, 사실 반도체를 전공한 사람으로선 노광기가 짧은 시간 동안 웨이퍼를 움직여가며 빛을 쬐어주는 모습이 우주를 향해 날아가는 우주선보다 더 신기해 보인다. 네덜란드의 반도체 장비 기업 ASML이 노광기 시장에서 독점적인 지위를 구축할 수 있었던 배경에도 이러한 다양한 기술들이 존재한다.

ASML의 노광기는 어마어마한 수의 부품으로 구성된다. 특히, EUV용 노광기는 8000여 개 이상의 부품으로 이뤄져 있다. 이러한 부품들은 공급사의 독자적인 기술력에 기반하며, 부품을 공급하는 업체 수만 무려 1000개에 달하는 것으로 알려져 있다.[29] 장비 구조가 복잡한 것은 말할 것도 없다. 웨이퍼는 빛이 만들어내는 패턴을 따라 나노미터 단위로 정밀하게 동기화되어 움직이는데, 이러한 과정이 진행되는 건물만한 거대 장비의 내부는 반사율 감소와 광원 소실을 최소화하기 위해 진공 상태를 유지해야 한다.

ASML은 광학 기술의 집합체 또는 유럽 반도체 기술력의 집합체라 불린다. ASML의 성장 동력은 핵심 기술과 부품의 공동 개발, 밸류체인의 완성, 적극적인 인수합병, 유럽의 수많은 일류 연구기관은 물론 TSMC 등 기업과의 밀접한 협력에 기반한다. 다른 곳에 눈독 들이지 않고 차세대 노광기라는 하나의 목표에 수십 년간 연구개발 자원을 집중했음은 물론이다. 이러한 요인들이 긍정적인 시너지 효과를 일으키며 반도체 산업을 독점적으로 쥐락

29. Drawfleurdelis, The president of asml company wants to sell the lithography machine to China, SMIC warmly welcomes i, 2020.10.9.

펴락하는 현재의 위상을 만들어냈다.

이에 반해, 세계 최고의 광학 기술을 가진 니콘과 캐논은 폐쇄적인 기업 문화로 인해 해외 기업들의 인수합병과 기술 제휴에 소극적인 태도를 보이며 자체 기술 확보에 몰두하다가 ASML의 점유 영역에 진입하는 데 실패하면서 반도체용 광학 시장을 유럽에 완전히 내주고 말았다. 그 결과 ASML이 EUV 시대 최대 수혜주임은 두말할 필요 없다. EUV가 도입되기 이전부터 ASML의 독주가 이미 시작된 까닭이다.

전 세계적으로 독점적인 지위를 차지하고 있는 ASML은 노광기를 제조하는 업체로, TSMC와 삼성전자도 눈물을 머금고 장비를 구매할 수밖에 없는 슈퍼 을이다. 하지만 ASML도 절대적으로 의존할 수밖에 없는 기업들이 있다. 바로 ASML에 부품과 기술력을 공급하는 밸류체인 내 기업들이다. ASML은 다른 업체가 복제할 수 없는 독보적인 기술을 가진 세계적인 기업들과 전략적으로 깊은 관계를 맺어왔다.

하나의 사례로 칼 자이스가 있다. 안경이나 카메라에 관심이 있다면 익히 들어봤을 법한 독일의 렌즈 전문 기업이다. 칼 자이스는 세계 최고의 렌즈 제조 기술을 바탕으로 노광기용 렌즈와 반사경 등 핵심 광학 부품을 ASML에 공급하는데, ASML과의 끈끈한 파트너십과 ASML로의 자회사 지분 매각을 바탕으로 차세대 렌즈 개발을 공동 수행하며 ASML에 독점적으로 제품을 공급하고 있다. 특히 두 회사의 밀접한 관계를 바탕으로 고 개구수(numerical aperture, NA) 렌즈 같은 핵심 제품 개발이 이루어지고 있는데, 이는 차세대 EUV 장비를 전 세계에서 독보적으로 개발하는 원동력이 되었다. 2016년 ASML이 칼 자이스 SMT의 지분을 확보한 이유에는 이러한 배경이 있다.[30] 노광기를 개발하기 위해서는 핵심 부품과 기술 확보가 절대적으로 중요하다 보니 ASML은 칼 자이스 SMT 이외의 인수합병에서도 노광 장비 관련 기술을 확보하는 데 집중하면서 차세대 장비 개발 역량을 공고히 해왔다.

필름에 형성된 상은 사진에 거의 유사하게 옮겨 담을 수 있지만, 나노미터 수준에서의 패터닝은 의도한 패턴이 그대로 형성되지 않는다. 따라서 노광 조건에 따른 마스크 형상 최적화 작업이 수행되어야 하며, 공정 조건에 따라 어떠한 패턴이 형성될지 확인하는 사전 모델링 작업과 수율 극대화를 위한 시뮬레이션 작업, 웨이퍼상에 만들어진 이상 패턴에 대해 노광기 모듈별 관련성을 분석하는 도구가 필수적으로 요구된다. ASML이 2007년 전산 리소그래피(Computational Lithography)에 특화된 미국의 브리온 테크놀로지를 2억 7000달러(약 3000억 원)에 인수한 배경이다.

또한 패턴 형성 후 계측을 통해 보정 작업을 지속적으로 수행해야 하는데, 나노미터 단위에서의 정밀한 계측이 이루어져야 하

30. ASML, ZEISS and ASML strengthen partnership for next generation of EUV Lithography due in early 2020s, 2016.11.3.

는 어려움이 있다. 이러한 이유로 ASML은 2016년 대만의 HMI을 31억 달러(약 3조 5000억 원)에 인수하면서 패턴 디자인부터 패터닝 후 계측까지 처리할 수 있는 독보적인 종합 솔루션을 구축했다. 과감한 투자 행보를 통해 ASML이 입지를 공고히 한 또 하나의 사례로 2013년 미국의 사이머 인수를 꼽을 수 있다.

EUV 노광 기술, 고출력·광원 정밀도가 기술 장벽을 만든다

많은 이가 반도체를 제작하는 것에 대해 웨이퍼에 자외선을 쬐어주면 되는 것 아니냐고 간단하게 생각할지 모르나, 짧은 파장의 강력한 빛을 만들어내는 것은 극도로 어려운 일이다. EUV 기술이 일본 NTT의 하이로 기노시타(Hiroo Kinoshita)에 의해 제안된 게 1986년이고 2006년 들어 ASML이 EUV 노광기 개발에 성공했으나 기술 미비로 상용 라인에 도입되기 시작한 시점이 또다시 10년도 더 지난 2018년인 이유도 여기에 있다. 기술 미비가 상용화의 덜미를 잡은 것이다.

과거의 포토 공정은 고출력 엑시머 레이저를 이용해 자외선을 형성했다. 그러나 EUV에서 이러한 방식은 한계에 부딪쳤다. 무엇보다 고출력 광원을 형성하는 게 어려웠다. 원재료와 전력의 소모를 최소화하면서 감광제의 강한 분자 결합을 1초도 안 되는 시간에 모두 끊어낼 광원을 만들어내는 기술은 의외로 까다롭다. 웨이퍼상에 화학 반응을 충분히 발생시키기 위해서는 매우 많은 에너지가 웨이퍼 표면으로 전달되어야 하는데, 이와 동시에 생산 속도를 유지하기 위해서는 빛의 노출을 짧게 유지해야 하므로 빛의 출력이 매우 높아야 한다.

실제로 초기 형태의 EUV 장비는 출력이 일반적으로 양산에 필요한 광원 강도인 100W보다 현저히 낮은 10W 수준에 불과했다(초기 EUV 노광기는 광원 에너지가 부족해 양산에 사용되지 못했다!).[31] 출력이 낮으므로 충분한 에너지를 전달하기 위해서는 더욱 오랜 시간 노출이 필요했고, 이는 공정 지연으로 이어졌다. 시간당 250장의 웨이퍼를 처리해야 하는 노광기가 고작 100장도 처리하지 못하게 된 것이다. 노광기가 한 번에 많은 웨이퍼를 처리하지 못한다면, 공정상 병목 현상을 해결하고 생산성을 유지하기 위해서는 기존보다 훨씬 많은 노광기가 필요해지고, 이는 곧 생산 단가 증가로 이어진다.

고출력과 함께 광원의 정밀도도 중요하다. 빛의 파장이 작아질수록 허용되는 파장의 오차 범위는 좁아지는데, 13.5㎚ 빛을 형성하면 이상적인 13.5㎚ 파장만 형성되는 것이 아니라 주변부의 파장이 함께 형성되어 의도치 않은 공정 변수가 발생한다. 이에 따라 EUV는 오직 2% 이하의 제한된 오차 범위를 갖는 13.5㎚ 파장

31. ASML, EUV Lithography and EUVL sources.

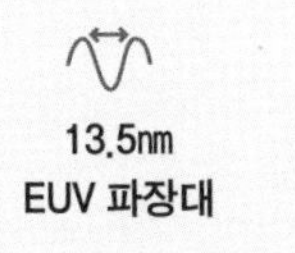

[그림 10-1] ASML이 공개한 EUV 노광기 성능. 7㎚ 공정에 활발히 공급되는 ASML의 EUV 노광기도 여전히 생산성이 낮아 높은 투자 비용을 해결하고 장비 성능을 개선해야 할 필요가 있다.

이 형성되어야 한다.[32] 이외에 빛이 광원에서 출발해 웨이퍼에 닿기까지 경로의 축소와 확대가 반복되는 과정에서 빛의 특성이 변하지 않아야 함은 물론이다. 이러한 조건을 모두 만족시키는 기술은 매우 제한적이게 마련이다. 이에 따라 EUV에서는 주석 소재에 고출력 레이저를 집중시켜 고온, 고밀도 플라스마를 형성해 EUV 광원을 방출시키는 LPP(Laser Produced Plasma) 기술이 사용된다. 플라스마에서 형성된 광원은 EUV를 변형 없이 집광하는 특수 거울을 통해 한데 모인 뒤 마스크 패턴으로 강력하게 방출되어 웨이퍼에 도달한다.

EUV 이전에 반도체용 노광기 광원 기술은 사이머와 일본의 기가포톤이 양분해왔다. 두 업체 모두 추가적인 타 업체의 추종을 불허하는 가운데에서도 사이머는 압도적인 기술력을 바탕으로 기가포톤보다 2배 이상의 높은 점유율을 과시해왔다. 그러

32. Oscar O Versolato 2019 Plasma Sources Sci. Technol. 28 083001.

다 독보적인 LPP 기술력을 요구하는 EUV에서는 사실상 사이머의 독점이 지속됐다. 도널드 트럼프 대통령이 재임한 동안 펼쳐진 미·중 무역전쟁에서 ASML이 EUV 장비를 중국에 판매하는 것을 포기한 이유도 광원 기술에 있다. EUV 광원 원천 기술은 사이머를 중심으로 미국이 보유하고 있었다.

ASML은 2012년 사이머를 무려 37억 달러(약 4조 2000억 원)에 인수했다. 거금을 주고 인수함에 따라 사이머의 광원 기술이 곧 ASML의 기술이 됐는데도 ASML이 노광기를 자유롭게 수출할 수 없었던 이유는 광원 기술이 각국에서 전략 물자로 관리되는 첨단 기술이기 때문이다. 전략 물자로 관리되는 기술은 바세나르 협약에 따라 수출될 수 없다. 실제로 미국은 이 협약을 이유로 네덜란드에 EUV 수출 금지를 직접 요청하기도 했다. EUV 기술이 전쟁 무기로 전용될 수 있다는 표면적인 이유도 있지만, 중국이 반도체 기술을 확보할 것을 우려하는 속내가 더욱 크게 작용했을 것이다. 물론 이런 이유 외에도 ASML로선 굳이 중국에 장비를 수출할 필요가 없었다. 향후 수년 이상 장비를 사갈 업체들이 줄을 서 있고 생산 물량 확대를 거듭해도 공급이 수요의 절반도 따라가지 못하는 형국에 중국이 있으나 없으나 어차피 가만히 앉아서 이루어지는 돈벌이는 변함없이 지속될 것이었기 때문이다.

ASML 외의 EUV 장비업체도 주목하라

앞서 살펴본 독점적인 렌즈와 광원 기술은 EUV 장비를 구성하는 수많은 요소 중 일부에 불과하다. EUV 장비를 구성하는 수많은 부품과 소재들은 우주선에 사용되는 신소재와 종류만 다를 뿐, 제조상 어려움은 우주선과 다르지 않다. 웨이퍼와 마스크를 정밀하게 움직이는 기계 부품은 물론이고, 사소해 보이는 빛 반사경까지도 수천 가지 첨단 소재의 복합체다.

광원은 장비에 장착된 렌즈와 거울과 마스크를 통과하며 웨이퍼에 도달하는데, 렌즈·거울·마스크·웨이퍼상의 감광 소재를 제조할 수 있는 기업은 세계적으로 하나 혹은 두세 개에 불과하다. 특히 자외선은 파장이 짧아 투명한 물체에도 쉽게 흡수되어 웨이퍼 수율을 저하한다. 흡수로 인한 손실을 보상하기 위해 광원의 출력을 늘리는 대안은 기술적 한계와 원재료 사용 증가라는 문제에 부딪히므로 출력을 무한정 높일 수도 없다. 따라서 빛의 경로에 놓인 모든 공정 부품들은 광 손실을 최소화하기 위한 기술이 총동원된다. 삼성전자와 TSMC가 장당 수억 원을 호가하는 유리 마스크를 보호막도 없이 EUV 공정에 투입하며 교체 비용을 기꺼이 부담했던 이유도 여기에 있다.

또한 포토 공정에 사용되는 휘발성 소재들은 끊임없이 탈가스되어 광학계를 오염시켜 광 손실을 유발하므로 이를 방지하기 위해 노광기를 극고진공 상태로 유지하느라 추가 비용을 지출해야 한다. 게다가 빛이 경로를 진행하는 과정에서 파장이 바뀌거나 간섭 및 산란 현상을 일으켜선 안 된다. 이 또한 패턴의 붕괴와 수율 저하로 이어지기 때문이다. 이에 따라 겉보기엔 유리 조각이나 다름없는 마스크 소재도 빛 투과에 따른 열팽창이 적고 고유의 반사율을 갖는 잘 알려지지 않은 특수소재가 수십 겹 이상 적층되어 만들어진다. 이들 층을 적층하는 과정에서 층간 결함이 발생하는 등 제조 기술력은 극도로 복잡해서 일본의 호야 같은 소수 기업이 전 세계 시장을 독점하고 있다.

장비를 구성하는 핵심 부품과 소재 외에도 공정을 보조하기 위해서 각종 첨단 기술이 총동원된다. 마스크의 결함을 검사하는 APMI(Actinic Patterned Mask Inspection System) 장비와 24만 개 이상의 e-빔(beam)이 동시에 패턴을 그려내는 라이터 장비도 각각 일본의 레이저텍과 오스트리아의 IMS 같은 기업이 독보적인 기술력을 바탕으로 독점 체제를 구축하고 있다. ASML의 노광기 생산능력 부족으로 TSMC와 삼성전자가 쟁탈전을 벌이는 동안 SK하이닉스, 마이크론, 인텔이 노광기를 마음껏 구매조차 하지 못했던 가운데 각종 검사 및 라이터 장비 영역에서도 이들 기업 간의 소리 없는 치열한 쟁탈전이 이루어지고 있는 이유다.

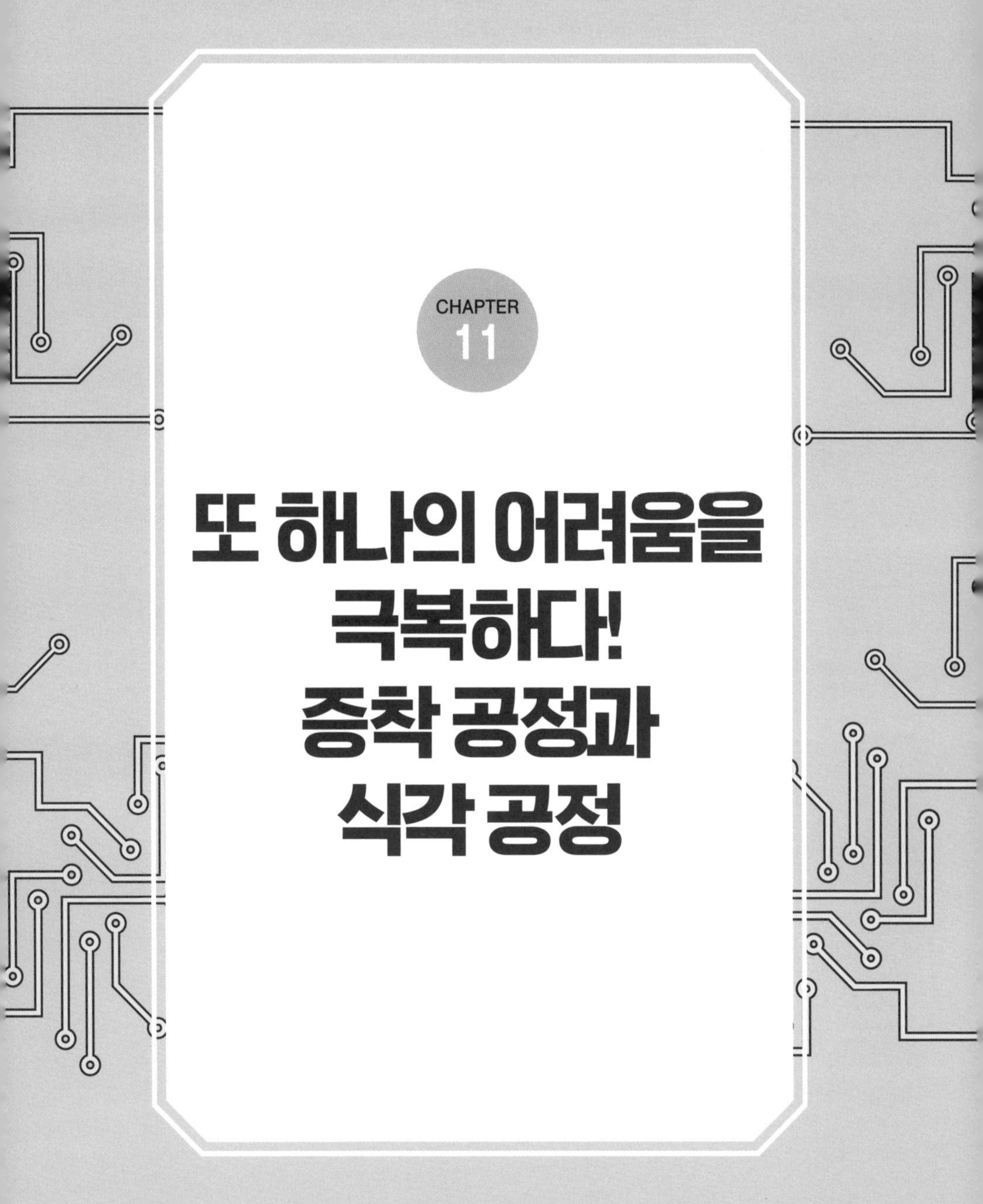

CHAPTER 11

또 하나의 어려움을 극복하다! 증착 공정과 식각 공정

Investment in semiconductors

나노미터 단위로 물질을 깎아라

반도체 공정의 미세화, 마이크로미터에서 나노미터로

반도체 칩 단면은 고층 빌딩과 유사한 구조를 갖는다. 빌딩 내 공간이 특정한 구조물을 이루며 존재하듯, 칩 또한 특정한 모양의 구조들이 반복되며 수직으로 층층이 쌓아 올려지는 형태를 보인다. 이러한 구조를 만들기 위해서는 마치 어린아이들이 레고 블록을 쌓아 올리듯 적층하는 공정(증착 공정)과 모래사장에서 흙을 파내듯 특정 공간을 비워내는 깎는 공정(식각 공정)을 계속 반복하며 칩을 만들어야 한다.

조선소에서 건조되는 거대한 크기의 배나 하늘을 찌를 듯한 높이의 고층 빌딩이 건설되는 모습을 바라보면 인류의 손기술에 놀라움을 느끼게 된다. 어떻게 저렇게 거대한 구조물을 한 치의 오차도 없이 만들어내는지 그저 신기할 뿐이다. 특히 사람들은 본능적으로 거대한 구조물에 더욱 큰 신비함을 느끼는 것이 일반적이다. 그러나 반도체는 다르다.

반도체 칩은 지난 수십 년간 꾸준히 미세화를 거듭하며 마이크로미터에서 나노미터로 그 크기가 급격히 작아져왔다. 그런데 반도체는 작게 만드는 것이 크게 만드는 것보다 훨씬 어렵다. 더욱 미세하고 더욱 작고 더욱 좁은 공간을 만드는 것이 곧 기술이다. 건축물은 구조물을 크게 만들수록 어렵다. 서울 고속터미널역은 9호선의 넓은 역사 공간을 만들기 위해 특수 공법을 동원해서 거대한 파이프라인을 이용해 3호선 구조물과 9호선 역사가 불과 15cm 차이를 두고 만들어지는 역사적인 성과를 이뤄냈다. 이에 반해 반도체는 트랜지스터 간격을 더욱 좁혀 수 나노미터 간격으로 만들기 위해 다양한 첨단 기술이 총동원된다. 이러한 어려움은 식각 공정에서 더욱 두드러진다.

식각 공정이 어려운 이유는 매우 다양하다. 먼저, 물질의 식각이 균일하게 이루어지지 않는다는 점이다. 필자는 어릴 적부터 아이스크림 중 스크류바를 특히 좋아했다. 스크류바는 입에 쏙 들어가는 알맞은 굵기로 인해 깨물어 먹기도 좋지만, 입속에 넣고 돌돌 돌려가며 녹여 먹기에도 그만이다. 그런데 스크류바를 녹여 먹으면 모양이 점점 불규칙한 기다란 모양으로 바뀐다. 입술에 많이 닿는 부분은 더욱 많이 녹고, 울퉁불퉁한 부위 중 볼록 튀어나온 부분은 더욱 빠르게 녹는다. 웨이퍼에서도 이런 모습이 나타난다. 식각 공정을 진행하기 위해서는 웨이퍼에 형성된 소재를 쉽게 녹일 식각 소재가 장비에 대거 투입된다. 그러나 이들 소재는 웨이퍼 표면에 균일하게 노출되지 않는다. 이 밖에도 다양한 원인으로 인해 장비 내부 환경에 편차가 빚어져 웨이퍼 위치에 따라 식각 속도에 차이가 나타난다. 일부 영역은 과도하게 깎이고, 일부 영역은 덜 깎이는 것이다.

반도체를 제조하다 보면 각종 소재를 동원해 복잡한 구조를 만들게 된다. 특히 반도체는 위아래로 기다란 수직 구조가 형성되는 경우가 많은데, 이러한 모양 또한 식각 공정을 통해 만들어지는 경우가 많다. 문제는 수직 구조에서의 식각이 매우 어렵다는 점이다.

수직 구조에서 식각 공정을 진행하다 보면 구조물의 상단부와 하단부에 식각 편차가 발생하기 쉬운데, 이를 '래그(lag)' 혹은 'ARDE(Aspect Ratio Dependent Etching)'라고 부른다. 식각은 서로 다른 소재 사이의 화학 반응을 기반으로 이루어지는데, 장비 내부에 주입되는 화학 물질은 웨이퍼의 가장 상단부터 하단으로 확산되며 웨이퍼에 형성된 소재를 식각한다. 그러다 보니 상단부가 식각 소재에 더욱 잘 노출돼 하단부보다 식각이 더욱 빠르게 일어난다. 이는 자칫하면 구조물의 변형 또는 붕괴로 이어진다.

이러한 어려움은 D램과 낸드 플래시에서 특히 크게 발생하며, 서로 다른 종류의 칩을 하나의 칩으로 패키징하는 공정에서도 빈번히 나타난다. 이를 방지할 목적으로 식각 소재를 하단부까지 더욱 강력히 밀어 넣기 위해 장비에 더욱 높은 전압을 가하거나 극저온 및 극저압 조건을 형성하는 방법, 기존에 사용되지 않던 차세대 소재를 이용해 물질을 식각하는 방법 등 첨단 기술이 총동원된다. 미국의 램 리서치는 이러한 기술개발에 전사적인 노력을 기울이며 수직 구조의 식각에서 두각을 나타내는 장비를 시장에 대거 선보였다. 이를 기반으로 램 리서치는 세계 3대 반도체 장비의 입지를 더욱 굳힐 수 있었다.

이러한 기술을 확보하는 것은 반도체 개발자들과 장비업체, 소재업체의 몫인데, 어느 하나라도 기술을 이뤄내는 데 실패하면 반도체 제조는 극단적으로 어려워진다.

기술과 장비로 식각의 벽을 넘는다

식각 공정은 쉽게 말해 물질을 녹이는 공정이다. 모든 물질은 제각각 녹이는 방법이 존재할 것 같지만, 유독 잘 녹지 않는 물질도 존재해서 식각 공정을 더욱 어렵게 만든다. 대표적인 사례가 구리(Cu)다. 구리를 녹일 수 있는 식각 방식과 소재는 매우 제한적이다. 일부 용액 공정을 통해 구리를 식각할 수 있으나, 나노미터의 영역에서 볼 때는 용액 공정으로 균일한 식각이 이루어지지 않아 미세 공정에는 사용될 수 없다. 이러한 이유로 미세한 영역에서 구리를 식각하기 위해서는 다마신(damascene)이라 불리는 특수한 공정이 사용된다.

다마신 공정은 구리 배선이 들어찰 구조물을 미리 만든 뒤 구리를 채운 다음 원자 단위에서의 연마를 이용해 불필요한 영역의 구리를 깎아내는 방식이다. 이 과정에서 연마 패드와 연마 소재를 이용해 물리화학적인 방식으로 구리를 평평하게 깎아 나가는 CMP(Chemical Mechanical Planarization)라 불리는 특수한 공정이 적용된다. 투자자 입장에서 알아야 할 중요한 점은 이처럼 식각이 어려운 소재는 더욱 복잡한 공정은 물론 더욱 많은 장비와 소재를 요구한다는 점이다. 이 과정에서 CMP 공정을 주요 시장으로 삼는 국내 상장사 케이씨텍이나 미국의 캐봇 마이크로일렉트로닉스를 비롯하여, 특정 공정에 강점을 갖는 전문 기업들이 탄생하게 마련이다. 미세 영역에서는 다마신 공정도 한계에 부딪쳐 듀얼 다마신 등 더욱 복잡하고 새로운 공정이 개발된다. 식각할 소재가 바뀌어 공정이 복잡해질수록 새로운 장비와 연마 소재가 필요하므로 이들 기업의 역할은 더욱 중요해지고, 신제품 개발은 필수 임무가 된다. 물론 신제품 개발에 앞서는 기업은 일찌감치 높은 수익성을 거머쥔다.

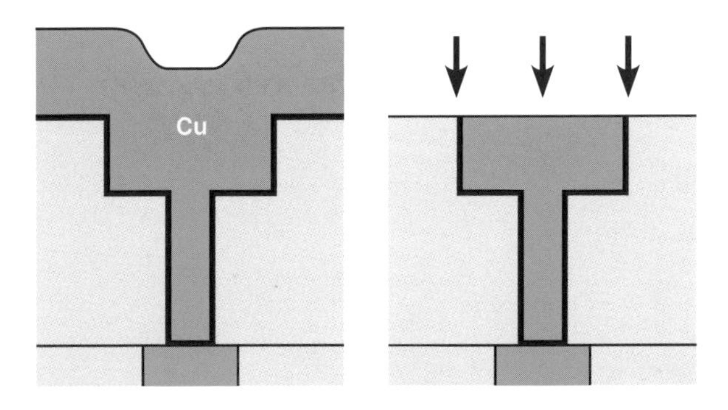

[그림 11-1] 식각이 어려운 구리는 다마신 공정을 통해 연마 과정을 거친다. 이를 위해 다양한 연마 장비와 연마 소재가 투입되기도 한다.

공정의 어려움은 곧 새로운 부품 수요로 이어진다

식각 공정을 수행하기 위해 웨이퍼를 장비 안에 투입하면 가장 먼저 장비 내부의 기체를 제거해 높은 수준의 진공을 형성해야 한다. 따라서 공정이 끝나고 뚜껑을 열려면 진공을 해제해야 한다. 그런데 장비의 크기가 워낙 거대해서 이처럼 진공을 형성하고 풀어주는 데 최소 수 시간에서 하루 정도의 시간이 소요된다. 이런 이유로 매번 공정을 시작하고 마칠 때마다 장비를 개방해서 웨이퍼를 투입하고 꺼내기는 어렵다. 자칫 생산성 저하로 이어질 수 있기 때문이다. 이를 위해 거대한 진공 장비에는 로드록(load lock)이라 불리는 작은 부속 공간이 설치된다.

로드록은 웨이퍼를 투입하고 꺼낼 때 장비 내부와 완전히 단절

된다. 따라서 웨이퍼가 로드록에 투입되는 순간에도 장비 내 주요 영역은 여전히 고진공 상태를 유지할 수 있다. 로드록은 부피가 매우 작아서 수 분에서 수십 분 내 빠르게 고진공을 형성한 뒤 트랜스퍼 모듈을 통해 웨이퍼를 장비 내부로 투입할 수 있다. 그런데 반도체 기업들에게는 칩 생산 효율화가 월등히 중요한 원가 절감 변수이므로, 이러한 부품 구입에 비용을 아끼지 않는다. 로드록을 설치하려면 장비 구조가 복잡해지고 소요되는 부품이 많아지지만, 전반적인 공정 시간을 절약할 수 있다는 이점이 있다. 이와 관련, 국내 상장사인 싸이맥스는 장비사들과 함께 장비를 효율적으로 운영하기 위한 로드록, 트랜스퍼 모듈 등 장비 부속품 국산화와 판매를 확대하며 성장 동력을 갖추어왔다.

업체가 좀 더 효율적인 장비를 출시하면 누가 이득을 볼까

식각 장비는 수많은 물질을 깎아내는 특성상 장비 내부가 빠르게 오염되며 장비를 구성하는 핵심 부품, 웨이퍼를 지지하는 지지 부품 등이 쉽게 부식된다. 이런 이유로 식각 장비는 반드시 일정한 주기마다 진공을 모두 해제하고 내부 세척 작업과 부품 교체 작업을 수행해야 한다. 작업이 진행되는 동안에는 당연히 식각 장비를 가동할 수 없으므로 반도체 제조 생산성이 크게 떨어지며 인력 투입으로 인한 비용이 발생한다. 비용 절감을 위해 유지보수를 최소화하는 방법을 고안하는 것은 결국 장비업체들의 몫이다.

램 리서치, 어플라이드 머티리얼즈, 도쿄 일렉트론은 장비 자동화를 통해 유지보수 횟수와 시간을 최대한 단축하려고 시도하고 있지만 자동화 기술을 확보하는 것은 결코 쉬운 일이 아니다. 이런 자동화 기술은 인공지능 기술과 묶여 장비 관리 종합 플랫폼으로 발전하고 있다. 장비 내부 환경을 실시간으로 감시하며, 잦은 교체가 필요한 장비 부품을 자동으로 교체해주는 시스템을 결합해 종합적인 장비 시스템 제어 플랫폼을 구축하려는 것이다. 이를 통해 생산성이 향상되어 반도체 업체들은 더 적은 수의 장비를 운영하면서도 웨이퍼 출하량을 늘릴 수 있고, 장비업체들은 장비 가격을 높여 수익성을 확보할 수 있다.

장비 업체들이 ALD에 주목하는 이유

증착 공정, 완벽한 균일화와 고른 품질이 관건

식각이 깎아내는 공정이라면 증착은 어떠한 물질을 쌓는 공정이다. 칩 내부에는 정말 다양한 종류의 소재들이 사용되는데, 이러한 소재들은 증착 공정을 통해 새롭게 쌓여나간다. 그런데 나노미터 두께의 새로운 박막을 웨이퍼에 형성하는 방법은 매우 다양하다. 특정한 물질을 녹여 증발시킨 뒤 증기를 웨이퍼에 흡착시키는 방식, 물질에 물리적인 충돌을 일으켜 깎아낸 뒤 웨이퍼로 이동시키는 방식, 두 종류 이상의 화학 물질을 주입해 화학 반응을 통해 새로운 물질을 형성하는 방식, 도금을 통해 금속을 형성하는 방식 등이 있다. 이런 과정을 여러 차례 거쳐 웨이퍼에는 수많은 종류의 물질들이 끊임없이 형성되는데, 물질의 특성에 따라 이러한 방식들이 모두 골고루 사용된다.

웨이퍼에 새로운 물질을 형성한다는 것이 얼핏 들으면 쉽게 느껴질지도 모르지만 원자 단위의 세계에서는 극도로 어려운 일이다. 웨이퍼에 수많은 원자나 분자가 흡착되면 화학 반응이 일어나면서 원자 사이의 결합이 형성된다. 문제는 어떤 금속 물질을 5*nm* 두께의 균일한 박막 형태로 형성하고 싶은데 막상 증착 공정을 거치고 나면 두께가 원하는 대로 5*nm*에 맞춰 형성되지도 않거니와 웨이퍼의 위치에 따라, 웨이퍼상 구조물의 형태에 따라, 공정 조건에 따라, 구조물의 바깥쪽인지 깊은 쪽인지에 따라 형성되는 박막 두께에 편차가 발생한다는 것이다. 어떤 영역에서는 4*nm*, 다른 영역에서는 6*nm* 두께로 박막이 형성되면 이는 곧 칩 성능 차이, 심하면 불량으로 귀결된다. 최근 들어 트랜지스터 제조 과정에서는 1*nm* 두께의 부도체와 5*nm* 이하의 금속 증착이 필수적이며, 요구되는 균일도 오차는 1% 이하 수준이다.

원자들이 웨이퍼에 달라붙으면 원자들이 서로 모이고 모여 화학적 결합을 이루며 얇은 박막을 만들어내기 시작한다. 그러나 이러한 화학적 결합은 웨이퍼의 모든 영역에서 균일하게 이루어지지 않는다. 넓은 불판에 양념 갈비 5인분을 굽는다고 해보자. 어떤 부분은 충분히 익다 못해 타기 시작하지만 어떤 부분은 여전히 설익은 상태다. 고깃덩어리가 어디는 두껍고 어디는 양념이 많이 묻었으니 당연히 골고루 익도록 굽는 게 어려운 일 아니냐고 되물을지도 모른다. 이는 웨이퍼에서도 마찬가지다.

웨이퍼 모든 면적에 걸쳐 표면 상태가 이상적으로 동일하지도 않거니와, 웨이퍼의 온도나 표면에 달라붙는 화학 물질의 양이 같을 수도 없으며, 무엇보다 여러 원자가 모여 박막을 형성해 나가는 과정에서 박막 성장의 중심 역할을 하는 핵 성장 지연(nucleation delay)이 반도체 업체들의 발목을 잡으며 칩 제조를 어렵게 한다. 여러 원자가 모여 점차 커다란 크기의 알갱이 형태로 성장해 나가야 하는데, 이러한 성장이 웨이퍼 모든 영역에서 이상적으로 고르게 이루어지지 않는 것이다. 이는 웨이퍼에 만들어지는 수많은 칩들의 성능 편차를 유발한다. 후속 고온 공정에서 박막이 뭉쳐 망가지는 문제도 생긴다. 이처럼 원자 단위에서 발생하는 한계를 완벽히 극복하는 것은 불가능하다. 다만 이를 최소화하기 위해 장비와 소재 기술을 함께 발전시켜야 한다. 그러다 보니 때때로 엔지니어들이 야근하는 일도 벌어진다.

반도체가 더욱 미세한 영역에서 만들어지고 구조가 복잡해지면서 증착 공정에 더욱 큰 장벽이 나타난다. 더욱 미세한 공정이 도입될수록 복잡한 미세 구조물에 물질이 균일하게 쌓이지 않는 점이 가장 큰 문제로 부각된다. 이러한 난관을 극복하는 방법으로는 공정이 이루어지는 상세한 조건을 변경해서 최적의 조건을 찾아내거나, 물질을 합성하기 위한 원재료 물질을 바꾸는 방법을 고민해볼 수 있으나, 이런 방법으로도 해결되지 않으면 물질을 쌓는 장비, 나아가 기술 자체를 바꾸어야 한다.

반도체는 불순물을 허용하지 않으므로 증착 공정은 모두 거대한 진공 장비 안에서 이루어진다. 그러나 원하는 물질을 이상적으로 형성하는 것은 매우 어려운데, 가령 웨이퍼 온도, 진공 내 압력, 유체의 흐름, 인가된 전압이나 임피던스(impedance, 파동이나 전기의 흐름을 방해하는 정도), 교류 신호 주파수, 주입하는 물질의 온도, 물질의 휘발성, 장비 내부에 웨이퍼가 자리 잡은 위치 등등 전공자들조차 이해하기 쉽지 않은 여러 변수들이 얽혀 이에 의해 최종적으로 쌓이는 물질의 종류와 품질이 결정된다.

특히 이러한 증착 공정은 반도체가 더욱 미세해질수록, 칩 내부 구조물이 더욱 복잡해질수록 난이도가 급등한다. 난이도 급등은 곧 새로운 소재, 새로운 장비가 필요함을 의미하고 소재 공급사와 장비 공급사는 이에 발맞추어 신제품을 개발하고 공급을 확대하며 규모의 경제를 키워나갈 수 있음을 의미한다. 그런데 반도체는 메모리와 비메모리를 가리지 않고 날로 미세해지고 구조도 더욱 복잡해지는 만큼 증착 공정은 새로운 기술, 소재, 장비의 발전과 관련 기업들의 제품 공급 확대가 지속적으로 반복되며 이루어질 수밖에 없는 영역이다. 증착 공정에 소재나 장비를 성공적으로 공급하는 기업들을 투자하기 적합한 기업으로 보고 계속 관찰해야 하는 이유다.

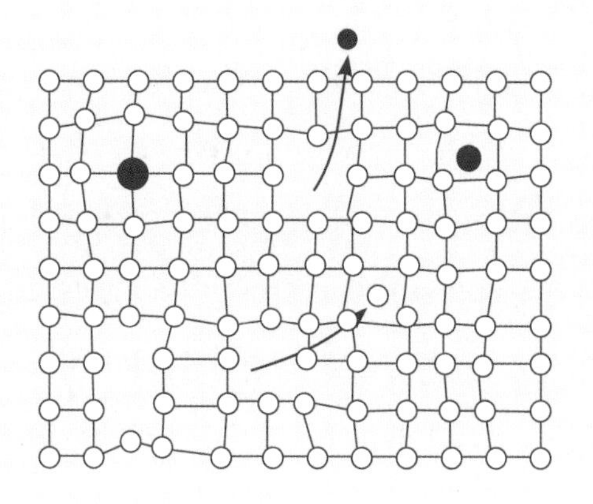

[그림 11-2] 반도체 박막의 원자의 배열은 결코 이상적으로 이루어지지 않는다!

흔히 증착 공정을 통해 SiO_2(산화실리콘)을 쌓으면 실리콘(Si) 원자와 산소(O) 원자가 반복적으로 결합된 순수한 산화실리콘이 형성될 것으로 생각하기 쉽지만, 반도체 공장에서는 이러한 이상적인 반응이 절대로 일어나지 않는다. 앞서 언급한 다양한 공정 변수 때문에 원자들이 빼곡히 들어섰는지, 원자들이 중간중간 자리를 비워 밀도가 낮은지, 아니면 원자들이 엉뚱한 배열을 하고 있지는 않은지, 탄소(C), 질소(N)나 염소(Cl) 같은 불순물이 얼마나 포함됐는지, 주변 물질과의 궁합은 잘 맞는지 등등 다양한 이유로 박막의 품질은 전혀 상이하게 바뀐다. 이처럼 박막 품질이 바뀜에 따라 반도체의 구동 특성 역시 변한다. 반도체는 원자 단위에서 만들어지는 제품이기 때문에 일부 원자가 미세하게 변형되는 것만으로도 특성이 완전히 달라지기 때문이다.

원하는 품질의 박막을 만들기 위해서는 연구개발 단계에서 수많은 인력이 요구되며, 상용 라인에서 연구개발 결과와 동일한 품질의 물질을 만들어내기 위해서는 또다시 양산 단계에서 수많은 엔지니어가 필요하다. 이렇듯 다양한 변수는 장비의 자동화, 컴퓨터 시뮬레이션 같은 방식으로는 해결할 수 없다. 수많은 시행착오와 현장 경험이 누적되어야 지난 결과물과 직관을 통해 해결책을 찾을 수 있다. 결국 연구개발 인력의 손이 필요하다.

ALD, 원자 단위로 한 층 한 층 물질을 쌓는다

각종 변수를 제어해도 원하는 물질을 만들 수 없으면 원하는 결과물을 만들어줄 장비를 개발하거나 물질의 합성 기술 자체를 통째로 바꿔야 한다. 이러한 이유로 2010년대 중반부터 원자층 증착법(Atomic layer deposition, ALD)이 더욱 활발히 도입됐다. ALD는 두께가 나노미터 이하인 물질을 0.1㎚ 두께 수준으로 제어하며 형성할 수 있는 유별난 기술인데, 웨이퍼상 균일도가 뛰어나고 밀도가 높은 박막을 형성할 수 있어 우수한 품질의 박막을 증착하는 데 유리하다. 특히 칩 내부 구조물이 더욱 미세해지고 복잡해질수록 활용 빈도가 더욱 커지는 공정이다.

ALD는 기술이 개발된 이래 본격적으로 도입되기까지 무려

25~40년이란 오랜 시간이 걸렸다. 최초의 기술은 1974년 핀란드에 등록된 특허를 통해 공인됐지만, 이후 오랜 기간 산업계의 관심을 받지 못했다. 기존 반도체 증착 기술과 너무 다르고, 화학 반응이 매우 느린 속도로 이루어지는 데다가 형성되는 박막도 너무 얇아서 반도체 업체가 원하는 두께의 박막을 만들기에는 생산성이 떨어졌기 때문이다. 또한 공정이 진행되기 위한 온도가 물질마다 모두 상이해 하나의 장비에서 여러 종류의 물질을 합성할 수 없는 한계도 안고 있었다. 1982년 SID(Society of Information Display) 학술회의를 통해 ALD 기술을 도입하면 우수한 품질의 소재를 만들어낼 수 있다는 점이 알려지면서 재차 주목받았지만, 산업계에 도입되기까지는 15년이, 본격적으로 도입이 확대되기까지는 30년이 더 필요했다. 반도체 업계가 생산성을 중시하고 새로운 기술에 보수적임을 보여주는 방증이다.

ALD 기술은 해외에서 알려지기 시작했으나, 국내 업체도 비교적 유리한 위치에서 시장에 참여할 수 있었다. 메모리반도체 구조가 극도로 복잡하고 미세화되다 보니 새로운 기술을 가장 먼저 도입할 수 있는 기업은 삼성전자와 SK하이닉스뿐이었기 때문이다. 기존에 사용되지 않던 기술이 산업계에서 사용되기 시작하니 국내 장비와 소재 업체들도 발 빠르게 관련 제품의 개발에 나섰다. ALD 장비의 선두주자라고 하면 일본의 TEL, 미국의 어플라이드 머티리얼즈, 램 리서치다. 그러나 국내 장비사도 일찍부터 비교적 기술력이 낮은 영역에서부터 장비의 공급을 성공적으로 수행해 왔으며, 기술 향상을 통해 그 영역을 꾸준히 넓혀 왔다.

증착 장비는 반도체 신규 팹을 건설할 때 전체 장비 투자 비용의 15~20% 정도를 차지한다. 칩의 미세화와 구조물의 다양화는 지속되고 있으며, 이에 발맞추어 생산성, 정확한 물질 형성을 도와줄 장비 기술은 날로 발전하고 있다. 이를 위한 필사적인 노력이 장비 가격의 상승으로 이어지며 신규 라인을 건설할 때 증착 장비가 차지하는 비중은 꾸준히 유지될 전망이다.

세계 1위 D램 메이커를 향하여! 트렌치 vs. 스택

위에서 아래로 뚫는 트렌치, 아래에서 위로 쌓는 스택

건축물을 지을 때도 높이 짓는 것이 넓게 짓는 것보다 월등히 어렵다. 반도체도 마찬가지다. 칩 내부가 수직 구조를 많이 가질수록, 수직 구조물이 더욱 거대해질수록 칩 제조는 까다로워진다. 이는 곧 반도체 칩 업체가 칩을 제조할 때 공정이 더욱 어려워지고, 장비업체나 소재업체들도 새로운 장비와 소재를 개발해서 공급해야 함을 의미한다. 즉, 수직 구조물이 많은 칩일수록 장비업체와 소재업체들에는 새로운 제품을 더욱 널리 판매할 기회가 많아짐을 의미한다.

현대차그룹은 2015년 서울 삼성동 한국전력 부지를 매입하면서 초고층 빌딩을 건축하겠다는 계획을 발표했다. 그러나 2021년 들어 계획을 수정하겠다는 이야기가 나왔는데, 거기에는 건축비를 절감하기 위해 50층 빌딩 세 개로 나누어 짓는 방안이 포함되어 있었다. 100층이 넘는 초고층 빌딩을 지으려면 3조 원이 넘는 건축비가 필요한데, 50층 빌딩 세 개로 나누어서 지으면 1조 5000억 원이면 충분하다고 한다. 50층 빌딩을 세 번 쌓으면 150층짜리 빌딩이 될 것만 같은데 왜 초고층 빌딩을 한 개 지을 때와 적당한 고층 빌딩 세 개를 지을 때의 건축비가 크게 차이가 나는 것일까?

빌딩은 층수가 높아질수록 건축비가 기하급수적으로 증가한다. 빌딩의 높이가 높아질수록 지진과 바람에 훨씬 민감해지므로 코어와 골조는 더욱 비대해지고 무거워지며, 지반 공사와 안전 설비 구축에 더욱 많은 기술과 시설물을 투자해야 하기 때문이다. 게다가 빌딩 높이가 높아지므로 빌딩의 모든 층이 더욱 무거운 하중을 견뎌야 하고, 이로 인해 빌딩을 지지하기 위한 철강과 콘크리트 소재들이 더욱 고강도 소재로 바뀌어 빌딩의 하중이 또 한 번 늘어나게 된다. 또한, 빌딩이 주변 환경에 미치는 영향이 더욱 커져 방공 레이더 교체나 신규 설치 같은 이유로 추가 비용을 지불해야 한다. 반도체도 마찬가지다.

반도체 칩은 내부에 수많은 수직 구조물이 형성된다. 특히 D램과 낸드 플래시 같은 일부 반도체 칩은 유달리 거대한 수직 구조물이 많이 만들어지기도 한다. 그런데 원자 단위의 미세한 영역에서 수직 구조물을 형성하는 것은 극도로 어려운 일이다. 마치 고층 빌딩을 쌓아 올라갈 때처럼 구조물의 길이가 길어짐에 따라 어려움이 더욱 누적되며 공정 변수가 급증한다. 이에 따라 수많은 반도체 연구개발 단계에서는 어떻게 하면 수직 구조물을 잘 만들지, 이러한 수직 구조물에 어떻게 새로운 물질을 형성하거나 구조물에 만들어진 소재를 깎아낼지 활발히 연구하게 된다.

D램의 캐패시터도 매우 긴 수직 구조물 형태로 만들어진다. 3D 낸드 플래시도 깊은 수직 구조를 형성하며 전자가 저장되는 수많은 셀이 만들어진다. 이러한 수직 구조물을 만드는 대표적인 방법으로는 트렌치(Trench) 공정과 스택(Stack) 공정이 있다.

트렌치와 스택 공정을 이용해 만든 구조물은 모두 겉에서 보기엔 땅을 수직으로 뚫어 만든 우물과 유사하게 생겼지만, 두 공정에는 엄연한 차이가 있다. 트렌치 공정은 위에서부터 아래로 웨이퍼상의 물질을 뚫고 들어가며 수직 구조물을 만드는 공정인 반면, 스택 공정은 아래에서부터 위로 새로운 물질을 쌓으며 수직 구조물을 만드는 공정이다. 트렌치는 땅을 뚫으며 지하가 깊은 건축물을 짓는 것과 같고, 스택은 땅 위로 고층 빌딩을 짓는 것과 같다.

대세 트렌치 대신 스택으로 도전한 삼성전자, D램 시장을 제패하다

1986년 삼성전자가 4MB D램 칩을 개발할 때 메모리반도체 기술을 선도해오던 일본의 NEC, 도시바, 미국의 IBM, 독일의 인피니온 등 칩 업체들은 기존에 메모리반도체를 제조할 때 활발히 쓰여오던 트렌치 공법을 꾸준히 채택해서 차세대 D램을 개발했다. 그러나 삼성전자와 일본의 히타치 등 일부 기업은 다른 결정을 내렸다.

삼성전자는 수많은 고심 끝에 D램 내부의 캐패시터를 형성할 때 스택 공법이 유리할 것이라 판단했다. 트렌치 공법보다는 스택 공법이 단순해서 공정 비용을 단축할 수 있고, 완성된 칩에 문제가 발생하면 그 원인을 빠르게 찾아 해결할 수 있으므로 신제품 개발 기간을 단축하는데 유리하다는 이유에서였다. 이러한 판단은 세계 일류 반도체 기업들이 하나같이 걷고 있는 길과 전혀 다른 길을 제안하는 것으로, 실은 매우 과감한 도전이었다. 스택이란 새로운 공정을 도입한 뒤 예상치 못한 문제가 발생해서 제품 개발이 늦어지면 이는 후속 제품 개발의 경쟁력 저하로 이어지고, 기업의 패망을 초래할 수도 있기 때문이다.

실제로 삼성전자 내부에서도 트렌치 공법을 채택해야 한다는 의견이 거셌다. 그럼에도 불구하고 이건희 회장은 일부 연구개발자의 의견을 수렴해서 차세대 D램은 스택 공법을 이용할 것을 지시했고, 삼성전자는 결국 1988년 2월 스택 방식을 이용한 D램을 최초로 내놓았다. 그 결과, 삼성전자의 4MB D램 원가 경쟁력이 더욱 향상되며 국산 D램은 일본산 4MB D램과 가격 차이가 없는 수준에 이를 수 있었고, 이는 삼성전자가 4MB D램 세계 시장 점유율 1위를 보다 쉽게 차지할 수 있는 원동력이 되었다. 스택 공정은 시간이 지날수록 빛을 발했다. 스택 공정을 일찍이 도입한 이후 우수한 원가 경쟁력과 제품 개발력을 바탕으로 삼성전자는 경쟁사와의 격차를 점점 더 벌리며 D램 시장에서 입지를 굳힐 수 있었다.

1986년 당시 국내에서 삼성전자와 함께 D램을 개발하던 현대전자는 일본과 미국의 D램 기술 기조를 따라 트렌치 공정을 이용해 차세대 제품 개발을 시도했으나, 결국 4MB 제품 개발에 패배를 경험한 뒤, 발빠르게 스택 구조로 변경하여 훗날 16MB D램 개발을 이어가게 된다. 다행히도 살아남았지만 시행착오를 거치며 막대한 비용 지출을 감수해야 했던 것이다. 한편, 삼성전자와 함께 4MB D램에서 스택 구조를 채택한 일본의 히타치도 높은 경쟁력을 확보할 수 있었다. 당시 일본 D램 업체 중 가장 앞서 있던 NEC와 도시바가 뒤늦게 D램 제조 공정을 트렌치에서 스택으로 바꾸는 동안 히타치는 이들 기업과의 격차를 좁히며 1990년대 중반 들어 결국 이들 기업을 제치고 일본 1위 D램 업체로 올라서게 된다.

스택, 단순한 공정, 저렴한 비용으로 D램 제조 표준이 되다

트렌치 공정은 깊숙한 구조물을 미세하게 뚫어야 하고, 다시 깊게 형성된 세부 구조물에 미세하게 소재를 쌓아 채우는 방식에 기반하므로 오직 쌓는 것에만 집중하는 스택보다 공정이 복잡하고 비용이 많이 소모될 수밖에 없다. 미세한 영역에서의 공정이 많아지므로 수율 확보도 더욱 어려워진다. 반면 스택 공정은 땅 위에 건축물을 쌓아 올라가는 것과 같으므로 완성된 구조물이 밖에서 훤히 들여다보이는 이점이 있다. 지하 깊숙이 구조물을 만들면 외부에서 구조물을 관찰할 수 없으므로 건축물을 살펴보기 위해서는 또 한 번 땅을 파야 하듯, 트렌치 공정은 문제가 발생할 경우 칩 분석 시간 지연이 필연적으로 발생한다.

물론 스택 공정에도 단점은 있다. 쌓아 올린 구조물의 품질이 트렌치 방식보다 떨어지므로 D램의 성능 저하와 불량 발생 우려가 존재하고, 트렌치 방식보다 거대한 구조물을 쌓아 형성하므로 구조물 미세화를 위한 노력이 필요하다. 거대한 구조물을 웨이퍼에 가득 쌓아 올린 만큼 구조물 상단부의 표면이 평평하지 못한 문제도 있다. 이런 이유로 이 위에 신호 전달을 위한 수많은 배선 회로를 만드는 과정에서 여타 칩과 공정 호환이 이루어지지 않는다. 그럼에도 불구하고 스택 방식은 트렌치 방식보다 공정이 단순하고 비용 절감에 유리해서 결국 D램 제조 공정의 표준으로 자리

잡을 수 있었다.

칩 내부에 수직 구조물을 만드는 것은 매우 어려운데, 특히 깊이와 직경은 난이도를 결정하는 중요한 변수다. 아무리 깊은 구조물이라도 구조물의 직경이 크면 비교적 만들기 쉽다. 그러나 매우 가느다란 구조물을 깊게 만들어야 한다면 어려울 수밖에 없다. 고층 빌딩도 충분한 면적을 확보하지 않고 무작정 수직으로 높이 쌓아 올릴 순 없는 법이다. 이에 따라 트렌치 및 스택 공정의 난이도를 설명하는 지표로 종횡비(Aspect ratio)가 종종 사용된다. 가로 직경 대비 세로 높이가 얼마나 되는지를 나타내는 지표다. 직경이 좁은데 깊이만 깊은 구조물이라면 구조물을 만드는 과정에서 무너져 내리거나 벽면이 맞닿아 막혀버리는 문제가 빈번히 발생한다.

반도체가 미세화됨에 따라 더욱 직경이 좁고 깊은 수직 구조가 요구되는 점은 반도체 제조의 난이도 증가로 이어진다. 특히, D램의 캐패시터 형성과 3D 낸드 플래시의 층 수 증가 과정에서 이러한 난이도 증가가 두드러진다. 이를 극복하기 위해서는 보다 많은 장비와 더욱 특수한 소재가 필요하다. 실제로 스택 공정을 이용해 지속적으로 쌓아 올라가는 3D 낸드 플래시의 경우, 수십 층을 한번에 형성하는 싱글 스택(single stack)으로 시작했으나, 층수가 100층 이상으로 증가하면서 동일한 직경에서 더욱 긴 수직 구조를 형성하기가 어려워 이들 구조물을 한번에 만드는 것이 불가능해졌다. 이에 따라 구조물을 수십 층씩 나누어 두 번에 걸쳐 만드는 더블 스택(double stack)으로 기술의 변화가 발생했다(향후 층수가 증가하면 반복 횟수는 더욱 증가할 것이다!).

더블스택은 웨이퍼가 여러 장비의 안밖을 오가며 동일한 공정을 두 차례 진행하므로 생산 라인의 생산 능력 손실이 발생한다. 낸드 플래시 업체들은 이를 감안해 생산 능력을 늘리기 위해 더욱 많은 장비를 구축해야 했다. 이는 낸드 플래시 업체들에는 막대한 비용 증가로, 장비업체들에는 지속적인 매출 증가로 이어지게 마련이다. 이는 자연스럽게 낸드 플래시 업체의 설비 투자 비용 감소 욕구를 유발시킨다. 설비 투자 비용을 절감하기 위해서는 한번에 더욱 깊은 수직 구조를 만들 필요가 있으며, 이를 위해 공정을 더욱 효율적으로 진행시켜줄 개선된 식각 및 증착 신소재 도입을 활발히 추진해야 한다. 따라서 새로운 소재 개발을 위한 연구개발 투자를 지속적으로 확대할 수밖에 없는 환경이 만들어진다.

신소재의 개발은 칩 업체들이 자체적으로 수행하기도 하지만, 보통은 소재의 양산을 고려해 소재 공급사와 협력해 진행하는 경우가 일반적이다. 필요에 따라 칩 업체가 개발한 기술을 소재 업체에 양도하기도 한다. 국내 소재사 솔브레인과 엘티씨에이엠이 삼성전자나 SK하이닉스와의 공동 개발을 통해 개발한 고단화 낸드 플래시 제조 공정에 공급하는 식각 소재도 이러한 고심과 협력

끝에 나온 결과물이다.[33] 또 다른 소재사인 디엔에프가 2021년 제3자 배정 유상증자를 통해 삼성전자의 지원을 받아 D램 캐패시터 및 낸드 플래시용 증착 소재의 생산 설비 확대 투자를 진행하게 된 배경 역시 여기에 있다. 이러한 새로운 소재들은 이들 기업의 신규 외형 성장 동력이 될 뿐만 아니라, 수익성까지 보장된다는 커다란 장점이 있으므로 투자자들이 더욱 눈여겨볼 포인트가 된다.

높은 커버리지와 균일도가 곧 경쟁력

깊은 수직 구조물에 식각 소재를 투입하면 더욱 깊은 구조물로 만들 수 있다. 그러나 구조물의 깊이가 이미 너무 깊으면 이 과정에서 식각 소재가 구조물의 하단까지 충분히 주입되지 않아 구조물을 더욱 깊이 뚫기 어려워지는 문제가 발생한다. 또한 깊은 수직 구조물에 새로운 증착 소재를 투입하면 수직 구조물을 따라 얇은 소재를 형성할 수 있다. 그러나 구조물이 너무 깊으면 이 과정에서 증착 소재가 구조물의 깊은 영역까지 들어가기 어려워 소재가 균일하게 쌓이지 않는다는 문제가 발생한다.

증착 공정에서는 물질이 얼마나 균일하게 덮여 있는지를 나타

33. 전자신문, "SK하이닉스, 3D 낸드 핵심 소재 '고선택비인산' 다변화…엘티씨에이엠 공급 초읽기" 2020.2.17.

내는 지표로 커버리지(coverage)가 활발히 이용된다. 수직 구조물의 상단부는 장비에 주입된 증착 소재가 쉽게 닿는 영역이므로 두꺼운 두께의 박막이 형성되지만, 구조물 하단부는 소재가 끝까지 들어가기 어려워 얇은 두께의 박막이 형성되어 위 아래의 두께 편차가 발생하는데, 이러한 편차를 나타내는 지표가 바로 커버리지다. 이처럼 구조물의 상단부와 하단부에 형성된 소재에 편차가 발생하면 이는 칩 성능 저하나 수율 저하로 이어진다. 이에 따라 구조물의 하단부에도 상단부와 같이 충분히 두꺼운 소재가 만들어지도록 유도할 필요가 있다.

이를 위해 증착 공정 중 구조물의 상단부에 소재가 더욱 쉽게 형성되는 것을 억제하기 위한 기술이 동원되며, 원자층 증착법 같은 신규 공정이 확대 도입되기도 한다. 이와 관련, 어플라이드 머티리얼즈 등 장비업체는 수직 구조물상에 소재를 증착할 때 구조물 상단부에서는 증착과 함께 원자 단위에서의 미세 식각이 동시에 이루어져 상단부의 과도한 소재 형성을 억제하는 첨단 기술을 도입해 수직 구조물에 특화된 증착 장비를 출시하며 기술을 선도했다. 또한 점차 사용 빈도가 높아지는 원자층 증착 공정 전용 장비로 제품군을 다변화하며 매출을 끌어올렸다.[34] 특히 어플라이드 머티리얼즈는 극도로 깊은 구조물에 매우 얇은 박막을 오차 없이

34. US7294574B2, Applied Materials Inc, "Sputter deposition and etching of metallization seed layer for overhang and sidewall improvement".

균일하게 형성하는 장비를 독보적으로 개발하면서 증착 장비 시장에서 경쟁사가 따라오기 어려운 경쟁력을 갖췄다. 이러한 경쟁력은 지난 60년간 누적된 장비 개발 능력에 기반한다. 이는 어플라이드 머티리얼즈의 가치를 높게 평가할 수 있는 배경으로, 미국 주식시장에서 어플라이드 머티리얼즈에 늘 프리미엄이 붙는 이유이기도 하다.

이처럼 칩 내부에 수많은 복잡한 구조물을 형성하고 이러한 구조물을 더욱 깊게 만들거나 그 위에 균일한 박막을 형성하기 위해서는 첨단 기술은 물론 많은 연구개발자의 노력이 필요하다. 이는 칩을 만드는 반도체 업체만이 해결할 수 있는 문제는 아니다. 칩 업체 외에 장비업체, 소재업체가 모두 함께 손을 잡고 연구개발에 몰두한다. 누구 하나라도 목적을 달성하지 못하면 웨이퍼상 수많은 구조물에 균일한 박막을 형성하는 것은 매우 어려워지고, 이는 반도체 업체가 시장에서 도태되는 단초가 될 수 있다. 당연히 반도체 업체가 이를 반길 리 없으므로 막대한 연구개발 자원이 수직 구조물과 관련한 공정 개발, 장비 개발, 소재 개발에 투입된다. 반도체 칩에서 새로운 수직 구조물이 활발히 사용되기 시작하면 이의 수혜를 보는 장비 업체와 소재 업체가 반드시 등장하는 이유다.

반도체 장비 업체 엿보기

현대 첨단 기술의 결정체, 반도체 장비

반도체 장비는 각종 첨단 기술이 총동원되어 제작된다. 고작 30㎝ 크기의 웨이퍼에 어떠한 물질을 쌓거나 깎는 역할을 할 뿐인데, 그 물질의 두께가 수 나노미터에 불과하며, 웨이퍼 전체에 걸쳐 조금의 오차도 허용되지 않기 때문이다. 제조 장비라고 하면 일반적인 공작 기계를 떠올리는 평범한 사람들의 기준에서는 상상하기조차 어려운 각종 첨단 공법들이 사용되며 매우 다양하고 복잡한 부품들로 이루어진다. 장비 내부 압력을 진공 수준에서 정확히 측정하는 기술, 장비 전체 온도를 조금의 편차 없이 제어하는 기술, 각종 고압과 고전류를 장비의 각 영역에 균일하게 흘리는 기술, 장비에서 발생하는 각종 열을 빠르게 제거하는 기술, 고진공 상태의 장비 내에 극미량의 물질을 오차 없이 정확히 투입하는 기술, 이 물질을 웨이퍼 전체에 균일하게 투입하는 기술, 장비 내부의 진공 상태에서 형성된 기체 이온을 정밀하게 제어하는 기술, 장비 내부의 유체 흐름을 예측하고 제어하는 기술, 유체 흐름이 25장의 웨이퍼에서 모두 균일하게 발생하도록 유도하는 기술 등 나열하자면 끝도 없다. 이러한 기술들을 구현하기 위해 수많은 장비와 구성 부품들이 사용되는데, 이 중에는 기술적인 한계로 인해 수명이 짧은 부품도 상당수 존재한다.

이로 인해 반도체 장비업체들은 유지보수 매출이 높게 발생한다는 특징을 가지고 있다. 반도체 수율을 향상시키기 위한 필수적인 조건 중 하나는 장비의 주기적인 유지보수다. 공정을 반복함에 따라 장비 내부는 주입물과 부산물로 반드시 오염될 수밖에 없으며, 이로 인해 부품이 부식되거나 변성되게 마련이다. 심할 경우, 장비 내부로 가스를 주입하는 가스관이 완전히 막혀 정상적인 공정이 불가능해지기도 한다. 이러한 변성은 눈에 쉽게 관찰되기도 하지만, 도대체 어디에 문제가 생겼는지 예측하기조차 어려운 경우가 일반적이다. 이는 모두 웨이퍼 수율 급감의 주요한 원인이 될 뿐만 아니라, 장비 관리자의 야근 시간이 늘어나는 요인이 되므로 사업장 내 노사 모두 가장 피하고 싶어 하는 일이다.

따라서 반도체 제조 장비는 주기적으로 유지보수를 진행하는

데, 장비를 구성하는 핵심 부품을 세척하고 소모품을 교체하는 정도는 지극히 일상적이다. 필요에 따라 장비를 구성하는 핵심 부품을 통째로 교체하기도 하는데, 이는 마치 비행기가 주기적으로 엔진을 통째로 바꾸는 것과 같다. 장비 유지보수는 모두 장비업체들의 추가 매출로 이어진다.

세계 최대의 반도체 장비업체인 미국의 어플라이드 머티리얼즈는 유지보수 매출이 전체 매출의 25%를 차지한다. 어플라이드 머티리얼즈는 어플라이드 글로벌 서비스 사업부를 통해 유지보수 서비스를 제공하고 있으며, 전 세계에 납품된 모든 장비가 해당 사업부의 잠재적인 매출처라 할 수 있다. 장비의 유지보수는

	순매출	영업수익(손실)
2022:		
반도체 부문	18,797	6,969
어플라이드 글로벌 서비스	5,543	1,661
디스플레이 부문	1,331	260
기타	114	-1,102
전체	25,785	7,788
2021:		
반도체 부문	16,286	6,311
어플라이드 글로벌 서비스	5,013	1,508
디스플레이 부문	1,634	314
기타	130	-1,244
전체	17,202	4,365

[그림 11-3] 어플라이드 글로벌 서비스 사업부는 어플라이드 머티리얼즈 매출의 25% 내외를 차지한다. 영업이익도 유사한 비중을 유지하고 있다.

끊임없이 이루어지므로 매출은 극도로 안정적이다. 장비를 판매하기만 하면 이후 알아서 따라오는 셈이다.

반도체 장비사의 현지화, 원활한 대응과 비용 절감을 이루다

글로벌 반도체 장비사인 어플라이드 머티리얼즈, 램 리서치 같은 주요 장비 제작사들은 꾸준히 현지화 전략을 추진해왔다. 이들의 장비는 주로 미국에서 개발되는데 주요 사용처는 우리나라를 비롯한 아시아 국가이다 보니 주기적으로 이뤄지는 장비의 보수 관리 시 부품 조달 문제가 발생했다. 반도체 장비를 구성하는 수많은 부품 중 어떤 부품에 문제가 발생해서 바로 대응해야 할지는 장비업체들로서도 예상할 수 없는 일이다. 따라서 일부 부품은 미국 업체의 부품을 이용하는 것이 아니라, 장비를 공급할 고객사가 위치한 국가에서 부품업체를 선정해 현지 조달받기도 한다. 이렇게 함으로써 장비업체가 보수 요구에 대응하기 위해 각종 재고를 항상 쌓아두어야 하는 리스크를 최소화할 수 있을 뿐만 아니라, 빠른 유지보수 대응이 가능해져 반도체 생산성을 향상시킬 수 있다.

국내의 경우, 어플라이드 머티리얼즈에 각종 장비 부품을 공급하는 상장사 아이원스가 대표적인 업체다. 아이원스는 어플라이드 머티리얼즈의 정식 협력업체로 등록되어 국내에 공급되는 장

	2018		2019		2020	
	매출 (단위: 달러)	점유율 (단위: %)	매출 (단위: 달러)	점유율 (단위: %)	매출 (단위: 달러)	점유율 (단위: %)
중국	5,456	32	4,277	29	5,047	30
한국	3,031	18	1,929	13	3,539	21
대만	3,953	23	2,965	20	2,504	15
일본	1,996	11	2,198	15	2,396	14
동남아시아	411	29	548	4	797	5
아시아·태평양	4,847	86	11,917	81	14,283	85
미국	1,619	10	1,871	13	1,413	9
유럽	736	4	820	6	1,009	6
총계	17,202	100	14,608	100	16,705	100

단위: 달러

[그림 11-4] 어플라이드 머티리얼즈의 수출 비중은 90%에 달한다. 특히 아시아 매출 비중이 80%를 상회한다. 우리나라와 대만은 중국에 이은 두세 번째 규모의 매출처다. 이는 반도체 제조가 아시아를 중심으로 이루어지고 있음을 보여주는 증거로, 원활한 대응을 위해 글로벌 장비사는 현지화 전략을 적극적으로 추진하고 있다.

비 부품을 꾸준히 확대하고 있으며, 취급하는 부품 수가 꾸준히 증가하고 기존 부품을 재생산하는 과정에서 수율이 꾸준히 상승하는 등 탄탄한 성장 동력을 가지고 있다. 어플라이드 머티리얼즈는 이 밖에도 다양한 나라에서 부품의 현지화를 적극적으로 추진하고 있으며, 이는 기타 장비업체들에서도 관찰되는 지속적인 트렌드이므로 누가 수혜를 볼지 눈여겨볼 만하다.

포토, 식각, 증착 공정은 기술적 난이도가 매우 높고 다루어야 할 내용이 방대하며 기술의 변화가 꾸준히 발생하는 분야다. 이렇듯 한정된 지면을 통해서는 전체 공정을 설명하기 어려운 면이 있

	연간 내역		
	2020/6/28	2019/6/30	2018/6/24
매출(단위: 백만 달러)	10,045	9,654	11,077
중국	31%	22%	16%
한국	24%	23%	35%
대만	19%	17%	13%
일본	9%	20%	17%
미국	8%	8%	7%
동남아시아	6%	6%	7%
유럽	3%	4%	5%

[그림 11-5] 램 리서치 역시 어플라이드 머티리얼즈와 유사하게 매출 비중이 아시아 국가에 치중된 모습을 보인다.

다. 추후 추가적인 내용이나 밸류체인에 관한 이야기를 다룰 기회가 있기를 바란다.

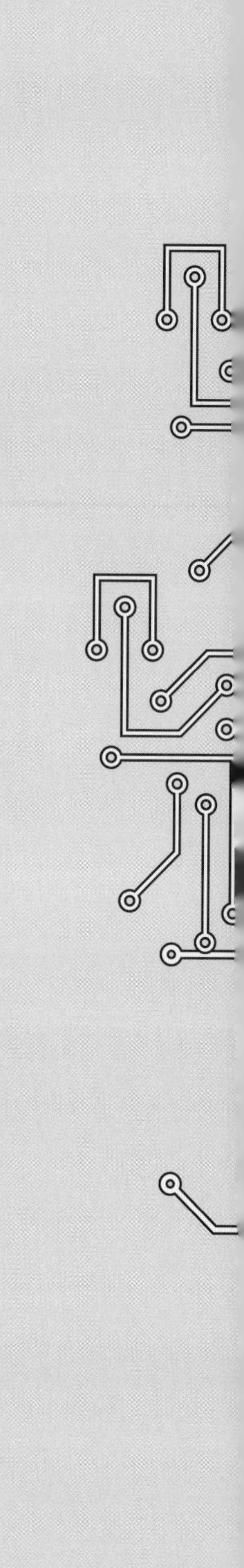

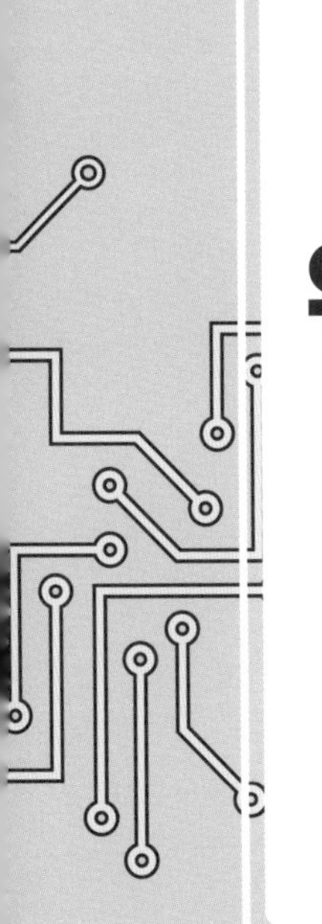

CHAPTER 12

산업의 흐름 속 금속 배선과 웨이퍼 레벨 테스트

Investment in semiconductors

금속이면 반드시 전기가 잘 통할까? 차세대 소재가 언급되는 이유

손톱만 한 반도체 속 요지경, 수십억 개의 구조물을 수억 개의 배선으로 연결한다

반도체 성능 향상은 트랜지스터 수의 비약적인 증가와 함께 이루어졌다. 고성능 칩에는 수십억 개 이상의 트랜지스터가 사용된다. 이 외에도 칩의 종류에 따라 캐패시터(capacitor, 축전기)나 플로팅 게이트(floating gate, 부동 게이트) 같은 각종 기능을 담당하는 구역들이 또 다시 수십억 개 이상 필요하다. 그런데 이처럼 수십억 개나 되는 무언가가 동작하기 위해서는 이들 모두에 전기 신호가 인가되어야 한다. 이는 최소 수억 개 이상의 금속 배선이 필요함을 의미한다. 놀랍게도 수십억 개의 트랜지스터는 수억 개 또는 그 배수에 달하는 엄청난 수의 배선들로 긴밀히 연결되어 있는데, 이를 가리켜 인터커넥트(interconnect)라고 한다.

반도체가 미세화됨에 따라 이들 수십억 개의 배선을 형성하는 과정은 더욱 어려워졌다. 제한된 면적의 칩에 더욱 많은 트랜지스터를 만들기 위해서는 배선을 더욱 많이 만들어야 하는데, 이를 위해서는 배선의 너비와 배선 사이의 거리(pitch)를 극단적으로 줄여야 한다. 이는 포토 공정, 증착 공정, 식각 공정 모두에서 매우 도전적인 과제가 된다. 실제로 인텔이 10*nm*급 CPU를 개발하며 어쩔 수 없이 제품 출시를 수년 이상 미루는 어려움을 겪은 이유도 배선을 만드는 데 어려움을 겪었기 때문이라는 의견이 꾸준히 제기돼왔다.

반도체 칩이 미세화되면 트랜지스터를 만드는 과정도 어려워지지만, 배선을 형성하는 과정에서도 역시 어려움이 발생한다. 손톱만한 크기의 칩 안 제약된 공간에 구겨 넣듯 회로를 형성하는 것은 설계와 공정을 가리지 않고 큰 어려움이다. 이와 관련, 낸드 플래시는 직렬 구조를 가지므로 노어 플래시보다 배선의 수가 크게 줄어 집적도를 향상시키는 데 월등히 유리하다는 점은 앞서 언급한 바 있다.

구리는 정말 전도성이 높은 물질일까?

우리가 흔히 사용하는 전자제품에 달린 전선을 뜯어보면 폴리머 소재의 피복이 내부의 금속을 감싸는 구조로 되어 있다. 금속 소재로는 주로 구리가 사용되는데, 이는 구리가 은을 제외하면 전도성이 가장 뛰어난 금속이기 때문이다. 비교적 흔하게 존재하는 금속이라 가격도 저렴하다. 이러한 이유로 반도체에서도 구리가 꾸준히 활발하게 쓰여 왔다. 광물 관련 상품 투자자들이 여러 금속 중 구리 투자에 유독 눈독을 들여온 이유 중 하나도 지속적인 반도체 산업의 성장 기대감이 있었기 때문이다. 그런데 우리가 알고 있는 과학적 상식과 달리, 구리의 뛰어난 전도성은 배선의 선폭이 충분히 두꺼워야만 가능한 이야기다. 어떤 물질이든 원자 단위의 미세한 영역에선 기존 물성과 상이한 특성을 나타내는데, 구리의 전도성도 예외가 아니다.

금속의 전도성은 전자가 금속 원자 사이를 얼마나 잘, 그리고 얼마나 빠르게 이동할 수 있는가에 의해 결정된다. 전자가 수월하게 이동하기 위해서는 다른 입자와 충돌하지 않고 최대한 먼 거리를 이동해야 한다. 이러한 거리를 평균자유경로(mean free path)라고 한다. 상온에서 구리 내 전자의 평균자유경로는 40㎚ 정도로 알려져 있다. 구리의 선폭이 40㎚보다 작아지면 전자가 더욱 먼 거리를 가지 못하고 벽면과의 충돌과 산란이 활발히 발

[그림 12-1] 구리는 반도체 칩 내부에서 수많은 전기 신호를 전달하기 위해 필수적으로 사용되는 금속으로, 반도체 칩 제조 시 가장 많이 사용되는 금속이다.

생한다. 이로 인해 구리의 비저항이 높아지는 저항 크기 효과(resistivity size effect)가 발생한다. 또한 미세화될수록 지속적으로 전기 신호가 흐르며 구리 이온들이 밀리는 일렉트로마이그레이션(electromigration) 현상이 더욱 두드러진다. 구리 원자들의 배열이 흐트러지면서 배선이 단절되는 결과로 이어지는 것이다.

이러한 이유로 40*nm* 이하의 미세한 영역에서 구리는 제 성능을 발휘하지 못한다. 실제로 10*nm* 두께의 구리는 크기가 작다는 이유만으로 일상의 구리에 비해 비저항이 10배 이상 높아진다(똑같은 물질인데도 말이다!).[35] 배선의 저항이 증가하면 소비 전력과 발열이 크게 높아지고, RC 지연에 의해 신호의 전달 속도가 느려져(이에 대해서는 다음 파트에서 살펴보겠다!) 칩의 빠른 동작이 어려워진다. 이는 반도체 미세화를 어렵게 만드는 또 하나의 요인이다.

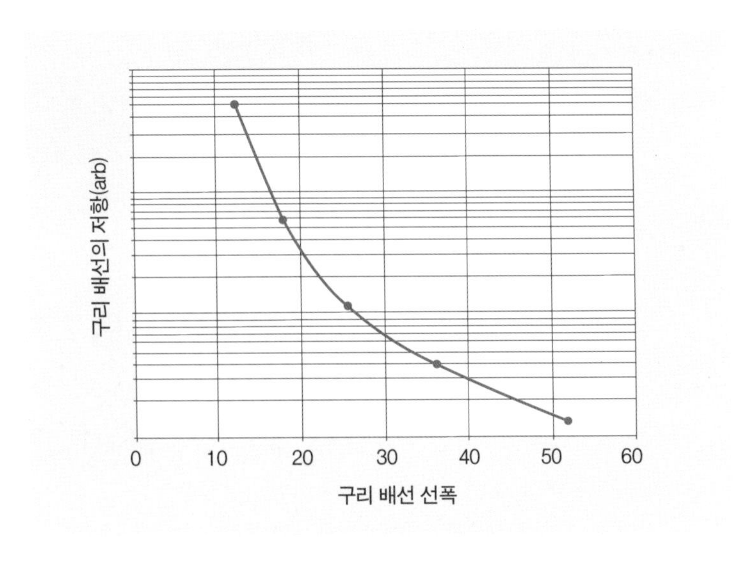

[그림 12-2] 일상생활 속에서 흔히 볼 수 있는 구리는 미세 영역에선 전혀 다른 특징을 나타낸다. 구리의 선폭이 40nm 이하로 가늘어지면 비저항이 급격이 증가한다.[36]

이에 따라 구리보다 비저항이 높더라도 미세 영역에서 성능 저하가 비교적 적게 발생하는 코발트(Co)나 루세늄(Ru) 같은 금속

35. 대한금속·재료학회지(Korean J. Met. Mater.), Vol. 56, No. 8 (2018) pp.1~6.
36. Unsplash, Jess Bailey.

이 새로운 대안으로 제시된다. 그러나 소재를 바꾸는 것은 매우 어려운 일로, 반도체 기업들이 가장 꺼리는 대안이다. 금속 형성 공정에 따른 장비 교체가 필연적으로 수반되며, 기존에 대규모 연구개발을 통해 알게 된 결과들이 무용지물이 되기 때문이다. 소재를 바꾸면 수많은 공정과 최적의 레시피를 새로 찾아내야 하는 것은 물론 배선 형성 기술도 새롭게 확보해야 한다.

구리와 비교했을 때 코발트와 루세늄은 값이 비싸기도 하다. 2018년 일론 머스크가 코발트 비중이 5% 이하인 배터리를 내놓겠다고 공언한 이유도 수급 불안정으로 인해 코발트 가격이 치솟아 전기차 제조 원가가 상승하는 결과가 나타났기 때문이다. 이들 금속은 매장량이 적거나 채굴할 수 있는 지역이 한정적이다. 특히 코발트는 주요 매장지가 분쟁 지역에 속해 있어 코발트 광산을 채굴하는 데 따른 수익이 전쟁에 이용되는 비도덕적 문제도 지적받고 있다.

실제로 코발트와 루세늄 같은 금속을 사용하면 저저항 배선을 형성할 수 있고, 신뢰성을 확보할 수 있다는 연구 결과가 꾸준히 발표되고 있다. 물론 이들 소재 또한 아직 알려지지 않은 특성이 많은 관계로 더욱 활발한 연구가 필요하지만, 제조 공정이 까다로워질수록 어느 시점에는 소재의 교체가 강하게 요구될 것이고, 이러한 변화에 대응하여 새로운 장비와 소재를 공급하는 공급사가 기술 극복의 수혜를 입게 될 것임은 분명한 사실이다.

RC 지연의 C, 덕산테코피아는 왜 신제품을 개발할까?

RC 지연, 부도체의 특성에 주목하라

전기 신호는 금속을 타고 흐른다. 그러므로 금속 배선을 타고 흐르는 신호의 품질은 배선 소재의 종류에 따라 결정된다고 생각하기 쉽다. 그러나 금속 외에 금속을 감싸는 부도체도 큰 영향을 미친다. 과거 반도체 칩의 동작 속도는 트랜지스터의 스위칭 속도가 좌우했다. 그러나 트랜지스터 성능이 상향됨에 따라 현재는 트랜지스터 자체의 속도보다 트랜지스터에서 출발한 신호가 전송되는 속도가 칩 전체 동작에 더욱 중대한 영향을 미친다. 신호가 배선을 타고 흐르는 과정에는 일정한 시간이 소요되는데, 이를 RC 지연(RC delay)이라 한다.

R은 금속의 저항을, C는 주변 부도체의 유전 특성을 의미한다. 부도체는 유전율이라 불리는 고유의 상수를 갖는데, 유전율이 높은 물질일수록 전류 흐름을 지연시켜 고속 칩 동작을 어렵게 만든다. 이에 따라 유전율이 낮은 소재를 도입하는 연구가 활발히 진행되고 있다. 과거에 널리 사용되던 산화실리콘은 일반적인 반도체 공정을 이용해 형성할 경우 유전율 4 내외의 수치를 갖는다. 새로운 부도체 소재를 도입해 유전율을 3까지만 낮춰도 RC 지연을 25% 이상 개선할 수 있다. 현재의 고성능 반도체 칩은 2 내외 또는 그 이하의 유전율을 요구한다.

신소재 개발, 에어갭 기술로 RC 지연을 극복한다

과학자들은 연구개발을 통해 유전율이 낮은 소재를 새로이 발견해내는데, 단순히 유전율이 낮은 물질을 찾기만 하는 것으로는 의미가 없다. 부도체의 가장 중요한 역할은 배선에 흐르는 전류가 밖으로 빠져나가지 못하도록 막는 것이므로 뛰어난 절연 특성을 함께 가져야 한다. 또한, 부도체 소재의 순도가 높아 주변 환경을 오염시키지 않아야 하며, 기존 공정을 통해 증착 가능해야 하고, 기존 식각 소재에 수월하게 반응하거나 평탄화 공정을 견딜 수 있는 등 인테그레이션(integration, 융합) 특성이 우수해야 한다. 아무 화학 약품이나 섞어 시험관 내 반응을 통해 유전율이 낮은 소재를 만드는 것이 아니라는 것이다. 이외에도 여러 특성(공정 온도를 견딜 수 있는 내열성, 금속과의 반응이 일어나지 않는 특성, 수분 흡습에 의한 유전율 변형을 방지하기 위한 내흡습성, 낮은 열팽창계수, 내크랙성 등 여러 성능 조건 등)을 동시에 만족시켜야 한다. 이러한 까다로운 조건들로 인해 새로운 저유전율 소재를 개발하는 연구는 늘 장벽에 부딪혀 왔다. 이론적으로는 유전율이 낮은 소재가 수도 없이 많이 알려져 있으나, 실제로 반도체 제조에 사용 가능한 소재는 이러한 이론적 값과는 괴리가 커 공학자들에게는 그저 장벽의 수나 다름없었다.

2007년, IBM은 에어갭(air gap)이라는 개념을 제시했다.[37] 에어갭은 식각 공정을 통해 부도체 물질 중간중간에 인위적으로 빈 구멍을 만들어 다공성 구조를 갖도록 만드는 개념이다. 공기의 유전율이 1.00059로 낮다는 점에 착안한 것인데,[38] 유전율이 낮은 공기가 부도체의 빈 공간에 차면 부도체 영역의 전체적인 유전율이 낮아져 RC 지연을 감소시킬 수 있을 것으로 기대됐다. 그러나 반도체 칩 한가운데 구멍을 숭숭 뚫는다는 개념은 참신하면서도 무모한 아이디어였다. 유전율을 충분히 낮추기 위해서는 일정한 밀도 이상의 공기층이 형성되어야 하는데, 중간중간 빈 구조가 형성되면 기계적 강도가 떨어지고 구멍을 균일하게 형성하는 것이 어렵기 때문이다. 구멍 크기가 어느 정도 이상 커지면 다시 구멍을

37. Semi Engineering, KNOWLEDGE CENTER, "Air Gap", "https://semiengineering.com/knowledge_centers/manufacturing/process/air-gap/".
38. Britannica, Physics, Dielectric constant,

메우기 위한 공정을 거쳐야 하는데, 이 과정에서 유전율이 재차 상승하는 문제가 생기기도 한다.

인텔은 일부 배선 층에 에어갭을 도입해 RC 지연을 최대 17% 감소시킬 수 있다고 보고했다.[39] 현재 에어갭 기술은 메모리와 비메모리칩에 걸쳐 널리 사용되고 있다. 물론, 저유전율 소재의 개발 또한 여전히 진행 중이다. 상장사 디엔에프, 덕산테코피아 등의 소재 기업이 새롭게 사업을 확대하고 있는 영역이기도 하다. 실제로 덕산테코피아는 2019년 기업공개(IPO) 시 기업 가치를 극대화하기 위해 투자자들에게 저유전율 소재가 새로운 성장 동력으로 자리잡고 있음을 부각하기도 했다. 물론 현재까지도 더욱 다양한 저유전율 소재 개발을 지속 중에 있다.

금속 배선 공정은 배선을 미세하게 만들어야 하는 어려움도 크지만, 어떤 소재를 선택할 것인지, 그리고 어떻게 소재를 형성할 것인지 설계부터 소재와 공정까지 고난이도 기술이 총집합되는 영역이다.

39. NCCAVS Symposium in San Jose, 2017, "BEOL Interconnect Innovations for Improving Performance".

EDS의 꽃! 웨이퍼 레벨 테스트

전공정의 마지막 관문, 웨이퍼 레벨 테스트

금속 배선 공정에 이어 전공정의 마지막 관문이 남았다. 웨이퍼에 형성된 네모난 칩들에 전기 신호를 주면 배선을 통해 신호가 오가며 동작하게 된다. 메모리반도체는 데이터 저장 기능을 수행하고, 비메모리반도체는 칩 내 구역에 따라 주어진 임무를 수행하는 것이다. 그러나 아직 칩이 완성된 것은 아니다. 칩 본연의 기능을 수행할 수 있다고는 하지만 외부 전자기기와 연결되어 한 몸처럼 종합적인 동작을 수행하기 위해서는 몇 가지 후속 공정을 거쳐야 한다.

그런데 웨이퍼에 만들어진 수백수천 개의 칩 모두가 하나같이

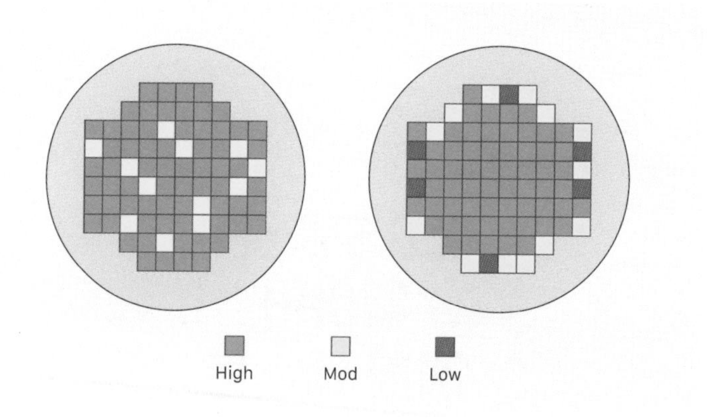

[그림 12-4] 웨이퍼 레벨 테스트는 후공정에 들어가기 전 불필요한 비용 소모를 최소화하는 역할을 한다.

우수한 성능을 발휘하기는 어렵다. 이들 칩 중에는 반드시 양품과 불량품이 섞여 있기 마련이고, 칩 사이의 성능 편차도 존재할 수밖에 없다. 이런 상황에서 불량품까지 모두 가져다 후속 공정을 거치면 불필요한 비용이 발생하게 된다. 이를 방지하기 위해 웨이퍼에 칩을 완성한 상태에서 칩들의 기능을 확인하는 웨이퍼 레벨 테스트를 거쳐야 한다. 웨이퍼 투입 공정부터 웨이퍼 레벨 테스트까지를 통틀어 전공정이라 부르며, 테스트에 합격한 칩만 후속 공정인 후공정으로 넘어가게 된다. 이처럼 불량품을 미리 선별해서 전반적인 제조 비용을 낮추는 것은 반도체 업체에 대단히 중요한 일이다.

웨이퍼 레벨 테스트는 단순히 칩의 불량을 가려내는 역할만 수행하는 것이 아니다. 반도체 제조 공장은 공정의 특성상 장비를 가동하면 가동할수록 점차 성능이 다른 제품이 나오게 마련이다. 분명히 동일한 레시피와 동일한 장비, 동일한 소재, 동일한 인력을 투입했는데도 성능이 다른 제품이 생산된다. 이런 이유로 생산 라인에서 꾸준히 양품이 생산되다가도 어느 순간부터는 불량품 비중이 늘어나기도 한다. 웨이퍼 레벨 테스트는 수율이 안정적으로 유지되고 있는지, 수율에 갑작스러운 변동이 생겨 특정 제조 공정에 문제가 발생할 가능성을 확인할 필요는 없는지 지속적으로 검토하는 역할을 함께 수행한다.

웨이퍼 레벨 테스트에서는 프로브 팁(probe tip)이라 불리는 여러 개의 뾰족한 금속 팁들이 웨이퍼에 접촉해 전기적 신호를 주고받으며 칩의 성능을 검사한다. 프로브 스테이션(Probe Station)이라 불리는 장비가 이 역할을 담당한다. 프로브 스테이션이란 이름 자체가 프로브 팁이 잔뜩 모여 있는 공간이란 의미를 갖는다. 프로브 스테이션은 프로브 핀을 고정하기 위한 일련의 부품들로 구성되어 있는데, 칩이 만들어지는 과정에서 가장 미세한 영역을 측정하는 장비이므로 여러 종류의 반도체 검사 공정 중 가장 높은 기술력이 필요하다. 이에 따라 프로브 스테이션 장비는 주로 기술력이 높은 외국 검사 장비 업체들이 독주하는 영역이었다.

다만 반도체 칩의 종류에 따라 검사의 난이도가 상이한데, 낸드 플래시는 D램 또는 고사양 비메모리 칩 대비 프로브 팁의 수가 상대적으로 적기 때문에 검사 공정의 난이도도 비교적 낮은 편이다. 이에 따라 샘씨엔에스와 같은 국내 기업들도 낸드 플래시용 검사 장비와 부품을 중심으로 시장에 진입하여 영역을 꾸준히 확대해왔다.

웨이퍼 레벨 테스트는 전기 신호를 주어서 칩을 분류한다는 의미에서 EDS(Electrical Die Sorting) 테스트라고 불린다. 프로브 스테이션에 설치된 프로브는 웨이퍼를 이동시켜가며 웨이퍼의 넓은 영역을 검사한다. 프로브 스테이션은 전기적 신호를 흘려 양품과 불량품을 구분해주며, 불량품이 생산된 것으로 확인될 시 후공정에 들어가기 전 해당 칩을 버리는 조치가 취해진다.

문제는 반도체 미세화에 따라 웨이퍼에 만들어지는 칩의 수가 꾸준히 증가하고 있다는 점이다. 따라서 웨이퍼 레벨 테스트로 모든 칩의 성능을 평가하려면 수백수천 번 테스트를 반복할 수밖에 없다. 이는 반도체 생산성을 심각하게 떨어뜨리는 결과를 초래한다. 심지어 아직 칩이 완성된 단계도 아니다. 중간 제조 과정에서의 테스트는 간단할수록 유리하다. 이에 따라 웨이퍼 레벨 테스트를 보다 수월히 수행하기 위해 연구개발자들은 잔머리를 굴렸다.

그 결과, 웨이퍼에 처음 칩을 만들 때부터 오직 웨이퍼 레벨 테스트에만 사용할 회로를 함께 만드는 방법이 고안됐다. 전공정을 수행하는 과정에서 칩의 동작을 위한 각종 회로 외에 여러 칩의 성능을 한번에 테스트하기 위한 테스트 전용 회로를 칩들 사이에 만들어두는 것이다. 프로브 팁이 몇 개의 회로에 닿아 전기 신호를 인가하면 한번에 여러 칩의 성능이 동시에 확인된다. 불량 칩이 섞여 있으면 비정상적인 측정 결과가 출력되고, 회로 설계 알고리즘에 따라 여러 칩 중 어떤 칩이 불량품인지 찾아낸다. 검사 수를 최대한 줄이기 위해 여러 칩을 한번에 측정할 수 있도록 엔지니어들은 잠시 사용하고 버려질 회로까지도 잘 설계해야 하는 것이다.

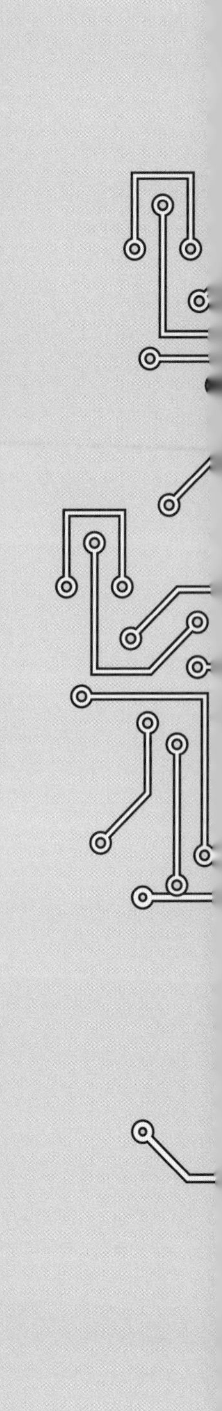

CHAPTER 13

조금 더 알아야 할 전공정 이야기, 반도체 소재 기술

Investment in semiconductors

자율주행차량이 나오지 못하는 이유가 반도체 소재 때문이라고?

테슬라가 전기차 시장의 승자가 된 또 하나의 이유

전기차 시장에 앞서 진출한 테슬라의 진짜 매력은 전기차가 아닌 자율주행이라는 이야기가 있다. 실제로 미국에서는 테슬라 차량이 고속도로를 주행하는 동안 핸들에 손을 올려놓지 않거나 심지어 잠을 청하는 운전자가 적발되어 기사화되기도 했다. 테슬라의 자율주행 기능은 1000만 원을 상회하는 고가의 옵션인데, 2021년부터는 매월 서비스료를 내는 구독(subscription) 방식으로도 판매하고 있다.

테슬라의 자율주행은 어떤 방식으로 구현되는 걸까? 테슬라 차량에는 여러 종류의 카메라가 탑재된다. 광각 및 협각 카메라 등

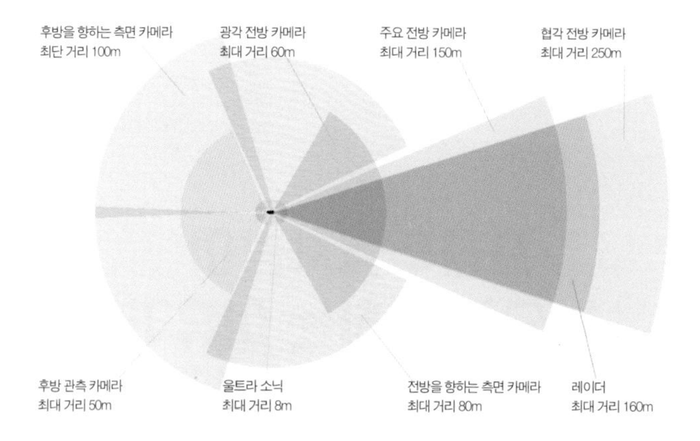

[그림 13-1] 테슬라의 자율주행은 다양한 종류의 카메라를 필수적으로 요구한다.[40]

각각의 카메라는 서로 다른 영역을 실시간으로 촬영한다. 원거리 촬영이 불가능한 때를 대비해 레이더 센서도 탑재돼 있다. 차량에 탑재된 연산장치는 실시간으로 이들 카메라와 센서에서 정보를 수집하는데, 소프트웨어 해석을 통해 주변에 물체가 있는지, 얼마나 멀리 있는지, 물체와의 거리는 실시간으로 어떻게 변하는지 데이터 처리로 인식한다.

테슬라가 자율주행차량을 출시할 무렵, 테슬라 외에도 자율주행차량으로 관심을 받은 기업으로 구글의 자회사 웨이모가 있다. 그런데 무슨 이유인지 테슬라는 자율주행차량을 적극적으로 판매한 데 반해 웨이모는 수년간 시장에 진입하지조차 않았다. 몇 가지 이유가 있지만, 근본적인 이유는 주변의 사물을 인식하는 방

40. Tesla, "https://www.tesla.com/ko_KR/autopilot".

법에 견해차가 있기 때문이다.

웨이모의 부흥, 적외선 감지에 특화된 반도체가 절실하다

구글은 주변 환경을 사진으로 찍어 인식하는 방식에 부정적인 의견을 내비치며 사진만으로는 주변 환경 데이터를 충분히 읽을 수 없으며, 인식 오류는 대형 사고로 이어질 수밖에 없다고 지적했다. 이에 따라 구글은 LIDAR(Light Detection And Ranging)의 중요성을 더욱 강조했다. LIDAR은 차량에서 주변에 적외선을 방출한 뒤, 반사되어 돌아오는 빛을 감지해 주변 환경을 인식하는 방법이다. 따라서 적외선을 감지하는 센서가 필수적으로 탑재되는데, 센서는 적외선을 나노초 단위에서 측정해야 한다. 차량이 매우 빠른 속도로 이동하기 때문이다. 또한 차량 사이의 안전거리를 고려해 200m 이상 원거리에서 되돌아오는 미약한 적외선도 오차 없이 감지해야 한다. 일상에서 사용하는 체온감지기나 스마트폰용 ToF(Time of Flight)에 비해 차량에서의 적외선 감지가 더욱 어려운 이유다.

문제는 적외선을 고속으로 감지할 수 있는 실용적인 수준의 센서가 아직 개발되지 않았다는 점이다. 이는 반도체 소재의 부재에 기인한다. InGaAs, InP 등 여러 반도체 소재들이 적외선 감지를 위한 핵심 물질로 주목받았지만, 실제로 이들 소재를 합성해서 상

[그림 13-2] 구글의 웨이모는 LIDAR 중심의 자율주행을 연구해왔다.[41]

온에서 센서를 구현하면 적외선이 잘 감지되지 않았다.

반도체가 적외선에 노출되면 빛 에너지로 인해 내부의 전자들이 반응하며(좀 더 과학적으로는 밴드갭 하단부의 가전자대(價電子帶, valence band)에서 전도대(傳導帶, conduction band)로 전이되어) 전류 신호를 형성한다. 하지만 상온에서는 주변의 열에너지가 높아 전자들이 마구잡이식으로 반응하며 원치 않는 전류 신호를 만들어낸다. 이로 인해 적외선이 들어오지 않아도 마치 적외선이 들어온 것 같은 잡음 신호가 발생한다. 이를 극복하기 위해서는 에피택시(epitaxy)라 불리는 고난도, 고비용의 특수한 공법을 도입해 원자들

41. https://www.flickr.com/photos/markdoliner/7694478124/

을 재배열해서 이상적인 소재를 만들어주어야 하며, 반도체와 맞닿은 도체 및 부도체 물질 사이의 접합도 결점 없는 이상적인 형태로 만들어야 한다. 그러나 이는 기술적으로 어려울 뿐만 아니라 생산성이 확보되지 못하는 문제도 제기된다.

많은 물리학자들이 적외선 감지에 유리할 것으로 추측되는 물질들을 이론적으로 제시해왔지만, 성과는 여전히 미비한 편이다. 이론과 실제의 차이를 극복해야 하는 공학자들에게 주어진 책무가 막중할 뿐이다. LIDAR와 관련, 가장 선두를 달리고 있는 미국의 벨로다인(Velodyne)이 제품을 개발하기 전부터, 그리고 주식시장에 상장할 때부터 상당한 기대를 받은 이유이기도 하다.

반도체 레시피의 비밀

봐도 알 수 없는 반도체 레시피

맛집으로 유명한 식당에 갔다가 음식이 너무나 맛있어서 레시피가 너무나 궁금했던 적이 있다. 도대체 어떻게 만들길래 이렇게 독창적으로 맛있을 수 있는지, 왜 다른 식당들은 이렇게 만들지 못하는지 정말 궁금했다. 어떻게 하면 레시피를 알아낼 수 있을까? 하는 생각도 스쳤다. 사장님에게 레시피를 알려달라고 부탁할 수도 있고, 식당에 입사해 주방에서 일하는 방법도 있을 것이다. 그러나 이런저런 방법을 쓴들 사장님이 레시피를 친절히 알려줄 리 만무하다.

반도체도 마찬가지다. 삼성전자가 새로운 반도체 제품을 출시하면 경쟁사와 연구개발자들은 바로 삼성전자의 제품을 분해한다. 소위 "까본다"라는 표현을 쓴다. 제품을 여러 방향으로 조심스럽게 분해하고 전자현미경과 각종 측정 장비를 통해 내부 모습과 구성 성분을 확인하는 데 수 주에서 수개월의 시간이 걸린다. 그러면서 경쟁사는 삼성전자의 새로운 제품은 내부가 어떻게 생겼고, 어떤 소재를 활용했고, 기존 제품과 차이점은 무엇인지 어느 정도 수준까지는 알아낼 수 있다. 삼성전자 제품뿐만이 아니다. SK하이닉스가 새로운 제품을 출시해도, 마이크론이 새로운 제품을 출시해도 경쟁사들은 해당 제품을 전부 분해하고 분석한다. 이러한 작업은 비단 반도체 산업에서만 이루어지는 것이 아닐 것이다.

그러나 경쟁사가 제품을 어떤 구조로 만들었고 어떤 소재로 만들었는지 알아내더라도 바로 따라서 만들 수는 없다. 사실 장벽은 지금부터 시작이다. 새로 출시한 반도체에 A라는 물질이 새롭게 도입됐는데, A라는 물질을 도대체 어떻게 만들어냈는지 알아내는 데만 수년의 시간이 걸린다. 가는 기둥 모양을 만들어 캐패시터를 완성했는데, 이러한 모양을 어떻게 구현했는지 알아내는 데도 수년의 시간이 필요하다. 물론 삼성전자, SK하이닉스, 마이크론 같은 선두 업체는 각 업체들이 쌓은 노하우와 기술 기반이 있으므로 경쟁사의 제품을 따라 만드는데 1년 내외로 충분한 때도 있다. 그러나 D램 제조 경험이 전혀 없는 업체라면 경쟁사의 레시피를 유사하게 구현하는 데까지 수년의 시간이 필요하다.

쉽게 생각해보자. 국내에서 가장 잘 팔리는 신라면과 진라면을 집에서 따라 만들고 싶다. 온 가족을 동원해도 이들 기업이 만드는 분말 수프를 집에서 유사하게 구현하는 데는 매우 오랜 시간이 걸릴 수밖에 없다. 수프 원재료만 수십 가지가 넘는데, 이들의 배합을 정확히 맞히는 것이 불가능하거니와 버섯을 썼다면 그중에서도 어떤 종류의 버섯을 썼는지, 버섯 성분은 삶아서 우려냈는지, 분말로 만들어 건조했는지, 추출물을 우려냈는지 유추하는 데만 매우 오랜 시간이 소요될 것이기 때문이다. 소금이나 고춧가루만 해도 종류가 수백 가지이니 어떤 종류의 제품을 사용해야 하는지 감이 잡히지 않을 것이다. 실제로 농심 개발자들이 신라면을 개발하기 위해 우리나라에서 재배된 모든 종류의 고추를 사 들여 마늘, 생강 등과 다양한 비율로 배합해보고, 200가지 이상의 면발을 실험용으로 사용했다는 일화는 유명하다.[42]

반도체는 라면 수프보다 더욱 다양한 종류의 소재로 구성된다. 이들 소재를 만들어내기 위해서는 소금이나 고춧가루와는 비교도 되지 않을 만큼 다양한 종류의 원재료 중 일부를 골라내 배합해야 한다. 반도체 제조사는 경쟁사의 반도체 제조 레시피를 알 수 없으므로 기술 격차를 따라잡기 위해서는 노하우를 축적하는 시간을 가져야 한다. 이는 반도체 산업의 가장 근본적인 진입 장벽이다.

42. Metro, "메가 히트 상품 탄생스토리 농심 신라면", 2018.1.11.

이러한 장벽이 만들어지는 이유는 칩 제조가 소재 기술에 근거하기 때문이다. 만약 반도체가 노동집약적인 산업이고 인력만 동원하면 누구나 따라 만들 수 있는 제품이라면 우리나라 반도체 산업의 전망은 매우 어두울 것이다. 노동집약적 산업은 저렴한 인건비를 바탕으로 타사보다 더욱 저렴하게 만드는 것이 핵심 경쟁력이기 때문에 진입 장벽은 인건비 차이가 전부다. 그러나 소재 기술은 노하우가 집약되어야 결과를 창출할 수 있는 영역이다. 이는 비메모리와 메모리 제조 공정에서 모두 나타나는 공통점이다. 한국, 미국, 대만의 반도체 제조 기술을 빠르게 따라잡고 싶어 하는 중국이 아무리 대규모 자금을 투입해도 관련 노하우를 취득하기 어려운 것은 바로 이런 이유 때문이다. 이러한 상황에서 가장 빠르게 경쟁사를 따라잡을 수 있는 방법은 경쟁사의 인력을 확보하는 것이다.

국가가 나서서 소재를 관리하는 이유

2019년 논란이 됐던 일본의 수출 규제 이슈도 자세히 살펴보면 소재 전쟁이라고 볼 수 있다. 일본은 2019년 7월 1일부터 대한민국에 대한 반도체 소재 수출 규제를 시행했다. 대상 품목 중 하나인 불화수소는 우리나라 기업들이 불과 1년 내외의 시점에 비교적 빠르게 국산화에 성공해 반도체 산업이 위기에서 탈피할 수 있는 바탕이 만들어졌다. 그러나 국산화와 관련, 언론들이 살펴보지 않은 내막을 고민해볼 필요가 있다.

97~99% 수준의 비교적 저순도 불화수소는 국내 업체들이 자체 생산할 수 있는 역량을 갖추고 있으나, 99.999999999% 수준의 불화수소 등 고순도 소재는 일본이 주도권을 쥐고 있었다. 고순도 불화수소는 저순도 불화수소의 순도를 반복적으로 높이는 과정을 거쳐 제조되는데, 저순도 불화수소에 첨가물을 넣어 화학 반응을 일으킨 뒤 침전물 또는 부유물을 제거하는 과정이 반복적으로 이루어져야 한다. 이때 사용되는 첨가물 또한 소재 기술에 근거하며, 첨가물 소재까지 국산화되어야 불화수소의 진정한 국산화가 이루어졌다고 볼 수 있다. 그러나 사정이 급한 만큼 국내 업체들은 우선 중국 소재에 의존해서 고순도 불화수소를 생산해왔다.[43] 물론 삼성전자 등 세트업체의 기술 개발 지원과 솔브레인 등 불화수소 업체들의 첨가물 소재 자체 개발은 꾸준히 계속될 것이다.

일본이 함께 수출 규제한 포토레지스트(photoresist)의 국산화가 더욱 어려웠던 이유는 제조 기술이 불화수소보다 월등히 어렵기 때문이기도 하지만, 역시나 해외에 전적으로 의존하고 있는 첨단 원재료와 첨가물이 활발히 쓰이는 영역이기 때문이다. 반도체 핵

43. Kitech Webzine, "소재 강국 되려면 연구 데이터베이스부터 충실히 쌓아야", 2019.8.14, 두레월드 뉴스, ""日 대체 고순도 제품 개발"…불붙는 불화수소 국산화 경쟁", 2019.8.12.

심 소재의 국산화는 언론에서 발표하는 성공 사례가 아니라 보이지 않는 영역까지도 깊숙이 이루어져야 하는 것이 진정한 국산화의 방향임을 생각할 필요가 있다. 비록 2023년 들어 일본의 수출 규제가 철회되었으나, 이미 낭패를 볼 뻔한 국내 반도체 기업들은 소부장 국산화 의지를 줄이지 않을 것으로 판단된다. 추후에도 소부장의 국산화를 성공시키는 기업에겐 성장의 기회가 추가됨은 두말할 필요가 없다.

그 많은 유해물질은 어디로 갈까? 친환경 시대의 스크러버

반도체 생산의 그림자, 유해 물질을 어떻게 해결할 것인가?

2020년 5월, 한 언론사의 기사에 따르면 삼성전자 기흥사업장 인근 하천에서 수달 두 마리가 발견됐다고 한다. 수달은 천연기념물 330호로 깨끗한 물에서만 사는 멸종 위기 동물이다. 이처럼 환경에 민감한 동물이 반도체 공장 인근에서 발견됐다는 것은 매우 반가운 소식이 아닐 수 없다. 진공 장비에선 매우 다양한 부산물이 발생하는데, 이 중에는 인체에 매우 해로울 뿐만 아니라 유해성이 검증되지 않은 물질도 수없이 많다. 이러한 유해 물질은 철저히 정화된 뒤에 배출되어야 한다. 실제로 반도체 세트업체들은 환경 설비 구축과 정화 작업에 막대한 자원을 쏟아붓고 있어서,

공장에서 정화되어 배출되는 물은 반도체 공정에 재사용할 수 있을 정도로 극도로 깨끗한 수준을 자랑한다.

반도체 핵심 공정 중 유해물이 배출되지 않는 공정은 사실상 없다고 봐도 무방하다. 웨이퍼가 라인에 투입되는 순간부터 해로운 세정 소재들이 끊임없이 뿜어져 나오며, 증착과 식각 공정은 유해물로 시작해 유해물로 끝난다. 포토 공정에 사용되는 유기물 소재들은 대체로 벤젠을 함유하고 있어서 주요 발암 물질로 꾸준히 지적돼왔다. 장비 내부에 직접 투입되는 원재료 소재 외에도 각종 화학 반응을 거치면서 유해 물질이 끊임없이 발생한다. 평범한 사람은 평생 한 번 구경조차 할 일 없는 물질이 대부분으로, 어지럼증이나 구토를 유발하는 유해성이 약한 물질부터 각종 암을 유발하는 유해성이 강한 물질까지 다양한 유해 물질이 발생하는 것으로 알려져 있다. 이들 물질은 공장 내부에서 잘 관리되는 것도 중요하지만, 외부에 배출되는 것을 막는 것이 무엇보다 중요하다.

반도체 업체도 ESG에 주목한다

유해 물질은 종류에 따라 액체·고체·기체 상태로 존재하는데, 이들을 각각 제거하기 위한 설비들이 반도체 기술 발전에 발맞춰 꾸준히 개발되고 있다. 이 중 기체 상태의 물질은 유출 시 관찰하기 어렵고 광범위한 피해를 유발하는 특징이 있다.

유해 가스를 정화하기 위해서는 스크러버(scrubber)라고 불리는 특수한 장비가 사용된다. 상장사 유니셈과 GST는 스크러버 제조 사업을 영위하고 있다. 스크러버는 제조 공정 중 유해 가스가 배출되는 영역에 설치되어 다양한 방법으로 유해 가스를 정제한다.

유해 가스를 정제하는 방법에는 여러 가지가 있다. 유해 가스와 반응하는 액체 유형의 화학 소재를 분사해 덜 해로운 물질로 바꾸는 습식 정제 방식, 천연가스나 산소 등 기체 타입의 화학 소재를 분사하는 건식 정제 방식, 1000℃ 이상의 플라스마를 이용해 열분해하는 플라스마 방식 등이 있다. 스크러버는 어떤 종류의 유해 가스를 제거할 것인가에 따라 맞춤형으로 제작된다. 특히 유해 가스는 가연성 가스, 부식성 가스, 온실 가스, 불소 성분이 포함된 PFC(Per Fluoro Compound) 등 종류가 다양한데, 종류에 따라 스크러버 처리 방식이 상이하다.

일반적으로 반도체 공장에서는 매우 다양한 종류의 유해 가스가 배출되므로 스크러버 장비는 D램, 낸드 플래시, 비메모리반도체를 가리지 않고 모든 종류의 반도체 라인에 공급된다. 다만 반도체 업체가 선호하는 가스 처리 방식이 상이한데, 이에 따라 스크러버 제조사들은 제품 포트폴리오에 따라 어떤 업체로 주로 장비를 공급할지 매출처의 비중이 달라진다. 또한 디스플레이, 태양광 등 유사 산업에도 스크러버가 활발히 사용되어서 스크러버 장비 제조사는 반도체 기업 외에도 다양한 전방 기업에 제품을 공급한다. 실제로 유니셈은 삼성전자, SK하이닉스 외에도 삼성디스플레이, LG디스플레이, BOE 등 다양한 전방 고객에게 스크러버를 공급하고 있다.

반도체의 미세화에 따라 반도체 제조 공정 수는 더욱 늘어날 수밖에 없다. 이에 따라 식각과 증착 횟수도 증가하며, 필요한 소재의 종류도 더욱 많아질 것이다. 스크러버의 수요가 더욱 늘어날 것으로 전망되는 이유다. 특히 반도체 기업들을 포함해 글로벌 기업의 친환경 정책 강화는 세계적인 트렌드다. 스크러버는 이러한 친환경 움직임에 부응해 유해 가스 제거를 책임질 것으로 보인다.

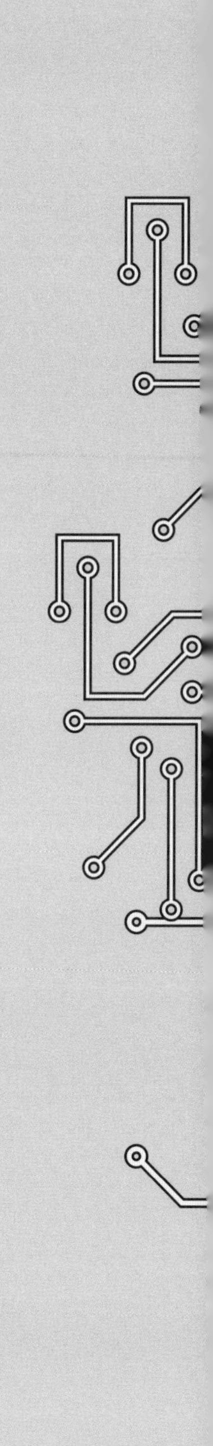

CHAPTER 14

후공정의 시작, 패키징 공정

Investment in semiconductors

목표는
고성능화·소형화다!

패키징 공정, 칩을 외부 기기와 연결하고 보호한다

이제 전공정에 대한 설명은 모두 끝났다. 패키징 공정부터는 웨이퍼에 칩을 모두 구현한 이후의 공정이라 하여 후공정이라 부른다. 패키징은 쉽게 말해 포장이다. 흔히 포장이라고 하면 완성된 제품을 특정한 상자나 비닐봉투에 담아 밀봉하는 과정이 먼저 떠오른다. 그런데 반도체의 패키징은 사뭇 다르다.

전공정을 모두 마친 한 장의 웨이퍼는 수백수천 개의 칩이 새겨지며, 웨이퍼를 쪼개어 분리하면 개별 칩(die)이 완성된다. 그런데 이들 칩은 전자기기에 그대로 사용될 수 없다. 칩상에는 아주 미세하고 많은 수의 배선이 만들어져 있다. 그런데 전자기기는 이처럼 미세한 배선에 대응하지 못한다. 따라서 패키징 공정이 추가로 필요하다. 패키징 공정은 칩을 전자기기에 부착하기 위해 제품 규격에 맞춰 전기 신호가 오갈 수 있도록 별도의 배선을 형성한다. 또한 칩들은 외부에 그대로 노출되면 수분과 빛 등 외부 환경에 쉽게 손상된다. 외부에서 가해지는 충격도 치명적이다. 따라서 패키징 공정은 칩이 외부 환경에서 완전히 분리될 수 있도록 밀봉한다. 생각해보자. 모 제과사에서 만든 초코파이가 비닐 포장도 없이 슈퍼마켓 진열대에 놓여 있다면 과연 먹고 싶겠는가? 패키징 공정은 외부 기기와 연결하기 위한 칩의 최종 완성 공정이자 칩을 안전하게 보호해주는 포장 공정인 셈이다. 이외에도 패키징 공정은 칩에서 발생하는 열을 외부로 수월하게 방출할 수 있도록 경로를 확보해주는 임무도 맡는다.

지난 반도체의 발전은 전공정의 미세화로 요약된다. 더욱 저렴한 제조 비용과 더욱 높은 성능은 대부분 미세화를 통해 구현되므로 반도체 기술에 관한 관심은 상당 부분 전공정에 집중되어 있었다. 이에 반해 패키징 공정을 비롯한 후공정은 전공정에 비해 진입 장벽이 낮은 영역, 전공정보다 투자 필요성이 적은 영역으로 인식돼온 게 사실이다. 그러나 반도체 칩의 성능이 발달함에 따라 후공정도 비약적인 발전이 이뤄졌고, 이제는 칩의 성능을 좌우하는 중요한 영역이 됐다.

무엇보다 다양한 종류의 칩이 등장하면서 다양한 종류의 패키징 기술이 필요해졌다. 또한 칩 내외부를 오가며 전송되는 신호의 양이 증가함에 따라 패키징 기술은 더욱 까다로워졌다. 수요처에 의한 변화 요구도 거세졌다. 모바일 기기의 발전 등으로 반도체 칩의 최종 구매자는 더욱 작고 얇은 칩을 요구하게 됐다. 소비 전력의 절감도 패키징 공정에 의존하기 시작했다. 친환경 같은 사회적인 이슈는 패키징 공정에 사용되는 소재의 변화를 요구하고 있다. 이에 따라 패키징 기술은 종전과 달리 전공정 못지 않게, 어쩌면 전공정보다도 더욱 빠르게 변화를 거듭하는 중이다. 이러한 변화는 기술적인 관점에서도 중요하겠지만, 새로운 투자 기회를 수반하는 경우가 많으므로 투자자에게도 중요하다.

패키징 공정 변화의 흐름

연결 또 연결, 패키징 공정

패키징 공정은 칩을 외부와 이어주기 위한 금속 배선을 형성하는 과정과 몰딩을 통해 칩을 외부로부터 완전히 차단하는 공정, 칩의 성능을 평가하는 공정이 주를 이룬다. 이 중 칩을 평가하는 공정은 보통 테스트 공정으로 분류되기도 한다.

칩을 완제품화하기 위해서는 칩에 형성된 배선과 외부 전자기기의 회로와 하나하나 연결해주어야 한다. 그러나 커다란 크기의 전자기기를 장비에 로딩해 하나하나 이어 붙이는 것은 불가능하다. 이에 따라 반도체 산업이 본격적으로 시작된 시기부터 칩을 수월하게 탑재하는 방법이 연구됐는데, 1965년 미국의 페어차일

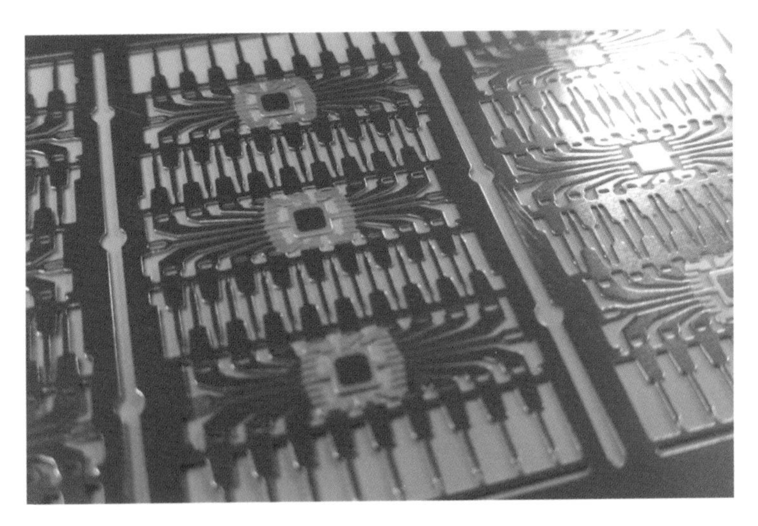

[그림 14-1] 리드프레임은 칩을 고정하는 역할과 전기적 신호를 외부 기판과 이어주는 역할을 동시에 수행한다.

드가 반도체 조립을 시작한 이래 리드프레임(lead frame)이 패키징 산업의 주축이 됐다.[44] 리드프레임은 고정된 칩을 외부 기판에 실장하는 역할을 하며, 구리나 니켈 또는 철 합금으로 만들어진다. 칩과 리드프레임은 대개 금속 배선을 따는 와이어링(wire ring)을 통해 이어진다. 칩으로부터 뻗어 나오는 금속 배선 수가 적으면 리드프레임의 구조도 단순해진다. 칩이 고사양화될수록 외부와 연결되는 배선 수는 더욱 늘어나고 리드프레임 구조도 복잡해진다.

리드프레임을 만드는 가장 쉬운 방법은 넓은 금속 합판을 만든 뒤 프레스기 같은 기계를 이용해 정밀하게 모양을 찍어내는 것이

44. 1999 마이크로 일렉트로닉스 및 패키징의 최근의 전개.

다. 그러나 리드프레임의 구조가 복잡해지고 칩에서 뻗어 나오는 배선의 수가 늘어남에 따라 미세한 리드프레임을 제조하는 것은 점점 더 어려워지고 있다. 이를 해결하기 위해 리드프레임을 제조하는데 반도체 공정이 도입되기도 한다. 반도체 공정 중 포토 공정과 식각 공정을 이용해 정밀한 모양을 패터닝한 뒤 금속을 녹여내는 것이다. 프레스기로 제조할 때보다 더욱 정밀하고 미세한 모양을 만들 수 있어서 미세한 배선회로가 필요한 칩 제조 시 종종 이용되고 있다. 이러한 리드프레임의 쓰임은 매우 오래되었음에도 불구하고 꾸준히 저사양 및 중간사양 칩을 중심으로 활발히 이용되고 있다.

리드프레임을 대체할 새로운 패키징 기술들이 다수 등장했지만, 그 어느 방법보다 칩 패키징을 저렴하고 쉽게 진행할 수 있어서 반도체 산업의 성장을 따라 리드프레임 시장도 끊임없이 성장하고 있다. 특히, 리드프레임을 채용하는 칩의 종류가 날로 늘어나면서 리드프레임 제조 업체들의 수혜도 끊이지 않는다. 국내 상장사 해성디에스는 이들 방식을 모두 이용해 리드프레임을 제조하고 있다.

CPU나 AP처럼 비메모리반도체가 고사양화되면서 더욱 진보된 칩 실장 기술이 요구되어왔다. 이에 따라 와이어링 대신 칩 하단부에 배선 돌기를 형성하는 범핑 공정이나 전공정 기술을 도입해 외부 기판 역할을 대신할 배선층을 칩 하단부에 만드는 팬-아웃(fan-out) 공정이 널리 사용되기에 이르렀다. 이러한 첨단 패키징 기술을 주도하는 기업이 바로 대만의 TSMC다. TSMC는 애플 AP를 수주하며 후공정의 중요성을 널리 인식시켰는데, 수백 개의 칩 하단부에 일괄적으로 고밀도 배선층을 형성하며 고사양 칩의 공정 원가를 절감하는 패키징 기술을 선보였다. 이를 통해 스마트폰용 비메모리반도체의 외주 생산을 주도하게 되었다.

많은 사람들이 TSMC라 하면 EUV에서의 경쟁만을 떠올릴지 모르나, 실제로 TSMC는 전공정뿐만 아니라 차세대 후공정 기술의 개발을 주도하며 고사양 칩을 더욱 효율적으로 저렴하게 만들어왔다. 후공정에서도 치열한 기술 경쟁이 펼쳐지고 있고, 이에 부품과 장비를 공급하는 밸류체인도 함께 성장하는 것이다.

적층 패키징, 칩 성능의 한계를 깨다

패키징 기술의 중요성은 단순히 칩을 이어 붙이는 것에서 끝나지 않는다. 과거에는 칩 성능을 비약적으로 향상시키기 위해 전공정에서의 미세화가 가장 중요한 변수였다. 그러나 트랜지스터의 크기가 원자 수십 개에 불과한 수준까지 작아짐에 따라 미세화 전략은 기술적 어려움과 비용 증가라는 한계를 모두 극복해야 했다. 특히 EUV, 원자층 증착 공정이 도입되고 칩이 만들어지기까지 더욱 많은 노광기가 사용됨에 따라 미세화를 통한 원가 절감 효과는 가파르게 떨어졌다. 또한 트랜지스터가 원자의 영역에 더욱 가까워짐에 따라 개발자들이 예상한 수준의 성능이 구현하는 게 어려워졌다. 이에 따라 성능을 개선하기 위해 트랜지스터의 구조를 빈번히 바꿔야 했으며, 이 과정에서 공정 수가 전반적으로 증가하면서 비용 또한 추가로 상승했다.

이처럼 전공정을 통한 칩 성능 향상이 점차 한계를 나타내자 반도체 업체들은 칩의 이종화를 통한 칩의 성능 향상으로 눈을 돌리기 시작했다. 칩의 퍼포먼스를 전반적으로 향상시키기 위해서는 칩 자체의 성능이 개선되어야 한다는 기존 인식과 달리, 완성된 칩들을 잘 이어 붙여주기만 해도 전자기기의 성능을 추가로 개선할 수 있다. 무어의 법칙(Moore's Law, 반도체 집적회로의 성능이 18개월마다 2배로 증가한다는 법칙)과는 전혀 다른 방식으로 기술적 진보가 이루어진 것이다.

이에 따라 패키징 공정은 단일 칩의 패키징 기술 발전과 함께 POP(Package On Package), SiP(System in Package), TSV(Through Silicon Via) 등 서로 다른 칩들의 적층 패키징, 이종 칩의 단일화 패키징 같은 새로운 방향으로 발전했고, 이들이 모여 차세대 어드밴스드 패키징(Advanced Packaging)으로 발전하고 있다. 앞서 설명한 제주반도체가 영위하는 MCP 사업도 이러한 패키징 기술의 변화에 근거한다.

D램과 낸드 플래시가 전자기기 내에 별개로 실장될 때보다 수

직으로 적층된 상태로 실장되면, 두 칩 사이에 데이터가 더욱 빠르게 오갈 수 있으며 전력 손실이 줄어든다. MCP는 패키징 공정에 들어선 두 칩을 대상으로 칩의 적층 패키징 공정이 추가된다는 것이 특징이다. 적층된 칩의 두께를 최소화하기 위해 웨이퍼를 얇게 깎아내는 공정도 거친다. 수십 마이크로미터 단위의 얇은 칩을 적층하며, 주로 공간이 제한된 모바일 기기에 탑재한다. 적층되는 칩의 수에 따라 DDP(Double Die Packaging), TDP(Triple Die Packaging), QDP(Quad Die Packaging) 등으로 나뉜다. 적층 수가 늘어날수록 웨이퍼를 더욱 얇게 깎아야 하는데, 이 과정에서 나타나는 칩의 휨 현상을 최소화하기 위해 레이저 다이싱(laser dicing)이나 마운트 테이프(mount tape) 등 추가 공정과 소재들이 동원된다. 이로 인해 기존 레이저 기업들의 위상이 높아졌을 뿐만 아니라, 기존에는 톱만 사용하던 업체도 점차 레이저에 관심을 갖게 된 것이다.

이종 칩 패키징은 이처럼 추가적인 후공정이 필요하지만, 전공정을 통해 동일한 성능 향상 효과를 내기 위해서는 포토, 증착, 식각 공정 모두가 총동원되어야 한다는 점을 고려하면 상당히 효율적인 대안이다.

패키징 기술의 변화는 비메모리반도체와 메모리반도체를 가리지 않고 활발히 이루어지며, 비메모리반도체와 메모리반도체의 이종 패키징도 적극적으로 적용된다. 메모리 칩을 수직 적층하면 고속 데이터 전송이 가능해질 뿐만 아니라, 동일한 면적 내에서 메모리 용량을 극대화한 제품을 출시할 수 있으며, 메모리반도체와 비메모리반도체를 수직 적층해서 이종 패키징할 경우 비메모리반도체가 실시간으로 처리하는 다량의 데이터를 고속으로 메모리 반도체에 저장해 월등히 많은 데이터를 처리할 수 있게 된다.

대표적인 사례가 스마트폰에 활발히 도입되는 고속 촬영 기능이다. 과거의 핸드폰은 카메라에 입력된 화상 이미지 신호들이 전자제품 내 별도 영역에 설치된 메모리반도체까지 도달하는 데 오래 걸려 촬영 후 일정 시간 동안 카메라 작동이 멈출 수밖에 없었다. 그러나 현재는 서로 다른 칩이 수천 개의 수직 비아(via) 배선으로 연결되어 있어서 고성능 센서가 시도 때도 없이 만들어내는 이미지 데이터를 병목현상 없이 메모리에 즉시 전송할 수 있으며, 초당 수십 장의 사진을 찍어내며 빠르게 이동하는 피사체도 왜곡 없이 담아내 고품질 사진을 만들어낼 수 있게 됐다.

패키지, 작게, 더욱더 작게!

모바일 기기의 대중화, 칩의 경박단소화를 이뤄내다

칩 성능 향상이 주로 전공정을 통해 이루어지던 1990년대, 반도체 업체들의 고민거리는 칩의 경박단소화였다. 반도체는 여전히 PC 시장을 중심으로 성장하고 있었으나, 핸드폰과 디지털 캠코더, 디지털 카메라, 휴대용 PC 등 모바일 기기가 점차 대중화되면서 더욱 작은 반도체 칩에 대한 요구가 커지고 있었다. 이들 제품은 공간이 제한적이었기 때문이다. 반도체 업체들은 전방 모바일 시장의 수요를 만족시키기 위해 공간 제약을 최소화하는 칩을 개발해야만 했다. 또한 기존 패키징 기술과 비교해서 PCB 기판상에 실장되는 칩의 면적을 최대 10분의 1까지 줄이는 방안을 모색해야만 했다. 그 결과, 1990년대에 등장한 CSP(Chip Scale Package)라 불리는 경박단소 공정은 21세기를 주도할 패키징 공정으로 자리 잡았다. 근래에는 팬 아웃(Fan-out) 기술이 점차 확대되며 CSP 또한 이제는 점차 과거의 기술로 치부 받고 있으나, 패키징 기술이 조금만 바뀌어도 소재, 부품, 장비 업체들이 모두 함께 신제품을 출시하고, 이 과정에서 기술 변화에 대응하는 기업은 수혜를 입는다는 점을 사례로 살펴보고자 한다.

CSP, 칩 크기=기판 크기

CSP는 패키징 과정에서 늘어나는 칩의 크기를 최소화하는 데 중점을 둔다. 웨이퍼에서 자잘하게 쪼개진 개별 다이(die)와 최대한 비슷한 면적 내에서 패키지가 이루어지므로 칩 스케일(chip scale)이라 불리는데, 다이 면적의 120%를 초과하지 않아야 한다.[45] CSP의 발달은 PCB 산업의 표면 실장 기술(Surface Mount Technology, SMT)과 맞물려 더욱 빛을 발했다. 칩 크기를 작게 만든 뒤에는 PCB 기판에 이를 정밀하게 부착할 기술이 있어야 했기 때문이다. 이에 따라 PCB 기판업체들도 더욱 미세한 패키지 칩을 실장하기 위한 제품들을 내놓았고, CSP용 PCB는 PCB 산업

45. 김환건. "Chip Scale Package(CSP)용 액상 에폭시 수지 시스템의 흡습 특성", 산업기술연구소 논문집 14 (2004): pp.1~10.

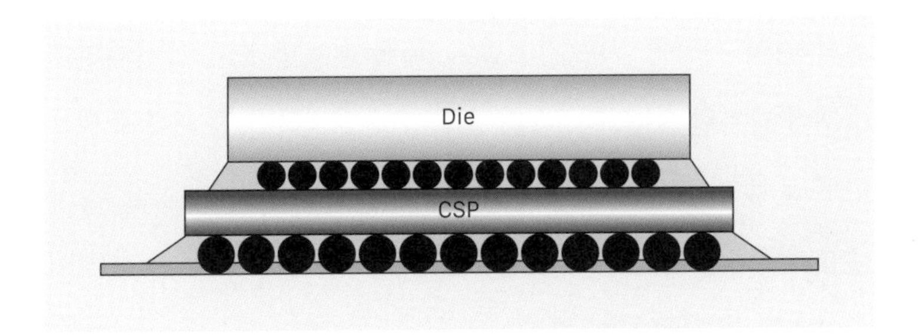

[그림 14-2] CSP는 칩의 크기에 최대한 맞춰 패키징 공정을 완성해야 한다.

의 큰 축을 담당하는 제품이 됐다.

CSP는 제한된 면적에서 패키징 공정을 완료해야 하므로 칩과 PCB 기판을 이어주는 배선이 더욱 조밀하게 형성되어야 한다. 이 과정의 기술적인 어려움을 극복한 PCB 업체만이 CSP 기판 공급의 수혜를 누릴 수 있었다. 또한 CSP는 칩을 외부로부터 밀봉하는 에폭시 몰딩 소재가 더욱 촘촘히 파고들어 칩을 완벽히 덮어야 하므로 기술력이 낮은 고상 형태의 소재가 아닌 기술력이 높은 액상 형태의 소재가 요구됐다.[46]

에폭시 몰딩 소재의 국산화 바람

완성된 패키지 칩은 전자기기의 메인보드에 열 합착을 통해 부착되는데, 이 과정에서 칩이 뜨겁게 가열되므로 에폭시 몰딩 소

46. 대한용접학회 특별강연 및 학술발표대회 개요집 43, 2004.11, pp.1

재의 내열 특성이 우수해야 한다. 에폭시 몰딩 소재에 미세하게 수분이 침투한 상황에서 솔더링 공정을 수행하면 칩 내부에 침투한 수분이 기화되는 과정에서 증기압이 발생하고, 이는 곧 칩 균열을 발생시키는 팝콘 균열을 유발하므로 에폭시 몰딩 소재는 내습성까지 우수해야 했다.

이처럼 에폭시 몰딩 소재는 반도체 기업들이 요구하는 높은 수준을 모두 만족시켜야 하므로 높은 소재 기술력을 요구해서 국내 반도체 업체들이 최근까지도 일본 등 수입 소재에 절대적으로 의존할 수밖에 없었다. 이에 따라 국내에서 국산화에 대한 요구도 꾸준히 커져왔다.

2020년, 드디어 에폭시 몰딩 소재의 국산화가 이루어졌다는 소식이 전해졌다. 정부의 연구개발 지원을 바탕으로 공공 연구기관과 민간 기업이 협력하여 반도체용 에폭시 몰딩 소재 연구개발을 거듭한 지 10년 만의 성과였다. 이러한 성과의 결과물은 민간 기업으로 기술 이전됐고 양산을 준비하게 된다. 이때 새로운 소재의 양산을 시작하는 기업은 제품 공급을 개시하며 성장 동력을 추가로 확보한다.

에폭시 몰딩 소재의 국산화를 주도한 기업 중에는 전통적으로 에폭시 소재에 강점을 가진 기업도 포함되어 있었다. 화학업종에 오래 투자해본 투자자라면 이미 알고 있을 에폭시 소재 생산의 대표 기업인 국도화학이 그 주인공이다. 국도화학은 국책 과제에 힘입어 에폭시 몰딩 소재에 사용되는 에폭시 원재료를 국산화하는데 성공했다. 그런데 수혜는 여기서 끝나지 않았다.

에폭시 몰딩 소재의 양산은 최종적으로 새로운 기업이 맡게 되었다. 전통적으로 전자기기용 페인트와 에폭시 도료에 강점을 보였던 삼화페인트가 연구개발 성과물을 이전받아 양산까지 책임지게 된 것이다. 삼화페인트가 기존에 에폭시 도료 사업을 영위해온 기업이라고 해도 반도체 공정과는 거리가 멀다. 반도체용 에폭시 몰딩 소재 공급망에 국산화 바람이 불면서 수혜의 손길이 닿은 긍정적인 사례라 볼 수 있다.

중국의 반도체 굴기 그리고 패키지 산업 바람

후공정 세계 1위, 중국 '반도체 굴기'의 바람이 거세다

팹리스가 칩 제조를 외주로 넘기면 흔히 웨이퍼 투입부터 완제품이 만들어지는 과정까지 일괄적으로 파운드리가 진행해줄 것으로 생각하기 쉽다. 그러나 실제로 파운드리는 주로 전공정에서 제조를 담당한다. 물론 CPU, AP, GPU 같은 대량 생산 칩은 파운드리가 전공정과 후공정을 아울러 일괄 진행하는 것이 일반적이나, 비메모리반도체의 특징은 다품종임을 상기할 필요가 있다. 웨이퍼 수준에서 수행하는 전공정은 마스크 패턴을 교체하는 것만으로도 비교적 유사한 공정들을 거쳐 다양한 종류의 웨이퍼를 찍어낼 수 있다. 하지만 웨이퍼에 만들어진 칩은 팹리스가 요구하는 사항에 따라 크기와 성능 등 사양이 다 제각각이다. 이는 웨이퍼가 개별 다이로 절단된 이후 칩의 종류마다 제각각 후공정을 거쳐야 하고 칩의 테스트 또한 칩마다 서로 다른 방식으로 진행되어야 함을 의미한다. 칩이 너무 다양해서 파운드리는 이들 후공정을 모두 담당할 수 없다. 후공정 외주 전문 업체(Outsourced Semiconductor Assembly and Test, OSAT)라는 외주 비즈니스가 필요한 배경이다.

중국은 반도체 굴기를 외치며 반도체 산업에 막대한 자금을 쏟아부어왔다. 2020년 기준 중국의 반도체 자급률은 15.9%에 불과하다. 중국은 2025년 70%라는 목표를 달성하기 위해 투자에 적극적으로 나서고 있다.[47] 그 결과, 메모리반도체 시장에 진입하는 데는 많은 어려움을 겪었으나 자본력을 바탕으로 비메모리반도체 시장에는 비교적 수월하게 진입했다. 여기에는 수많은 팹리스 기업들이 탄생했고 자체 파운드리 기술을 확보한 점이 큰 영향을 미친 것으로 보인다.

더욱 주목할 영역은 후공정이다. 중국은 막대한 투자를 바탕으로 후공정 생태계도 성공적으로 구축했다. 전공정은 미국이나 유럽의 손을 거친 첨단 장비가 필수적으로 요구되는 데 반해 후공정은 자체 개발이 비교적 수월하기 때문이다. 실제로 중국의 후공정 시장은 이미 2017년 매출 기준 총 290억 달러(약 30조 8000억 원)

47. Kotra, 중국 반도체 산업 현황, 2021.1.14.

규모로, 전 세계 시장 점유율 26%로 1위를 차지했다.[48] 이 과정에서 장전테크놀로지는 세계 4위 후공정 기업인 싱가포르의 스태칩팩을 인수하며 세계 3대 후공정 기업으로 자리 잡았다. 화천테크놀로지, 통복미전 등 다른 후공정 기업들도 세계 10대 OSAT로 이름을 올렸다. 전공정에서 대규모 프로젝트가 연이어 좌초된 것과 비교되는 상당한 성과다. 이 과정에서 국내 상장사 한미반도체 등 후공정 장비 전문 업체는 중국 매출 비중을 확대하는 성과를 달성하기도 했지만, 중국의 성공적인 OSAT 구축이 장비의 국산화로 이어질 것임을 고려하면 우리로선 마냥 기뻐할 일만은 아니다.

격화된 후공정 기술 개발 경쟁

한때 반도체 강국이었던 일본 역시 후공정 시장의 숨은 강자다. 이종 칩의 3D 패키징이 빠른 속도로 확대되는 가운데, 일본은 우수한 장비 기술력을 바탕으로 3D 패키징 기술을 선제적으로 확보해 신공정 및 신규 장비 개발에 많은 공을 들였다. 기술 유출이 두려워 해외 진출을 꺼리는 TSMC조차 일본에 연구개발센터를 마련하며 동맹을 형성한 데는 일본 후공정 기술에 대한 협력 의지가 담겨 있다. 일본은 메모리반도체 시장에서 자취를 감추었지만,

48. KIPOST, "중국, 반도체 후공정 및 테스트 시장 1위… 증설 잇따라", 2018.4.5.

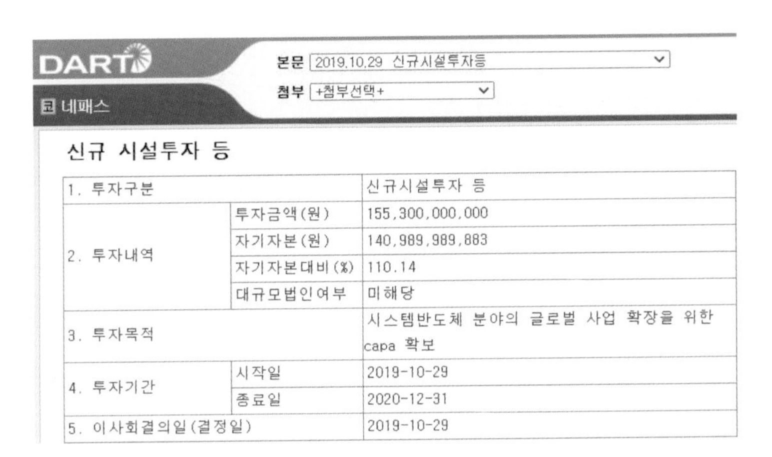

1. 투자구분		신규시설투자 등
2. 투자내역	투자금액(원)	155,300,000,000
	자기자본(원)	140,989,989,883
	자기자본대비(%)	110.14
	대규모법인여부	미해당
3. 투자목적		시스템반도체 분야의 글로벌 사업 확장을 위한 capa 확보
4. 투자기간	시작일	2019-10-29
	종료일	2020-12-31
5. 이사회결의일(결정일)		2019-10-29

[그림 14-3] 네패스는 2019년 자기자본의 110%에 달하는 투자 계획을 공시했다.

일부 고사양 비메모리반도체 설계에선 여전히 강점을 가지고 있으며, 3D 패키징을 통한 성능 향상 연구에 몰두해 기술을 축적해왔다.

일례로 백색가전 시장에서 국내 업체에 밀린 소니는 도시바 이미지센서 사업부를 인수한 이래 전 세계 이미지센서 시장의 40% 이상을 점유하며 실력을 과시하고 있다. 스마트폰용 카메라를 주름잡았음은 물론이고, 차량용 카메라 시장에서도 우위를 선점했다. 이 같은 배경에는 차세대 패키징 공정에 꾸준히 공을 들인 점이 주효했다. 소니는 고난이도 공정인 TSV를 앞세워 2012년 2단 적층 칩을, 2017년 3단 적층 칩을 양산하며 후발 주자보다 성능이 뛰어난 이미지센서를 지속적으로 출시해왔다.

일본의 후공정 기술 개발 의지는 비단 소니에만 국한되지 않는다. 일본 경제산업상은 TSMC의 일본 연구개발센터 건립을 바탕으로 "국외 기업과 연계해 첨단 반도체를 국내에서 제조하기 위한 기술을 확보하는 것이 목표"라고 발표했다.[49]

후공정 영역은 전공정보다 높은 기술력이 필요하지 않고, 진입장벽이 낮으며 수익성이 떨어진다는 것은 잘못된 이야기만은 아니다. 그러나 무어의 법칙이 한계를 나타낸 이래 전공정을 통해 이루어졌던 칩의 성능 향상이 패키지 다양화를 통해 이루어지는 등 후공정에 대한 의존도가 커졌으며, 관련 기술이 눈에 띄게 빠르게 발전하고 있다. 후공정의 중요성이 전공정 못지않게 커진 것이다.

패키징 공정은 칩의 종류마다 상세한 공정이 다르게 적용되므로 삼성전자나 SK하이닉스 같은 주요 업체가 모든 패키징 공정을 도맡아 수행할 수 없다. 따라서 OSAT 생태계 강화와 OSAT의 자체적인 차세대 후공정 기술 확보는 반도체 산업의 미래 경쟁력을 확보하기 위한 필수적인 전제 조건이다. 2019년 국내 업체 네패스가 대규모 차입과 함께 자기자본의 110%에 달하는 투자 계획을 공시하자 시장이 재무 구조 악화에 대한 우려보다는 과감한 도전에 더욱 박수를 보낸 이유도 이와 크게 다르지 않다.

49. 해럴드경제, "'반도체 동맹' TSMC·日, 삼성전자 전방위 압박…승부처는 3D패키징[TNA]", 2021.2.12.

승자만이 누렸던 PCB 산업은 정말 사양 산업일까?

PCB 업체의 고민, 기판의 성능 개선이 시급하다

반도체 칩 제조 공정이 날로 발달하면서 칩 외형에 크게 두 가지 특징이 나타나고 있다. 먼저 칩의 크기가 작아지고 있다. 그리고 칩에서 뻗어 나오는 배선 회로의 수가 증가하고 있다. 이들 배선 회로는 칩 내외부를 오가는 신호들을 입력하고 출력하는 인풋/아웃풋(input/output) 기능을 담당한다. 그런데 칩의 사양이 높아짐에 따라 부가적인 문제들도 발생하고 있다. 완성된 칩을 부착할 PCB 기판에서도 문제가 불거지고 있는 것이다.

어떤 반도체 칩도 칩 단독으로는 사용될 수 없다. 반드시 칩을 지지하며 전기 신호를 인가하는 기판이 필요한데, 이러한 기판은 에폭시 소재에 각종 금속 회로들이 새겨진 PCB 기판이 주를 이룬다. PCB 기판은 삼성전기의 기판사업부, 대덕전자, 심텍 같은 PCB 전문 제조업체들이 만드는데, 문제는 이들 기판 업체가 반도체 칩 업체의 기술력을 따라가기 버거워한다는 점이다. 칩 크기가 더 작아지고 더욱 많은 배선이 형성되는 추세에 PCB 기판이 대응할 수 있어야 한다. 하지만 PCB 업체들은 제한된 면적에 많은 회로를 형성하는 데 어려움을 겪고 있다.

PCB 산업의 양극화, 신기술이 장벽을 만든다

일반적으로 반도체 칩을 실장하는 PCB 기판은 매우 많은 신호를 주고받아야 하는데, 제한된 면적에 모든 회로를 형성할 순 없다. 이로 인해 PCB 기판은 여러 층에 나눠서 각종 회로가 새겨지는 다층 구조를 갖는다. 그러나 칩에서 뻗어 나오는 배선이 더욱 미세화되고 밀도가 높아짐에 따라 단순히 층수를 늘리는 방식으로는 PCB 기판의 성능을 개선할 수 없게 되었다. 이로 인해 금속 회로의 선폭을 더욱 가늘게 만들고 회로 사이의 거리를 더욱 줄이는 제조 공법이 필수적으로 요구되고 있다.

PCB 기판은 전통적으로 넓은 면적에 걸쳐 형성된 구리층을 깎아내는 방식으로 각종 회로가 만들어지는데, 이러한 방식으로는 반도체 산업에서 요구하는 미세한 회로를 만들기 어렵다. 이로 인

[그림 14-4] 칩 제조의 어려움이 증가하는 것 못지않게 PCB 제조업체들도 더욱 어려운 제조 공정을 감당해내야 한다.[50]

해 PCB 제조 공정에 반도체 공정을 추가로 응용한 mSAP(Modified Semi-Additive Process) 공법이 활발히 사용되고 있다. 기판 업체들도 반도체 업체들을 따라 반도체 공정을 보다 적극적으로 채용하고 있는 것이다. 삼성전기, LG이노텍, 심텍, 대덕전자는 이러한 차세대 공정에 대규모 투자를 거듭하며 PCB 산업의 성장 수혜를 누리고자 노력을 기울여왔다. 그러나 영세한 PCB 기업들은 대규모 설비 투자가 필요한 공법을 확보하는 데 어려움을 겪을 수밖에 없어 PCB 산업의 양극화는 가속화된다.

50. Unsplash, Vishnu Mohanan.

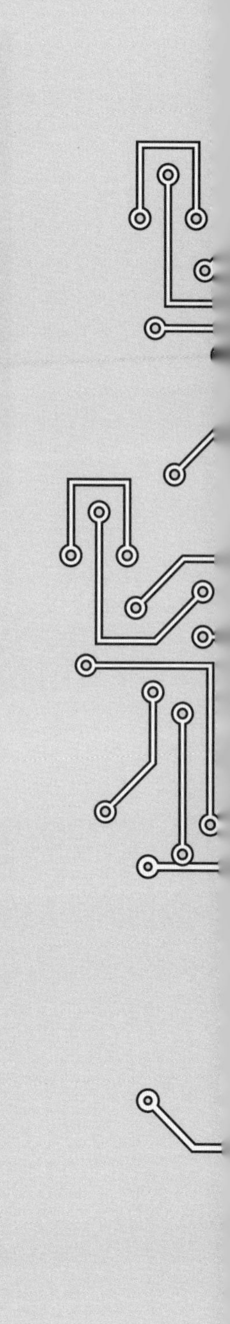

CHAPTER 15

후공정 상세히 보기, 테스트 공정

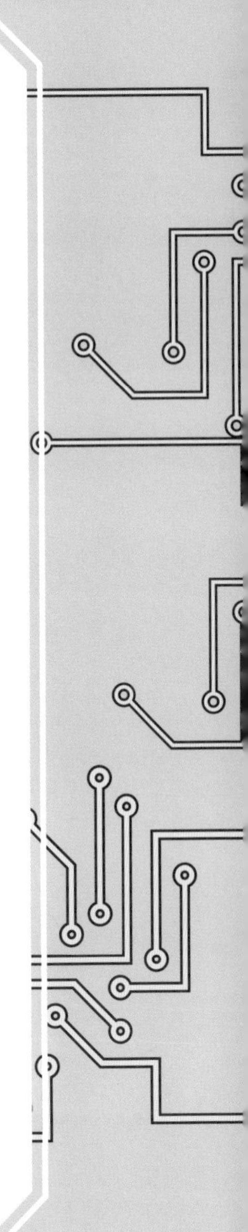

Investment in semiconductors

테스트 공정의 종류는 왜 이렇게 많을까?

테스트, 초기 불량률을 낮춰라

온라인 쇼핑 사이트에서 메모리카드를 구입할 때면 제품의 뛰어난 안정성을 나열하는 설명문을 볼 수 있다. 대표적으로 내충격에 강하다는 문구, 보증 기간이 10년에 달한다는 문구, 춥거나 더운 지역에서도 사용할 수 있다는 문구, 엑스레이에 손상을 입지 않는다는 문구, 방수 성능이 뛰어나다는 문구 같은 것이 있다. 이처럼 다양한 기준이 모두 만족스러워야 소비자들이 아무런 걱정 없이 제품을 사용할 수 있다. 그런데 제품의 안정성을 보증하는 기준이 많다는 것은 반도체 업체들이 그만큼 제품 테스트를 다양한 방법으로 수행해서 이상 유무를 확인했음을 의미한다.

웨이퍼 레벨 테스트가 웨이퍼 단에서의 불량을 검출해 후공정에서 발생하는 비용을 절감하는 역할에 비중을 둔다면, 패키징 공정에서 수행하는 각종 테스트는 제품 성능이 충분히 구현되어 소비자에게 내놓을 만한지, 제품의 등급은 어떻게 되는지 판별하는 데 집중한다.

일반적으로 완성된 반도체 칩은 크게 세 단계의 수명 주기를 나타낸다. 불량 칩은 비교적 이른 시간(칩의 종류에 따라 1000시간 등) 이내 초기 불량이 나타날 확률이 높다. 이를 초기 불량률이라 한다. 이 시간이 이후에는 칩의 불량 발생 빈도가 크게 줄어들어 고장률이 낮게 유지되는 비교적 안정적인 상태를 나타낸다. 이후 칩의 수명이 끝나가는 시점부터 다시금 불량이 크게 높아진다. 〈그림 15-1〉에서 보듯 고장률은 시간에 따라 낮아졌다가 높아지는 형태를 나타내는데, 이를 가리켜 욕조 곡선이라고도 부른다. 그렇다고 해서 반도체 업체들이 생산된 모든 칩을 5년, 10년 내내 테스트할 순 없다. 따라서 테스트 공정은 신뢰성 공학을 바탕으로 초기 불량을 최대한 검출해 이들을 사전에 걸러냄으로써 고객이 경험할 잠재적인 고장 가능성을 최소화하는 데 목적을 둔다.

테스트 공정은 낸드 플래시와 D램 등 개별 칩 단위로 수행되거나 SSD와 RAM 등 완제품 단위로 수행된다. 일반적으로 테스트는 칩 또는 완제품의 종류마다 테스트 방식과 알고리즘이 상이하다. 또한 종류에 따라 외형과 규격이 다르므로 제품과 테스터를

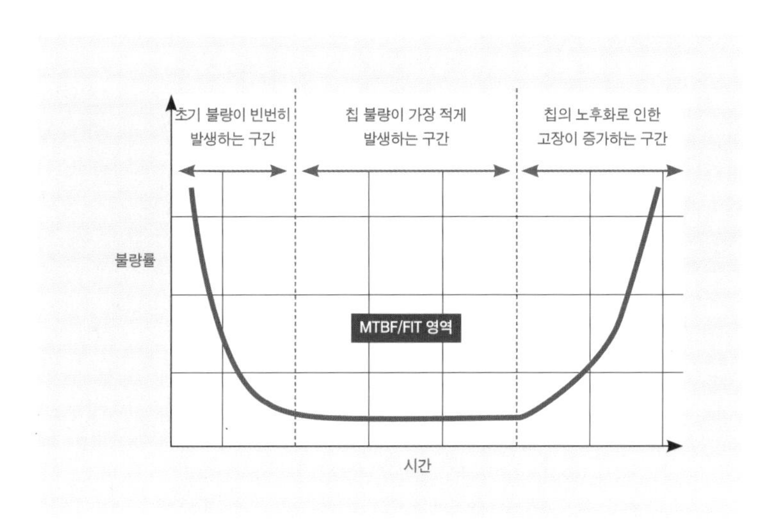

[그림 15-1] 칩의 고장은 주로 초기에 발생하므로 초기 단계에 불량품을 최대한 선별해내야 한다.

이어주기 위한 소모품과 장비 부품이 다른 형태를 띠는 것이 일반적이다. 메모리반도체의 규격 변화나 비메모리반도체의 다양화는 이러한 소모품과 부품 교체 수요를 만들어낸다. 칩의 집적도 증가와 핀(pin) 수 증가는 필연적으로 테스트 시간을 늘리는 결과를 초래하며, 테스트 보드에 로딩 가능한 칩 수가 줄어드는 원인이 되기도 한다. 이는 곧 테스트 비용 증가로 이어지므로 어떻게 해야 테스트 비용을 최소화할 수 있을지 고민하게 만든다.

SSD의 수혜, 네오셈으로 보는 테스트 장비 기업

SSD 분야 후공정의 강자, 네오셈

반도체는 제품 종류가 다양한 만큼 테스트 공정도 제품에 맞춰 다양한 방식으로 진행된다. 테스터도 제품 종류에 맞춰 제작되는 것이 일반적이다. 모든 종류의 테스트 공정과 장비를 살펴보기 어려운 관계로, SSD 테스터를 사례로 들어 테스트 공정에 대해 잠시 살펴보고자 한다.

D램은 DDR 세대가 달라지듯이, SSD도 고유의 세대가 있다. D램과 유사하게 성능이 2배 향상될 때마다 세대가 올라간다. 동작 속도와 용량이 증가하는 것과 아울러 규격과 제품의 동작 구조도 변한다. 세대에 따라 PCIe 3.0, PCIe 4.0 같은 명칭이 붙는다.

SSD는 동작 속도와 용량 증가 외에 컨트롤러의 명령에 기반해 데이터를 효율적으로 저장하고 관리하는 것도 매우 중요하다. 데이터 셀 중 일부 구역에 문제가 생기면 높은 속도를 유지하면서 이들 구역을 피해 데이터를 저장하는 방법이나 낸드 플래시의 칩이 일부 손상되면 이를 정확히 파악하는 역할도 매우 중요한데, 세대 발전에 따라 이러한 기능들도 함께 발전하고 있다.

반도체 업체가 완성된 낸드 플래시의 테스트 공정을 수행하는 것과 별개로, SSD 제조업체는 반도체 칩과 수많은 수동 부품을 PCB에 실장한 뒤 SSD 제조를 완료하면 최종적으로 테스터를 이용해 제품의 테스트를 수행한다. 이 과정에서 SSD가 올바르게 작동하는지, 데이터가 충분히 빠른 속도로 읽고 써지는지, 문제있는 셀이 충분히 적고 용량을 충분히 구현할 수 있는지 등을 테스트한다.

네오셈은 SSD 테스터 사업을 전문적으로 영위하는 기업으로, SSD 테스터 1위 타이틀을 보유해왔다. 네오셈의 경쟁사로는 엑시콘 등이 있다. SSD 테스터 분야에서만큼은 높은 인지도를 쌓아온 것이다.

네오셈은 SSD 테스터를 삼성전자, 웨스턴디지털, 마이크론, 도시바의 키오시아, 인텔, SK하이닉스 등 메이저 SSD 업체에 모두 공급하고 있는데, 2020년 기준 전 세계 시장점유율 40%를 기록하기도 했다. 2015년 경쟁사인 미국의 플렉스타 테크놀로지를 인수하며 고객사를 다양화한 것이 점유율을 높이는 데 한몫했다. 투자자에게 인지도가 높은 기업은 아니었으나, 2019년 1월 스팩(Special Purpose Acquisition Company, SPAC, 비상장기업 인수합병을 목적으로 하는 페이퍼컴퍼니) 합병을 통해 상장하면서 이름이 널리 알려졌다.

네오셈은 국내 기업에는 장비를 직접 납입하고, 해외 고객사에는 지분율 100% 자회사인 네오셈테크놀로지를 통해 장비를 판매한다. SSD 테스터 의존도가 높은 기업이다보니 SSD 업황에 민감할 수밖에 없는데, 실제로 주식시장에 상장한 2019년은 반도체 업황이 전체적으로 침체되었던 시기로, 네오셈 또한 SSD 업황의 영향을 받아 영업이익 적자를 기록했다. 이로 인해 신규 상장주 주의보 사례로 소개되기도 했으나, 메모리반도체 사이클의 하락 구간이었음을 감안하면 일견 타당한 설명이다. 하지만 네오셈은 높은 기술력과 점유율, 레퍼런스를 바탕으로 SSD 투자 사이클이 확대될 때마다 뚜렷한 이익 개선세를 나타낼 가능성이 크다.

SSD는 컴퓨터에도 많이 사용되지만 서버에도 매우 많이 필요하다. 따라서 네오셈은 전방 서버업체들의 대규모 투자에 민감할 수밖에 없다. 대규모 투자로 인해 SSD 수요가 크게 증가하면 SSD 제조업체들의 대규모 생산이 뒤따르며, 이 과정에서 네오셈 등이 제조하는 테스터를 사 들여야 할 것이기 때문이다. 이렇듯 테스터 시장 규모는 SSD 시장의 등락과 함께하면서도 근본적으로는 SSD 시장 규모의 확대와 함께 점진적으로 성장할 것으로 보인다.

<table>
<tr><td rowspan="2">모델명</td><td>IP 기반</td><td>FX5D</td><td>FX5D-m, FX5D-t</td><td>FX5D-t</td><td>FX5D-m</td></tr>
<tr><td>AP 기반</td><td>FX6D</td><td>FX6D-m</td><td rowspan="7"></td><td rowspan="7"></td></tr>
<tr><td colspan="2" rowspan="6">제품 사양</td><td rowspan="2">제품 유형</td><td>U.2, U.3, ML2, AIC, EDSFF</td></tr>
<tr><td>3세대 및 4세대 SSD</td></tr>
<tr><td>제품 작동 온도</td><td>상온</td></tr>
<tr><td>제품 작동 습도</td><td>-</td></tr>
<tr><td>자동화 기능</td><td>-</td></tr>
<tr><td>동시에 테스트 가능한 수</td><td>한 번에 32개 제품을 테스트할 수 있음</td></tr>
</table>

[그림 15-2] 네오셈이 공개한 테스터 사양. 네오셈은 차세대 장비의 선개발을 통해 시장 우위를 선점해왔다.[51]

SSD의 성능 개선도 네오셈의 테스터 장비 수요를 자극하는 요소다. SSD의 세대 교체에 대비해 차세대 테스터를 앞서 개발하며, 고객사에 선제 공급을 통해 세대 교체 사이클을 준비해야 한다. 경쟁사가 차세대 테스터의 개발과 퀄테스트(신규 제품 납품 시 대량 양산을 하기 직전의 마지막 테스트 단계) 완료에 1~2년 뒤처진다면 그동안 네오셈은 차세대 테스터의 독점 공급이라는 기회를 누릴 수 있을 것이다.

51. 네오셈, "http://www.neosem.com/".

후공정 자동화 수혜 사례

막대한 생산량이 테스트 자동화를 부추긴다

앞서 반도체 생산을 빵집에 비유해서 평범한 빵과 달리 특별히 맛있게 만들어진 빵은 별도로 포장해서 비싸게 판매한다고 설명했다. 반도체는 똑같이 만들어도 생산된 제품 사이의 성능 차이가 크기 때문에 뛰어난 제품은 제품명을 달리해 더 비싼 모델로 팔고, 기대보다 잘 만들어지지 않은 제품들은 저가형으로 팔아버린다. 이처럼 반도체의 성능에 따라 이름을 달리 붙여 판매하기 위해서는 반도체 칩의 성능을 평가하고 등급을 매겨 그에 따라 칩을 분류하는 작업이 필요하다. 이는 테스트 공정과 함께 진행된다.

여러 종류의 테스트 장비들은 칩의 성능이 우수한지 그 결과를 판별한다. 이렇게 반도체 칩에 등급이 찍히거나 불량으로 판별나면 누군가는 이 칩을 등급에 따라 분류해야 한다. 그런데 반도체 공장에서는 하루에 셀 수도 없을 만큼 엄청난 양의 칩이 만들어진다. 이렇게나 많은 칩을 사람이 일일이 수작업으로 분류하는 것은 불가능한 일이다. 따라서 사람보다는 자동화 장비가 기계적으로 칩의 등급을 분류할 것이라 생각하기 쉽다. 그런데 과거에는 이렇게 말도 안 되는 양의 작업을 사람이 직접 했다. 그러다 인건비 절감, 공정 시간 단축을 통한 비용 절감, 사람이 작업하면서 나타나는 실수로 인해 발생하는 손실의 최소화를 위해 자동화 장비가 활발히 도입됐다.

칩 분류하는 핸들러, 기계공학적 정확성이 중요하다

칩을 분류하는 역할은 물류 장비의 일종인 핸들러(handler)가 담당한다. 핸들러의 로더는 장비 내로 운반되어온 칩을 테스트 트레이로 옮겨 검사를 수행하고, 검사를 마친 칩을 고객 트레이(Customer Tray)로 옮겨 칩의 분류를 수행한다. 핸들러의 가장 중요한 역할은 물론 칩을 등급별로 나누는 것이지만, 핸들러의 역할은 칩을 분류하는 데서 끝나지 않는다. 때때로 불량으로 판별된 칩은 다시 테스트 공정을 거쳐 살아남을 기회가 주어지기도 하는데, 불량으로 판정된 칩을 이전 단계로 이동시켜 테스트 공정을 다시 한

번 거치도록 해주는 역할 또한 핸들러가 담당한다. 상온이 아닌 고온 같은 특수한 조건에서 테스트가 이루어질 경우, 칩이 테스트 장비에 투입되기 전 이러한 조건에 적응할 수 있도록 테스트 조건을 형성해주는 역할도 도맡는다. 이렇게 함으로써 생산 라인의 효율성을 극대화시킨다. 이러한 기능은 과거에는 그리 중요하지 않았고 최근에도 일부 칩에선 그 중요성이 전무했지만, 점차 필수적인 기능으로 자리 잡으며 핸들러의 역할이 꾸준히 확대되고 있다.

핸들러는 칩을 분류하는 기능에서 짐작할 수 있듯 기계적인 역할이 중요하다. 마치 로봇의 팔처럼 칩을 정확하게 구분해서 들어 올리고 옮기고 내려야 한다. 수많은 전공정 장비들이 물리화학적 프로세스가 중시되고, 테스트 장비들이 물리적인 프로세스가 중시되는 데 반해, 핸들러는 기계공학적 프로세스가 가장 중요하다고 볼 수 있다.

메모리반도체는 종류가 제한적이고 기능이 단순하며 칩 구조도 비교적 규칙적이어서 테스트 공정이 비교적 정형화돼 있다. 다시 말해, 수십억 개에 달하는 데이터 저장 공간이 정상 상태인지 여부를 반복적으로 검사한다. 동일한 작업을 반복하므로 작업이 단순한 만큼 최대한 빠른 시간 내 작업을 끝내는 것이 중요하다. 파라(Para)는 패럴레리즘(parallelism, 병치 구조)의 약자인데, 한번에 몇 개의 칩을 동시에 처리할 수 있는가를 나타내는 단위로, 핸들러가 얼마나 많은 칩을 동시에 분류할 수 있는지 나타내는데 쓰인다. 2015년 전후로 512, 640, 768 수준의 파라 장비 수요가 확대되어왔는데, 국내 상장사인 테크윙이 세계 최초로 메모리반도체용 768 수준의 파라 장비를 상용화하기도 했다.

이에 반해 비메모리반도체는 칩 내에 다양한 기능들이 포함된 만큼 칩이 자잘한 구역들로 나뉜다. 또한 칩의 종류에 따라 모양과 크기가 다르다. 이에 따라 비메모리반도체는 빠른 검사보다는 기능별 정밀 검사가 중요하다. 이런 이유로 메모리반도체용 핸들러가 수백 파라를 소화해내는 데 반해 비메모리반도체용 핸들러는 주로 8~20 정도의 낮은 파라 수준을 보인다. 비메모리반도체용 핸들러는 칩 종류가 다양한 만큼 칩의 특성에 맞춰 주문제작을 바탕으로 제각각 제작된다. 비메모리반도체용 핸들러는 고객사의 요구에 따라 맞춤화된 장비를 잘 만드는 것이 중요하며, 수많은 고객사에 대한 대응력과 기술력, 가격 협상력 등이 경쟁력이다. 비메모리반도체용 핸들러는 시장 규모가 메모리반도체용 핸들러보다 두 배가량 크므로 메모리반도체용 핸들러만 만들던 업체들은 적극적으로 진출을 고려해볼 만하다.

이처럼 메모리반도체용 및 비메모리반도체용 핸들러에 차이가 있다 보니 각각의 제품을 잘 만드는 기업 또한 다르다. 메모리반도체용 핸들러는 국내 상장사인 테크윙이 높은 점유율을 유지하며 잘 만드는 기업으로 알려져 있는 반면, 비메모리반도체용 핸들러는 미국의 델타 디자인, 일본의 세이코엡손, 독일의 멀티 테스트, 대만의 혼테크 등 해외 유수의 기업들이 시장을 차지하고 있다.

바늘 가는 데 실 가듯 핸들러 가는 데 COK 간다

COK(Change over kit)는 핸들러 장비 내 반도체 칩을 담는 트레이다. COK는 칩이 검사받기 직전 이동하는 과정에서 검사에 필요한 온도 조건 등을 미리 만들어주는 역할을 맡는다. COK는 반영구적인 제품이기 때문에 5~7년 정도 사용되지만, 때때로 핸들러가 분류하는 칩의 종류가 바뀌면 COK의 교체 또는 개조가 필요해진다. 특히 COK는 칩 모양에 맞춰 제작되는 등 운반에 최적화되는데, 칩 형태와 크기가 변하면 교체되는 것이 일반적이다. 이는 COK 매출 확대 요인이 되며, 핸들러 장비 업체는 덕분에 핸들러를 팔지 않아도 매출이 발생한다. 비메모리반도체는 칩의 종류가 매우 다양하므로 COK 변경 빈도가 메모리반도체보다 높다. 메모리반도체용 의존도가 높은 핸들러 장비 업체가 비메모리반도체용 핸들러 시장으로 진출을 확대해야 하는 또 하나의 이유다.

COK는 핵심 부속품이므로 핸들러 장비가 납품되면 뒤이어 꾸준히 팔리는 제품이다. 이러한 이유로 COK 매출은 기존에 납품된 장비 수에 따라 증가하는 모습을 보인다. 특히 비메모리반도체 핸들러용 COK의 매출이 더 크게 늘어나는 경향이 있다. 이는 앞서 언급한 어플라이드 머티리얼즈의 글로벌 서비스 부문과 유사한 패턴이다.

테크윙으로 보는 후공정 장비 기업

메모리반도체용 핸들러 부문의 세계적 강자, 테크윙

테크윙은 2002년 8월에 설립된 반도체 장비 기업이다. 많은 반도체 장비 기업들이 2000년대 초반에 설립됐는데, 테크윙도 그중 하나다. 테크윙은 2003년부터 SK하이닉스에 장비를 공급하기 시작했다. 2006년에는 메모리반도체용 핸들러를 개발했다. 이때 개발한 장비가 512 파라 장비다. 이후 수출까지 성공하며 마이크론 등 해외 유명 업체에도 핸들러를 공급하고 있다. 이러한 실적을 바탕으로 2011년 코스닥 시장에 등록했다. 2014년을 전후해 비메모리반도체용 핸들러 사업을 본격화했으나, 빠른 성장보다는 새로운 가능성을 꾸준히 확인하며 매출 규모를 늘려왔다. 메모리반도체용 핸들러가 주력 제품이므로 메모리반도체 투자 사이클에 따라 이익 변동이 발생하는 특징을 보이며, 핸들러 장비와 함께 사용되는 부속품인 인터페이스 보드(interface board) 및 COK 판매가 지속적으로 이루어지며 꾸준히 매출을 발생시키고 있다.

메모리반도체용 핸들러 집중이 강점이자 약점

테크윙은 전 세계 메모리반도체용 핸들러 시장에서 두 자릿수 중반대의 점유율을 유지해왔는데, 주요 매출처로는 SK하이닉스와 마이크론, 샌디스크 같은 메모리반도체 업체들이 있다. 삼성전자는 테크윙의 핸들러를 채용하지 않고 삼성전자의 자회사인 세메스에서 직접 장비를 공급받는다. 따라서 테크윙은 SK하이닉스와 마이크론의 영업 환경에 높은 의존도를 보인다. 따라서 삼성전자가 CAPA 확대를 시도하고 SK하이닉스와 마이크론이 투자를 꾸준히 줄인다면 메모리반도체 수혜주로 분류할 수 없게 될 것이다.

테크윙은 메모리반도체용 핸들러 부문에서 세계적인 인지도를 얻었는데, 이로 인해 한계점을 갖기도 한다. 핸들러 부문에서 매우 높은 점유율을 가지고 있지만, 이 이상 점유율을 올리기는 쉬워 보이지 않기 때문이다. SK하이닉스, 마이크론 등 세트 업체들은 공급처 다변화 전략을 추구하고 있는데, 테크윙은 이미 이들 업체 내 최대 또는 높은 점유율을 가지고 있는 만큼 현재 수준 이상으로 늘려 나갈 몫이 제한돼 보인다.

향후 테크윙이 매출을 확대하기 위해 시도할 수 있는 전략은 첫째 기존 주요 제품인 메모리반도체용 핸들러가 아닌 비메모리반도체용 핸들러 시장에서 점유율을 꾸준히 확장해 나가거나, 둘째 최종 검사 공정에서 사용되는 메모리반도체용 핸들러 외에 다른 검사 공정에 사용되는 자동화 장비 관련 신사업을 성공시키는 방법이 있을 것이다.

실제로 테크윙은 이 2가지 신규 사업을 적극적으로 추진해왔다. 특히 비메모리반도체용 핸들러는 국내 및 해외 업체들을 대상으로 레퍼런스를 쌓으며 사업을 확대할 가능성이 크다. 사업 다각화로는 디스플레이 장비 기업인 이앤씨테크놀로지를 인수한 사례를 꼽을 수 있다. 이앤씨테크놀로지는 패널별 색깔의 정상 표출 유무, 정상 점등 여부, 파손 여부 등을 검사하는 장비를 주로 만드는 등 테크윙의 핸들러 장비와는 사업 영역이 다소 상이하다.

테크윙은 전형적으로 메모리반도체 사이클에 의존하는 경향을 보여왔는데, 최근에 이익이 크게 감소했다면 이는 메모리 업황의 하락 사이클에 의한 가능성이 크고, 그렇다면 회사가 문을 닫을 곤경에 처했다기보다는 향후 이익이 반등할 이벤트를 기다리고 있을 가능성이 크다고 보는 것이 맞다.

CHAPTER 16

반도체 산업 투자를 앞두고

Investment in semiconductors

메모리반도체와 비메모리반도체의 산업적 차이

주문받고 생산하는 비메모리, 만들어두고 파는 메모리

많은 투자자가 기업을 분석하는 과정에서 쉽게 놓치는 사항 중 하나가 수주 기업의 특징을 충분히 고려하지 못한다는 것이다. 일반적으로 투자자의 관점에서 수주 기업이란 제품의 제조와 판매가 수주 계약을 기반으로 이루어지되, 제품의 제조 기간이 수개월 이상 오래 걸려 재무제표상에 상당 기간 계약 부채 또는 재고 자산 항목이 누적 인식되고, 필요에 따라 지급 청구권을 통해 매출을 쪼개 인식하는 경우를 의미한다. 대표적으로는 건축물과 배를 완성하기까지 2~3년 정도 소요되는 건설업종과 조선업종이 이에 해당한다. 이들 산업을 가리켜 흔히 수주업종이라 이야기한다.

그러나 사실 이처럼 수주업종으로 분류되지 않은 상당수의 제조 기업도 재무제표상에는 수주 기업의 특징이 뚜렷하게 나타나지 않지만, 알고 보면 수주를 기반으로 사업을 영위하는 경우가 흔하다. 제과 회사의 과자류나 빙과류와 달리 고객사의 요청이 들어와야만 계약에 따라 한정적으로 제품을 만들어내는 비즈니스 모델은 굳이 수주업종으로 분류하지 않는 많은 일반 제조업에서도 쉽게 볼 수 있다.

비메모리반도체 산업은 칩의 다품종화가 활발히 진행되며 팹리스와 파운드리로 분업화가 활발히 이뤄졌다. 파운드리가 생산하는 칩은 철저히 수주 계약을 바탕으로 만들어진다. 파운드리는 독자적인 제품 생산을 진행하지 않고 오직 팹리스 고객사의 요청에 따라 정해진 분량의 칩만 제조(Make To Order)한다. 이렇듯 모두 사전 계약으로 이루어지므로 파운드리는 재고 자산을 걱정할 필요가 없다. 사전에 주문받은 대로 칩을 찍어내서 제조를 의뢰한 고객에게 모두 넘겨버리기 때문이다. 이에 따라 제품이 팔리지 않아 재고가 늘어나거나, 이로 인해 제품의 가치가 떨어질 리스크를 걱정할 필요가 없다. 제품을 얼마나 많이 만들어내든 사전 수주 계약에 따라 매출액이 발생하기 때문이다.

대다수 비메모리반도체는 칩을 누가 설계했는지, 제품 모델이 무엇인지에 따라 사양의 차이가 커서 수요처의 요구에 맞추는 다품종 생산에 기반하는 경우가 많다. 이런 이유로 가격 변화폭도 크지 않다. 특히 많은 팹리스 기업들은 칩을 개발할 때부터 전방 전자 업체와의 협업을 기반으로 칩 개발을 시작하므로 어느 정도 정해진 수요 안에서 칩을 설계한 뒤 파운드리에 제조를 의뢰해서 불필요한 재고가 발생하지 않는 경우가 많다.

사전에 수요가 정해져 있지 않은 경우라도 수요를 보수적으로 예측해서 파운드리에 제조를 맡기고, 만약 수요가 예측보다 많아지면 파운드리에 추가 생산을 요청해서 공급을 늘리면 되므로 수요에 따라 공급을 비교적 탄력적으로 조절할 수 있다. 따라서 칩 가격이 급격히 변동하는 경우가 흔치 않다. 그래서 많은 경우 칩 가격보다는 판매량이 기업의 이익을 좌우하게 된다. 미국의 텍사스 인스트루먼트처럼 취급하는 제품의 종류가 많은 비메모리반도체 업체일수록 개별 제품의 단가 변화보다는 전체적인 판매량이 회사의 영업이익을 결정하는 중요한 변수가 된다. 물론 비메모리반도체 업체도 시장의 예측보다 너무 많은 칩을 찍어내면 제품을 재고로 쌓아야 하고 결국 쌓아둔 제품의 가치 하락으로 이어져 제품 가격 급락과 재고자산 평가손실이 발생하게 된다.

이에 반해 메모리반도체 산업은 소수 업체가 과점을 형성하며 소품종 대량 생산 중심으로 발달했다. 이 과정에서 주요 제품은 수주 계약과 무관하게 자체적인 제조 절차(Make To Stock)에 따라 제품을 만든 뒤 전방 시장의 고객에게 판매하는 것이 일반적이다. 즉, 잔뜩 만들어서 창고에 쌓아두었다가 어느 날 고객이 찾아오면 판매하는 것이다.

삼성전자와 SK하이닉스 같은 메모리반도체 업체는 하나의 기업이 시장 예측부터 시작해서 제품 개발과 생산, 판매, 유통까지 모두 도맡아 진행하는데, 이 과정에서 시장 예측을 기반으로 설비 가동 계획을 세운다. 설비 가동이 시작되면 동일한 제품을 계속 생산해서 완성된 제품을 재고 자산으로 창고에 쌓아둔다. 이 과정에서 제품 가격은 절대적으로 시장의 수요-공급에 의해 결정된다. 따라서 수요와 공급이 조금만 엇갈려도 가격이 크게 변동한다.

시장 예측에 실패해서 수요 이상으로 공급 물량이 대폭 늘어나면 창고에 쌓이는 물량이 급증해 가격은 뚝뚝 떨어진다. 반대로 공급이 부족하면 제품은 찍어내는 대로 시장에 팔려 나가며, 수요자들 사이에서 구매 경쟁이 발생해 제품 가격은 상승한다. 수요가 점차 늘어나며 제품 가격이 상승하기 시작하면 고객사들은 낮은 가격에 제품을 구입하기 위해 무리해서라도 제품 구입을 늘리게 되고, 이 과정에서 제품 가격은 더욱 빠르게 뛰어오른다. 특히 메모리반도체는 수요가 너무 많아져 설비 생산 능력이 수요를 따라가지 못하게 되면 추가 설비를 갖추는 데 오랜 시간과 막대한 비용이 든다. 즉, 공급이 확대되기까지 시일이 걸리므로 이 과정에서 제품 가격은 더욱 급격히 상승한다.

반도체 업황은 좋아진다는데 삼성전자 주가는 회복이 더딘 이유

삼성전자, SK하이닉스, 마이크론이 만드는 대부분의 D램과 낸드 플래시는 수요와 공급의 불일치에 따라 가격이 빠르게 변동하는 구조를 갖는다. 수요와 공급이 조금만 차이 나도 가격은 수 배씩 널뛰기할 수 있다. 이로 인해 이들 기업의 영업이익은 전적으로 제품의 시장 가격에 의해 결정된다. D램과 낸드 플래시의 판매량 증가보다 단가 상승이 기업의 이익을 결정하는 중요한 변수가 된다. 이는 많은 투자자가 이들 기업의 주가를 예측하는 과정에서 판매량보다는 제품 단가를 분석하는 데 더욱 많은 공을 들이는 이유다.

물론 모든 메모리반도체 업체가 이러한 경향을 나타내는 것은 아니다. 니치마켓에서 사업을 영위하는 제주반도체는 메모리반도체를 대량 만들어둔 뒤 판매하는 방식이 아닌, 철저히 수주 계약에 따라 전방 전자기기 업체들이 요구한 물량에 맞춰 설계를 진행하고 외주를 통해 생산하는 팹리스 기업이다. 따라서 제주반도체가 만드는 D램의 가격은 삼성전자나 SK하이닉스, 마이크론이 만들어내는 D램과는 전혀 다른 특징을 갖는다.

그러나 대부분의 메모리반도체는 수주 계약이 아닌 창고에 쌓아두는 공급자 주도의 계획 생산 방식에 따라 판매가 이루어지다 보니 메모리반도체 업체가 늘어난 수요에 맞춰 공급을 늘리는 과

[그림 16-1] AMD의 라이젠 CPU는 AMD와 파운드리 사이의 수주 계약을 통해 만들어진다.[52]

정에서 재고가 급격히 불어날 수 있다는 점이 특징이다. 재고가 많다고 해서 반드시 나쁜 것은 아니다. 하지만 시장은 학습 효과가 뛰어나 재고가 뜻하지 않게 불어나면 종종 메모리반도체 업체의 영업 환경이 급격히 불리해지기도 한다. 특히 긍정적인 전망을 기대하며 증설을 통해 평소보다 많은 물량을 생산했는데, 전방 수요처가 급격히 얼어붙으면 만들어둔 제품은 고스란히 재고가 된다. 이 경우, 메모리반도체 업체들은 반도체를 판매하기 위한 단가 협상에서 불리한 위치에 놓이게 되어 칩 가격이 빠르게 하락한다. 생산자의 창고에 재고 자산이 잔뜩 쌓여 있는데 "우리가 굳이

52. Unsplash, Olivier Collet.

비싸게 사줄게"라고 이야기할 바보 같은 구매자는 현실에 존재하지 않기 때문이다. 이에 따라 재고 자산은 메모리반도체 업체의 협상력을 결정하는 변수가 된다.

이에 반해 수주를 바탕으로 제조되는 제품은 계약 기간에 가격이 일정한 범위 내에서 유지되는 게 일반적이고, 재고로 인한 사이클과 재고 소진 기간이 메모리반도체처럼 뚜렷하지 않은 경우가 흔하다. 이런 경우라면 앞선 메모리반도체보다 가격 변동성도 월등히 낮을 수밖에 없다. 물론 2020년 전후처럼 예기치 못한 파운드리 공급 부족 대란이 발생하면 제품 단가가 빠르게 변동할 수도 있다.

실제로 2010년대 중반부터 중저가 모바일 기기와 사물인터넷을 바탕으로 촉발된 파운드리 수요 급증으로 인해 파운드리 업체들은 이례적으로 매해 제품 생산 단가를 올려왔다. 앞서 언급한 DB하이텍도 별도의 증설 없이 오직 가격 인상만으로 증익을 실현했고, 이에 화답해 주가가 6배 이상 오르는 기염을 토했다. 기존에는 팹리스가 판매하는 제품의 공급이 부족하면 파운드리에 요청해 생산 물량을 늘리면 그만이었는데, 파운드리에 수주가 과도하게 몰려드는 바람에 빠른 공급이 이루어지지 않아 시장에 칩이 동나 가격 폭등으로 이어진 것이다. 그러나 이러한 이례적인 공급 부족이 아니라면 제품 가격 변동폭이 메모리반도체에 비해 월등히 적은 편이다.

공급 과잉으로 재고 자산이 쌓이면 향후 수요가 반등할 때 제품 가격이 오르는 시점도 늦춰질 가능성이 크다. 수주를 통한 비즈니스의 경우, 수요가 몰리면 바로 신규 수주 계약이 어려워지고, 이는 즉시 수주 계약 단가 인상으로 이어진다. 이에 따라 파운드리의 이익 증가는 수요 변화에 빠르게, 그리고 민감하게 반응한다. 그러나 재고 자산이 쌓이는 메모리반도체의 경우, 수요가 회복되더라도 재고 자산을 소진하는 기간을 거쳐야 한다. 그 기간이 수개월 걸리기도 한다. 이에 따라 수요 변화와 비교해 가격 반등은 비교적 느리게 일어난다. 이러한 이유로 전 세계 반도체 업황이 전반적으로 반등하면 파운드리 기업들의 이익 증가와 주가 반등은 비교적 앞서 발생하고 메모리반도체 기업들의 이익 증가와 주가 반등은 뒤이어 발생하는 경향이 나타난다.

메모리반도체를 더 많이 팔았다고 해도 더 잘 판 것이 아닌 이유

메모리반도체, 개수보다 용량이 중요하다

퀴즈를 하나 내겠다. 삼성전자가 작년에 메모리반도체를 1개 팔았다. 그런데 올해는 2개 팔았다. 그렇다면 몇 배나 많이 판 것일까? 많은 이가 2배 많이 팔았다고 생각할 것이다. 그러나 사실 정답은 '알 수 없다'이다. 가령 삼성전자가 작년에는 2GB 제품을 1개 판매했고 올해는 1GB 제품을 2개 판매했다면, 이는 2배 많이 판매한 것이라 볼 수 없다. 2GB 제품은 고사양의 비싼 제품이므로 당연히 매출과 수익도 높게 잡힌다. 또는 작년에 판매한 2GB 제품이 1GB 두 개가 연이어 붙어 있는 하나의 제품일 수도 있다. 따라서 메모리반도체는 얼마나 더 많이 팔았는가의 기준을 제시할 때 단순히 개수로 판별하기 어렵다. 이에 따라 메모리반도체는 '작년보다 몇 개 더 팔았는가'가 아니라 '작년보다 얼마나 더 많은 용량을 팔았는가'가 성장률의 기준이 된다.

비트그로스, 메모리 성장은 개수가 아닌 비트로 판단한다

메모리 용량의 가장 작은 단위는 비트(bit)다. 비트가 8개 모이면 1바이트(byte)가 되고, 1바이트가 1000개 모이면 1킬로바이트(KB)가 된다. 1킬로바이트가 1000개 모이면 1메가바이트(MB)가 되고, 1메가바이트가 1000개 모이면 1기가바이트(GB)가 된다. 요즘에는 데이터 사용이 크게 늘어나 기가바이트의 1000배인 테라바이트(TB)가 용량의 단위로 많이 사용된다. '메모리반도체를 얼마나 더 팔았는가'는 용량의 가장 기본 단위인 비트를 기준으로 한다. 작년에 1000비트 분량의 메모리반도체를 판매했고 올해는 2000비트 분량의 메모리반도체를 판매했다면 용량 기준으로 2배 많이 팔았다고 볼 수 있다. 이처럼 비트를 기준으로 산출하는 성장률 지표를 비트그로스(bit growth)라 한다.

반도체 산업에 투자하다 보면 가장 빈번히 나타나는 단어가 바로 비트그로스다. 대다수 산업 리포트나 뉴스 기사는 물론 개별 기업의 사업보고서나 증권사 리포트에서도 심심찮게 볼 수 있다. 삼성전자, SK하이닉스, 마이크론이 시장의 예상보다 메모리반도체를 많이 판매하면 비트그로스 서프라이즈가 발생한다. 그러면 곧 시장의 향후 예측치가 상향되고, 업황 개선에 대한 기대감이 주가에 추가로 반영될 가능성이 높아진다.

모든 반도체 기업은 사이클을 그릴까?

경기 민감 반도체 투자, 왜 어려울까?

보수적인 투자자들이 반도체 산업을 기피하는 데는 국내 반도체 산업이 메모리반도체에 의존하므로 수요와 공급의 불일치로 인해 발생하는 사이클을 그린다는 점이 큰 영향을 미쳤다. 특히 반도체 상장사 중 가장 유명한 삼성전자와 SK하이닉스가 워낙 수요 공급 의존성이 크다 보니 국내 반도체 산업은 기업의 이익 변동성이 크다는 시각이 지배적일 수밖에 없었다. 사이클을 나타내는 기업에 투자하기 어려운 이유는 여럿 있지만, 그중 2가지만 꼽는다면 수요와 공급을 예측하기 어려워 변화를 추적하기 어렵다는 점, 그리고 장기 투자의 마음가짐이 부재하다는 점이 있다.

특히 후자와 관련, 많은 투자자가 '사이클 저점에서 매수해 사이클 고점에서 팔면 수익이 나겠지'라고 생각하지만 이처럼 쉬운 사이클 투자는 이 세상 어디에도 존재하지 않는다. 가장 큰 문제는 사이클의 저점이 생각보다 오래 지속되는 동안 대부분의 투자자가 시장을 떠난다는 것이다. 또한, 다음 사이클에서는 저점이 생각보다 빨리 끝나 매수 타이밍을 느긋하게 기다리던 이들에게 매수할 기회를 주지 않는다. 또한 다음 고점이 생각보다 늦게 와 주가가 오르는 초기에 많은 투자자가 '별 볼 일 없는 수준의 익절'로 투자를 끝내버린다.

2020년이 되기 얼마 전 시작된 미국 주식 열풍은 많은 개인투자자를 미국 시장으로 몰아넣었다. 많은 투자자에게 미국 주식이 매력적으로 느껴지는 이유는 평균적으로 국내 시장보다 높은 시장 수익률을 기록하기 때문이기도 하지만, 상하한가 제도가 없어서 변동폭이 워낙 크고 대박 종목이 나타나면 수 배는 가볍게 움직여 아메리칸 드림에 대한 환상을 부추기기 때문이다. 그러나 사실 미국 주식의 알짜 매력은 이런 게 아니다.

미국 주식은 동일 전략 백테스팅 시 국내 주식시장 대비 초과 수익률이 그리 높지 않으며, 높은 변동성은 독립 시행과 수학적 확률에 따라 주식시장과 무관하게 마이너스 수익률을 내기 쉽게 만든다. 국내 시장 대비 2.5배 이상의 상장사에 자유롭게 투자할 수 있고, 커다란 변동성을 즐길 수 있으며, 테슬라 같은 새로운 거

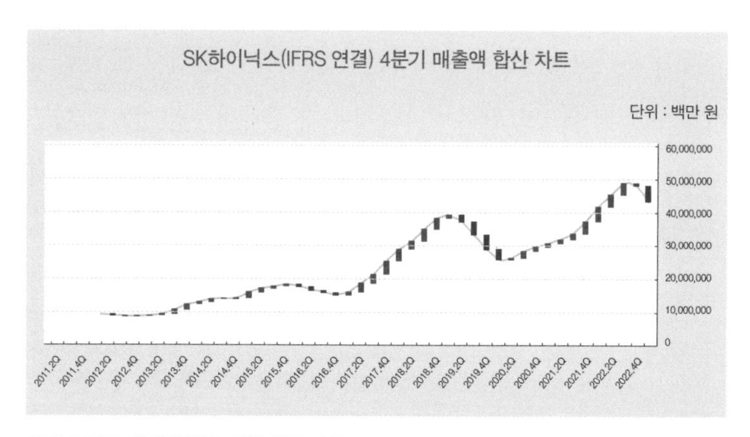

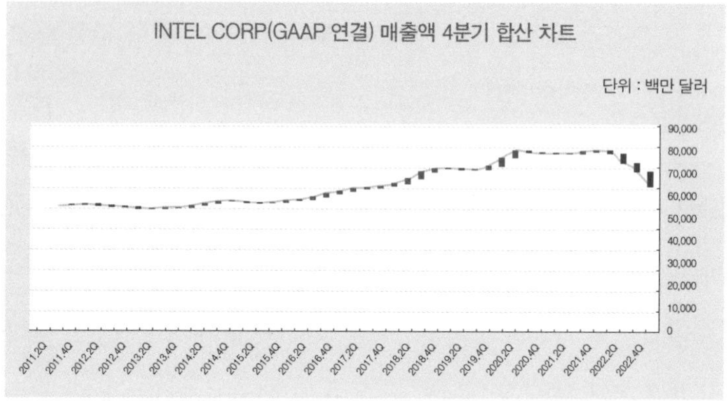

[그림 16-2] 메모리 업황에 의존적인 국내 반도체 기업은 시클리컬(경기 민감) 경향이 뚜렷한 사이클을 보이는 반면, 미국 반도체 기업의 이익 추이는 상당히 안정적인 모습을 나타낸다.

대 기업이 주기적으로 탄생한다는 점은 분명히 부러울 수 있는 요인이다. 하지만 미국 기업들에 투자해서 누릴 수 있는 가장 큰 이점 중 하나는 안정적이고 꾸준한 투자가 가능하다는 점이다. 이러한 경향은 반도체 산업에서도 나타난다.

짧은 주기로 빈번한 사이클을 그리는 국내 반도체 기업들과 달리 미국의 주요 반도체 상장사들은 이익이 꾸준히 우상향하는 특징을 보인다. 인텔, 엔비디아, 어드밴스드 마이크로 디바이스, 텍사스 인스트루먼트, TSMC 같은 거대 반도체 기업들은 물론 어플라이드 머티리얼즈, 램 리서치, KLA, ASML(네덜란드 법인) 같은 장비 제조사들도 꾸준한 우상향 움직임을 나타내며, 간혹 사이클이 나타나더라도 내림폭이 좁고 주기가 긴 매우 안정적인 이익 변화를 보여왔다.

이러한 경향은 이익 변화가 비교적 안정적인 비메모리반도체 중심의 포트폴리오가 갖추어져 있다는 점, 글로벌 반도체 업체로 제품 공급이 다각화되어 세계 시장의 성장과 함께 움직인다는 점에서 기인한다. 사이클의 크고 작음은 반도체이기 때문이 아니라, 해당 기업이 속한 반도체 업황의 고유 특성에서 나타나는 것이다. 국내 반도체 업체에 절대적으로 의존하는데도 사이클이 크게 나타나지 않는 기업도 있다. 바로 소재 기업이다.

장기 투자자에게는 소재주 투자가 편하다

안정적 소재 공급이 곧 안정적인 칩 제조를 이끈다

반도체 업체는 제조에 사용하는 소재와 이를 공급하는 공급사를 가급적 바꾸지 않는다. 오리온에서 만든 초코파이와 롯데에서 만든 초코파이의 맛과 식감이 다르듯, 같은 이름의 소재라도 공급 안정성과 불순물 함량 등 많은 차이점이 존재하므로 공급사를 바꿀 경우 공정에 악영향이 발생할 수 있기 때문이다. 게다가 반도체 제조에서 소재가 차지하는 원가 비중은 미미하므로 교체 필요성이 현저히 낮다. 이로 인해 새롭게 반도체 사업을 확대하는 소재 업체는 초기에 공급을 확대하는 데 어려움을 겪기도 한다. 상장사 와이엠티가 PCB 시장에서는 빠르게 점유율을 확대했지만

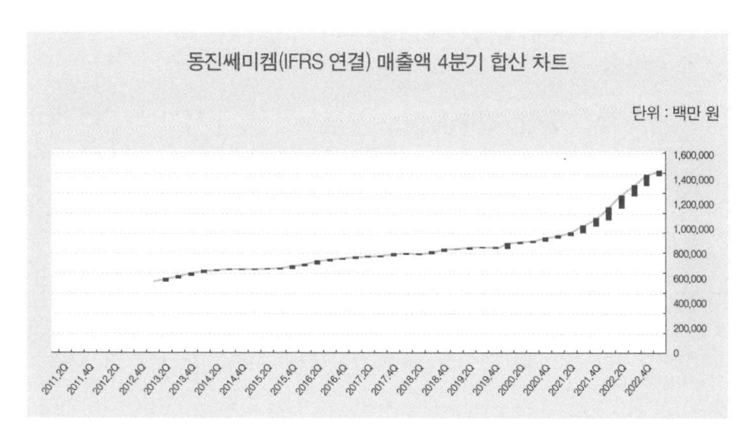

[그림 16-3] 동진쎄미켐은 반도체 산업의 성장, 제품 다변화를 바탕으로 다년간 지속적인 이익 증가세를 보였다.

반도체 사업에 진입한 이후 그 성과가 완만한 이유다. 그러나 한 번 공급하기 시작하면 신뢰를 바탕으로 장기간 공급을 이어 나가는 것이 일반적이다. 이러한 특성은 소재 기업들의 이익에서도 그대로 드러난다.

반도체 업체가 선택한 소재는 꾸준한 공급이 발생하며, 반도체 업체의 필요에 따라 제품이 점차 다변화되는 것이 일반적이다. SK머티리얼즈의 경우, 과거 OCI머티리얼즈였을 때는 취급하는 제품이 수 개에 불과했으나 SK그룹의 전사적인 지원과 인수합병을 기반으로 현재는 수십 가지 제품을 취급하고 있다. 제품 다변화 경향은 솔브레인, 원익머트리얼즈 같은 다른 기업에서도 나타난다.

소재업체들은 다변화에 더해 전방 산업의 안정적인 성장과 반도체 출하량 증가에 힘입어 제품 공급량도 꾸준히 증가한다. 이와 함께 지속적인 생산 능력 확대로 경쟁사가 쉽게 시장에 진입하기 어렵게 만드는 장벽을 스스로 쌓아 나간다. 제품을 많이 팔수록 자연스럽게 장벽이 형성된다. 기존에 D램을 만들어본 적 없는 기업이 성공 가능성이 현저히 낮은 D램 시장에 진입하기 위해 수십조 원 규모의 자금을 쏟기 어렵듯이 새롭게 소재 사업을 시작하는 기업 또한 낮은 공급 가능성과 더딘 공급 확대를 감수하고 막대한 자금을 투입하기 어려운 것이다. 이로 인해 기존의 소재 업체는 뛰어난 안정성을 바탕으로 이익이 장기간 우상향하는 경향을 보인다. 세계적으로 만들어지는 반도체 수는 꾸준히 증가하고 품목 수도 더욱 늘어나기 때문이다.

장기간의 이익 증가는 장기 투자에서 유리한 고지를 차지하게 해줄 가능성을 높인다. 물론 우상향 움직임을 보이는 가운데도 역성장이 관찰되지 않는 것은 아니다. 이는 반도체 업황이 휘청이거나 사이클을 그리므로 나타나는 자연스러운 현상이다. 그러나 대개 이는 단기적인 소음으로 끝나며, 소재 업체의 비즈니스 모델이 유지되는 한 우상향 추세는 오랜 기간 변하지 않는다. 소재 업체에 투자해서 실패하는 이유는 보통 충분히 오랜 기간 보유하지 않았기 때문으로 요약되며, 그 외의 이유라면 너무 비싼 가격에 샀거나, 특별한 이벤트가 발생했기 때문이라고 요약할 수 있다.

반도체 투자, 기본이 중요하다

집필 전, 원고 쓰는 작업이 결코 쉽지 않을 것임을 충분히 짐작하고 있었습니다. 생각을 자유롭게 풀어낼 수 있는 블로그나 유튜브 등 인터넷 매체와 달리 주관을 최대한 배제하고 수집한 자료를 객관적으로 쉽게 풀어쓰는 과정은 잡다한 어려움을 수반했습니다. 또 예상치 못한 고난도 있었습니다. 책에 담고자 했던 많은 주제가 있었는데 모두 담아낼 수 없다는 사실을 깨달은 것입니다.

책 한 권의 분량에 반도체 산업의 모두는커녕 핵심적인 내용조차 전부 담아낼 수 없다는 점을 깨달은 뒤 심혈을 기울여 덜어내는 작업을 진행했습니다. 분량을 줄이기 위해 나누고 싶었던 많은 이야기를 통째로 삭제하는 과정은 큰 고역이었습니다. 이야기를 담지 못하는 아쉬움도 컸습니다. 조금이라도 이야기를 녹여보고자 어떻게든 문장을 끼워 넣고 글을 다시 작성하는 일이 반복되었습니다. 책에서 미처 다루지 못한 수많은 반도체 산업 이야기와 현재 진행 중인 산업적·기술적인 변화, 그리고 매일 쏟아져 나오는 반도체 산업 이슈는 저의 블로그 포스팅과 강의 '문과생도 이해하는 반도체 산업' 등 여타 창구를 통해 지속적으로 공유하고자 합니다.

집필하면서 주목한 두 가지 키워드는 반도체와 투자였습니다. 이 책은 많은 반도체 기술과 산업의 변화를 담고 있지만, 특히 산업의 이해와 산업의 변화라는 관점에서 참고가 될 만한 내용을 중심으로 구성하고자 노력을 기울였습니다. 오랜 기간 분석에 근거한 투자를 하면서 주위를 둘러보니 생각보다 많은 투자자가 오직 재무제표와 회계, 적정가치 산출에만 얽매인다는 점에 아쉬움을 느꼈습니다. 사업보고서의 중요성을 강조하면 재무제표의 중요성이라 오해하는 투자자도 상당했습니다.

저 또한 재무제표와 회계 수치가 중요하다는 점은 누구보다 일찍 깨달았지만 사실 우리가 살펴봐야 할 기업에 대한 수많은 사항에 비하면 재무제표는 면접 전 훑어보는 이력서 정도에 불과합니다. 워런 버핏, 찰리 멍거, 피터 린치(Peter Lynch) 등 유명한 투자자들은 목표주가를 산출하거나 공식에 수치를 대입하는 데 얽매이지 않으며, 오직 재무제표에만 근거해서 투자를 집행하지도 않습니다. 투자자를 대상으로 한 책이지만 기업의 재무 사항이나 적정 가치에 대한 이야기는 담지 않았습니다. 대신 보다 근본적인 차원에서 투자자에게 참고가 될 수 있는 내용을 담아내고자 했습니다.

반도체 산업은 우리나라는 물론 전 세계 주식시장에서 큰 비중을 차지하고 있습니다. 그 영향력은 앞으로 더욱 커질 수밖에 없음을 곳곳에서 체감하곤 합니다. 전방 산업의 규모 확장, 기술의 전문화와 다양화는 물론 국내 반도체 연구개발자, 엔지니어의 수고와 열정이 커다란 동력이 될 것이기 때문입니다.

끝까지 책을 읽어준 독자 여러분께 감사의 말씀을 전합니다. 책에 담긴 내용은 반도체 산업을 이해하기 위한 시작에 불과합니다. 반도체 산업의 지형을 내다보는 데 있어 《현명한 반도체 투자》를 하나의 참고점으로 삼고 저의 블로그를 비롯한 다양한 매체를 통해 지식의 깊이와 폭을 더해가기 바랍니다.

반도체 기업 리스트

내용을 살펴보기에 앞서 기업들의 사업 영역은 매우 전문적이고 빠르게 바뀌는 바, 지면의 한계로 장황한 설명을 덧붙이기 어려워 간략히 나타냈다. 기업 및 산업의 구체적인 동향은 필자의 블로그에서 살펴볼 수 있다.

□ 소재

소재 기업 리스트	소재지	제품 공급 안정성[1]	주요 공정	메모리반도체 의존도[2]	경쟁 강도[3]
국내 상장사					
원익머트리얼즈		★★★	복합	높음	낮음
솔브레인		★★★	식각	보통	보통
한솔케미칼		★★	증착	높음	높음
동진쎄미켐		★★★	복합	보통	보통
티씨케이		★★	식각	높음	낮음
하나머티리얼즈		★★★	식각	보통	낮음
디엔에프		★★	증착	높음	높음